錢穆先生全集

錢穆先生全集

〔新校本〕

國學概論

九州出版社

圖書在版編目（CIP）數據

國學概論 / 錢穆著．-- 北京：九州出版社，2011.1（2017.4 重印）
（錢穆先生全集）
ISBN 978-7-5108-0707-7

Ⅰ．①國…　Ⅱ．①錢…　Ⅲ．①國學－概論Ⅳ．①Z126

中國版本圖書館 CIP 數據核字（2010）第 206056 號

國學概論

作　　者　錢　穆　著
責任編輯　劉小曼　歷俊傑
出版發行　九州出版社
裝幀設計　陸智昌　張萬興
地　　址　北京市西城區阜外大街甲 35 號
郵　　編　100037
發行電話　（010）68992190/3/5/6
網　　址　www.jiuzhoupress.com
印　　刷　三河市東方印刷有限公司
開　　本　635 毫米 × 970 毫米　16 開
插頁印張　0.5
印　　張　23.5
字　　數　263 千字
版　　次　2011 年 1 月第 1 版
印　　次　2017 年 4 月第 2 次印刷
書　　號　ISBN 978-7-5108-0707-7
定　　價　48.00 元

錢穆先生與夫人錢胡美琦女士

錢穆著

國學概論 上

商務印書館發行

一九三一年上海商務印書館首次出版《國學概論》（上）扉頁

新校本說明

錢穆先生全集，在臺灣經由錢賓四先生全集編輯委員會整理編輯而成，臺灣聯經出版事業公司一九九八年以「錢賓四先生全集」為題出版。作為海峽兩岸出版交流中心籌劃引進的重要項目，這次出版，對原版本進行了重排新校，訂正文中體例、格式、標號、文字等方面存在的疏誤。至於錢穆先生全集的內容以及錢賓四先生全集編輯委員會的注解說明等，新校本保留原貌。

九州出版社

出版説明

民國十二年秋至十六年秋，錢賓四先生任教於無錫省立第三師範，擔任國文教席。時學校規定，國文教師隨班遞升，除國文正課外，每年尚須兼開一課。第一年爲文字學，第二年爲論語，第三年爲孟子，第四年爲國學概論。先生於此四課皆自編講義，其第四年所編著者，即此書也。其書自十五年夏著手編撰，隨講隨録，成七章，以兵亂輟講，遂僅完成全書之半。十六年秋，先生轉入蘇州省立中學任教，續講後三章，乃得於十七年春續成爲完編。二十年五月由商務印書館出版。

是書共分十章，其述國學，不循一般四部分述之成規，而別出手眼，將我國古來學術，分期特立章目，以突顯每一時期學術思想主要潮流所在，使讀者易於把握歷代學術流變之大趨。並採綱目方式敘述，以正文爲綱要，其所稱引與夫相關辨證，則寫入爲小注。讀其正文，得其扼要；讀其注文，可進窺其委曲之詳；兼觀並覽，然後可以盡其意趣。

一九五六*年六月，臺灣商務印書館重印是書於臺北，後又收入該館所編人人文庫中，屢經印行，皆據原版影印。今據原版重排，除改正若干原版誤植文字及調整若干標點符號外，內容不作改動。惟正文改用大字，以期綱舉目張，層次分明，以便讀者誦讀。整理排校雖力求慎重，仍恐不免疏漏，敬希讀者不吝指正。

本書係由辛意雲先生負責整理。

錢賓四先生全集編輯委員會　謹識

*新校本編者注：原文為「民國」紀年。下同。

目次

下篇

弁言

學術本無國界。「國學」一名，前既無承，將來亦恐不立。特爲一時代的名詞。其範圍所及，何者應列國學，何者則否，實難判別。本書特應學校教科講義之需，不得已姑采梁氏清代學術概論大意，分期敍述。於每一時代學術思想主要潮流所在，略加闡發。其用意在使學者得識二千年來本國學術思想界流轉變遷之大勢，以培養其適應啟新的機運之能力。時賢或主以經、史、子、集編論國學，如章氏國學概論講演之例。亦難賅備，並與本書旨趣不合。竊所不取。

本書爲便學課誦覽，凡稱引所及，以及辨證論難，均散入小注，而正文僅爲綱要。讀者須兼觀並覽，始得盡其意趣。

本書於民國十五年夏開始編著，隨講隨錄，成七章；以兵亂輟講而止。後三章於十七年春續成。前七章講於無錫江蘇省立第三師範，後三章講於蘇州江蘇省立蘇州中學。以後迄未增改。疏漏錯失，爲病實多。若蒙海內學人，賜以商訂，極所樂聞。

本書於第十章論最近期，特爲中學生指示大體。於並世賢達，敍述恐多失誤，疏漏尤甚，敬表歉仄。

本書於編纂第三、第四章秦廷焚書及兩漢經學時，友人施君之勉，通函討論，前後往返十餘通。開悟良多。講學之樂，積久不忘。至今回憶，猶有餘甘。特此附書，誌永好焉。

新版附識

此稿成於三十年前，迄今回視，殆所謂粗識大體，未盡精微者也。其時中學校率有「國學概論」一課，此稿特爲講堂授課之用。聽者尙能接受，並多興發。此三十年來，中學程度，普遍低落。即上庠講學，亦少總攬通觀之功。則此書過而存之，亦未嘗不可使治國學者知古今學術流變之大趨。商務印書館趙君叔誠來書，欲將此稿重付流傳，因將手邊僅存之一部瀏覽一過，略校錯字，郵以與之。

本書第十章，涉及當代。當時以中學青年，皆好縱讀新出雜誌報章，於並世學派思潮，尤喜分曹辯論，各抒己見；不得不略述大端，開示塗轍。而本稿屬筆，在民國十五年夏，脫稿在十七年之春，所述則止於十三四年間。自此以來三十年，天翻地覆，赤禍横流，神州陸沉，固非作者當時所敢逆料。即篇中所敍學人，至今尙存者，其在當時，於此思潮流變，學術墮地之情，亦豈能逆料其一遂至此乎？

此次再版，於本章原文，亦一仍其舊，絕不再加增删。此非謂當時敍述，便成定論。蓋使讀者獲知三十年前人對其當時學術思潮之一種看法。此亦可作一種史料視耳。

一九五六年丙申春錢穆識於香港九龍新亞書院

上篇

第一章　孔子與六經

中國文化，於世界爲先進。古代學術思想，當有研討之價值。然夷考舊文，茫昧無稽；雖有美盛，未可苟信。當孔子時，夏、殷之禮，已爲無徵。

論語八佾：子曰：「夏禮我能言之，杞不足徵也；殷禮我能言之，宋不足徵也；文獻不足故也。足則我能徵之矣。」

當孟子時，成周書籍，亦復不傳。

孟子萬章：北宫錡問曰：「周室班爵禄也，如之何？」孟子曰：「其詳不可得聞也。諸侯惡其害己也，而皆去其籍。」

荀卿有「文滅節絶」之歎。

荀子非相：「五帝之外無傳人，非無賢人也，久故也。五帝之中無傳政，非無善政也，久故也。是以文久而滅，節族久而絶。」

韓非有「非愚則誣」之譏。

韓非子顯學：「孔子、墨子俱道堯、舜，而取舍不同，皆自謂眞堯、舜。堯、舜不復生，將誰使定儒、墨之誠乎？無參驗而必之者，愚也。弗能必而據之者，誣也。故明據先王，必定堯、舜者，非愚則誣也。」

故言古者不可不愼。余於此編，蓋將略而弗論，論其可知者，自孔子始。然於中國學術具最大權威者凡二：一曰孔子，一曰六經。孔子者，中國學術史上人格最高之標準，而六經則中國學術史上著述最高之標準也。自孔子以來二千四百年，學者言孔子必及六經，治六經者亦必及孔子。則六經之內容，及孔子與六經之關係，終不可不一先論也。

今言六經，略分三部：一易、春秋，二詩、書，三禮、樂。分條述之如次：

一 易春秋

易之爲書，本於八卦。八卦之用，蓋爲古代之文字。

> 易緯乾鑿度：「☰」古文天字，「☷」古地字，「☴」古風字，「☶」古山字，「☵」古水字，「☲」古火字，「☳」古雷字，「☱」古澤字。

因而重之，猶如文字之有會意。

如「䷃」爲山下有泉，「䷰」爲澤中有火之類。

引而伸之，猶如文字之有假借。

如「☳」本爲雷，後以龍亦潛伏，時時飛升，且雷動龍現，二者相因，故「☳」亦以象龍。「☴」本爲風，而風動樹搖，亦如雷龍之例，故「☴」亦以象樹。如是推衍，義象遂廣。

卜筮如拆字。

八卦之興，本在游牧之世。今設推想，有一隊牧人，遠出游牧，路經山野，其地旱峭，徧覓水泉，得之山上。方此隊人將次他去，顧念同族後隊，接踵便至，乃於山下顯處，作一記號「䷞」，山上有澤；或「䷦」，山上有泉；則後隊到此，便知水在山上，逕自攀登。而其時民智淺陋，彼見卦象可以告我以外物，以謂必有類我而神明者主之，而敬畏之心漸起。循而久之，牧隊將發，戲爲占問，如得「䷂」卦，則謂外出不利，雷雨將至。如得「䷇」卦，則謂水草豐美，儘利前往。後人以拆字驗吉凶，即占卦之變相。敬惜字紙，虔事符籙，則先民以八卦爲神物之遺意也。

繫辭如籤詩。

朱子答呂伯恭書：「竊疑卦爻之詞，本爲卜筮者斷吉凶，而因以訓戒；有本甚平易淺近，而今傳註誤爲高深微妙之說者。如利用祭祀，利用享祀，只是卜祭則吉；田獲三狐，田獲三品，只是卜田則吉；公用享于天子，只是卜朝覲則吉；利建侯，只是卜立君則吉；利用爲依遷國，只是卜遷國則吉；利用侵伐，只是卜侵伐則吉之類。」

朱子語類：「易爲卜筮作，非爲義理作。伏羲之易，有占而無文，與今人用火珠林起課者相似。文王、周公之易爻辭如籤辭。孔子之易，純以理言，已非羲、文本意。」

周易起於殷、周之際，明周家之有天下，蓋由天命。

易繫辭下傳：「易之興也，其當殷之末世、周之盛德邪？當文王與紂之事邪？」

王應麟困學紀聞：阮逸云：「易著人事，皆舉商、周。帝乙歸妹，高宗伐鬼方，箕子之明夷，商事也。密雲不雨，自我西郊，王用享于岐山，周事也。」

顧炎武日知錄：「易本周易，故多以周事言之。小畜：『密雲不雨，自我西郊。』本義：『我者，文王自我也。』

既濟九五：「東鄰殺牛，不如西鄰之禴祭，實受其福。」漢書郊祀志引此，師古注：「東鄰謂商紂也，西鄰謂周文王也。」鄭康成坊記注亦云：「東鄰謂紂國中，西鄰謂文王國中。」

易之內容，其實如斯。孔子言易，見於論語。

日知錄：「孔子論易，見於論語者，二章而已。曰：『加我數年，五十以學易，可以無大過矣。』『南人有言曰：人而無恆，不可以作巫醫。善夫！不恆其德，或承之羞。子曰不占而已矣！』是則聖人之所以學易者，不過在庸言庸行之間，而不在乎圖書象數也。今之穿鑿圖象以自爲能者，畔也。記者於夫子學易之言而即繼之曰：『子所雅言，詩、書、執禮，皆雅言也。』是知平日不言易，而其言詩、書、執禮者，皆言易也。」今按：五十以學易，古論作「易」，魯論作「亦」，連下讀。比觀文義，魯論爲勝。則孔子無五十學易之說也。顧氏謂孔子平日不言易是矣，而曰其言詩、書、執禮皆言易，則不得其意而強說之也。

因人之無恆而歎其不占，與南人之言同類並舉，亦博弈猶賢之意，非韋編三絕之說也。至十翼不出孔子，前人辯者已多，則易與孔子無涉也。

史記孔子世家：「孔子晚而喜易。序彖、繫、象、說卦、文言，讀易韋編三絕。」

馬端臨文獻通考：「歐陽公童子問上下卷，專言繫辭、文言、說卦而下，皆非聖人之作。」

陳振孫書錄解題：「趙汝談南塘易說三卷，專辨十翼非夫子作，今此書無傳。」

晉書束皙傳：「汲郡人不準，發魏襄王冢，得易經二篇，與周易上下經同。」姚際恆曰：「魏文侯最好古，魏冢無十翼，明十翼非仲尼作。」姚有易傳通論，今亦無傳。

崔述洙泗考信錄：「易傳必非孔子所作，汲縣冢中，周易上下篇無彖、象、文言、繫辭。魏文侯師子夏，子夏不傳，魏人不知，則易傳不出於孔子無疑。又按：春秋襄九年傳穆姜答史之言，與今文言篇首略同，而詞小異。以文勢論，則彼處爲宜。是作傳者采之魯史而失其義耳。論語：曾子曰：『君子思不出其位。』今象傳亦載此文。果傳文在前，與記者固當見之。曾子雖書述之，不得謂曾子所自言。既采曾子語，必曾子已後人所爲。」

孟子稱「孔子成春秋而亂臣賊子懼」，春秋之出孔子，自來無異議。然謂孔子春秋一依舊史，無所變改乎？則「伯于陽」之不革，何以逃「遵乖習訛」之譏？

春秋公羊傳：「昭公十二年，齊納北燕伯于陽。伯于陽者何？公子陽生也。子曰：『我乃知之矣。』在側者曰：『子苟知之，何以不革？』曰：『如爾所不知何？』」劉知幾史通惑經篇：「夫如是，夫子之修春秋，皆遵彼乖僻，習其訛謬，凡所編次，不加刊改者矣。何爲其間則一襃一貶，時有弛張，或沿或革，曾無定體？」

謂修辭正名，俱有深意乎？則五石六鷁之先後，亦難免「窮鄉曲學」之誚。

春秋穀梁傳：「僖公十六年春王正月戊申朔，隕石于宋五。先隕而後石，何也？隕而後石也。于宋四竟之内曰宋。後數，散辭也。耳治也。是月，六鷁退飛過宋都。是月也，決不日而月也。六鷁退飛過宋都，先數，聚辭也。目治也。子曰：『石無知之物，鷁微有知之物。石無知，故日之。鷁微有知之物，故月之。』君子之於物，無所苟而已。石鷁猶且盡其辭，而況于人乎！故五石六鷁之辭不設，則王道不亢矣。」

日知錄：「公、穀二傳，相傳受之子夏。然而齊、魯之間，人自爲師，窮鄉多異，曲學多辨，其穿鑿以誤後人者不少。且如隕石于宋五，六鷁（原注：左氏、公羊作鶂。）退飛過宋都，此臨文之不得不然，非史云五石，而夫子改之石五，史云鷁六，而夫子改之六鷁也。穀梁：『後數散辭也，先數聚辭也。』『天下之達道五，所以行之者三』，其散辭乎？『凡爲天下國家有九經』，其聚辭乎？『初九潛龍』，後九也。『九二見龍』，先九也。世未有爲之說者也。『石無知故日之。』然則梁山崩不日，何也？『鷁微有知之物，故月之。』然則有鸜鵒來巢不月，何也？」

若謂僅事記錄，不異諸史，則孔子不如丘明。

桓譚曰：「左氏傳于經，猶衣之表裏，相持而成。經而無傳，使聖人閉門思之，十年不能知。」（史通申左篇。御覽六百十引。）

若謂文主褒貶，義踰衮鉞，則南、董賢於仲尼。

史通惑經：「春秋之所書，本以褒貶爲主。故國語晉司馬侯對其君悼公曰：『以其善行，以其惡戒，可謂德義矣。』公曰：『孰能？』對曰：『羊舌肸習於春秋。』至於董狐書法而不隱，南史執簡而累進。又甯殖出君而卒，自憂名在策書。故知當時史臣，各懷直筆。斯則有犯必死，書法無捨者矣。自夫子之修春秋也，蓋他邦之篡賊其君者有三，（原注：謂齊、鄭、楚。）本國之弑逐其君者有七，（原注：隱、閔、般、惡、視五君被弑，昭、哀二主被逐也。）莫不缺而靡錄，使其有逃名者。」

迴護層出，疑難蜂起。三傳紛紜，未有定是。所以知幾發憤，有「未喻」「虚美」之惑。

劉知幾史通惑經說春秋有十二未喻，五虚美。

介甫逞臆，有「斷爛朝報」之喻。

王安石詆春秋曰：「此斷爛朝報也。」見周麟之春秋經解跋。今按：朝報譬今之政府公報也。楚雖稱王，而春秋書之曰「子」。實晉侯召王，而曰「天王狩于河陽」。凡此之例，正與今之政府公報合符。荆公之語，誠爲有見。然自是孔子正名復禮精神之所託。故曰：「寄一王之法。」「孔子作春秋而亂臣賊子懼」，其說如此。

惟范寧持平，同譏三傳。然謂據理通經，不能因經顯理，則借後儒之理，以說先聖之經，固無賴乎有經也。

范寧春秋穀梁傳序：「春秋之傳有三，而爲經之旨一。臧否不同，褒貶殊致。蓋九流分而微言隱，異端作而大義乖。左氏以鬻拳兵諫爲愛君（莊十九）。文公納幣爲用禮（文二）。穀梁以衛輒拒父爲尊祖（哀二）。不納子糾爲內惡（莊九）。公羊以祭仲廢君爲行權（桓十一）。妾母稱夫人爲合正（隱二）。以兵諫爲愛君，是人主可得而脅也。以納幣爲用禮，是居喪可得而婚也。以拒父爲尊祖，是爲子可得而叛也。以不納子糾爲內惡，是仇讎可得而容也。以廢君爲行權，是神器可得而闚也。以妾母爲夫人，是嫡庶可得而齊也。若此之類，傷教害義，不可強通者也。凡傳以通經爲主，經以必當爲理。夫至當無二，而三傳殊說，庸得不棄其所滯，擇善而從乎？既不俱當，則固容俱失。若至言幽絕，擇善靡從，庸得不並捨以求宗、據理以通經乎？」

其爲聖耶？

章絳抉實，等貫經、史。然謂經有丘明，傳有仲尼，則攘左氏之賢，以成孔子之聖，亦烏在

章炳麟國故論衡原經：「經史自爲部，始晉荀勗。七略太史公書在春秋家。董仲舒說春秋，以爲：『上明三王之道，下辨人事之紀，萬物之聚散，皆在春秋。』然太史公自敍其書，亦曰：『協厥六經異傳，整齊百家雜語，俟後世聖人君子。』班固亦云：『凡漢書窮人理，該萬方，緯六經，綴道綱，總百民，贊篇章。』其自美何以異春秋？春秋有義例，其文微婉，遷、固亦非無義例也。遷、陳壽微婉志晦之辭尤多。太山、梁父，崇卑雖異哉，其類一矣。」又檢論春秋故言：「司馬光造資治通鑑，先爲目錄，括囊大典。經何嫌有丘明，傳何嫌有仲尼邪？令傳非仲尼、丘明同著，卽春秋爲直據魯史無所考正之書，內多忌諱，外承赴告，以蔽實錄，史通惑經之難，雖百大儒無以解也。」今按：章氏書論春秋皆實，獨謂孔、左同時作述，強造奇論，豈欲爲百外大儒，爲劉子玄作解人耶？

今稱情而論，則春秋誠有功於文獻，

國故論衡原經：「自仲尼以上，尙書則闕略無年次，百國春秋之志，復散亂不循凡例，又亦藏之故府，不下庶人，國亡則人與事偕絕。太史公云：『史記獨藏周室，以故滅。』此其效也。是故本之吉甫、史籀，紀歲時月日，以更尙書。傳之其人，令與詩、書、禮、樂等治，以異百國春秋。然後東周之事，粲然著明。令仲尼不次春秋，今雖欲觀定、哀之世，求五伯之迹，故荒忽如草昧。」

今按：如章說，孔子春秋，爲史記編年之祖，其功一也。轉官史爲民間史，開平民輿論之自由，故曰：「春秋者，天子之事，知我罪我，其惟春秋。」功二也。又會國別爲通史，尊王攘夷，主聯諸夏以抗外患，故曰：「其文則史，其事則齊桓、晉文。」以民族觀念，發爲大一統之理想，功三也。然時移世異，迹者非其所以迹，春秋乃僅爲古史之椎輪大輅。捨後世三傳之紛紛，則孔子春秋之精神，亦若是而止耳。

而粗略簡陋，殆不勝後儒之尊美也。

日知錄：「孔子曰：『吾猶及史之闕文也。』史之闕文，聖人不敢益也。春秋桓公十七年冬十月朔，日有食之。傳曰：『不書日，官失之也。』僖公十五年夏五月，日有食之。傳曰：「不書朔與日，官失之也。」以聖人之明，千歲之日至可坐而致，豈難考歷布算以補其闕？而夫子不敢也。況於史文之誤，而無從取正者乎？況於列國之事，得之傳聞，不登於史策者乎？左氏之書，成之者非一人，錄之者非一世，可謂富矣。而夫子當時未必見也。史之所不書，則雖聖人有所不知焉者。即使歷聘之餘，必聞其政，遂可以百二十國之寶書，增入本國之記註乎？若乃改葬惠公之類不書者，舊史之所無也。曹大夫、宋大夫、司馬、司城之不名者，闕也。鄭伯髡頑、楚子麇、齊侯陽生之實弒而書卒者，傳聞不勝簡書，是以從舊史之文也。左氏出於獲麟之後，綴羅浩博，實夫子之所未見。乃後之儒者，似謂已有此書，夫子據而筆削之。即左氏之解經，於所不合者，亦多曲爲之說。而經生之論，遂以聖人所不知爲諱。是以新說愈多，而是非靡定。故今人學春秋之言，皆郢書燕說，而夫子之不能逆料者也。」顧氏此論，可以折諸家之平。

漢書曰：「易本隱以之顯，春秋推見以知微。」二書一言天道，一言人事，治孔學者尤樂道。

四庫提要：「六經之中，惟易包眾理，事事可通。春秋具列事實，亦人人可解。一知半見，議論易生。著錄之繁，二經爲最。」

故說經之有門戶，自三傳始。而圖書之辯，於後爲烈。迷山霧海，使學者惶惑沉溺於其中，更不知孔學之眞相，則經生儒者之過也。

毛奇齡西河集：「大易、春秋，迷山霧海，自兩漢迄今，歷二千餘年，皆臆猜卜度，如說夢話，何時得白？」此言良是。然清儒研經，於易、春秋二書，竟亦不出迷山霧海之外，良可憫也！

二　詩書

論語有言：「子所雅言，詩、書、執禮，皆雅言也。」又曰：「興于詩，立于禮，成于樂。」史記孔子世家遂謂：「孔子以詩書禮樂教。」此猶可也。至謂孔子刪詩、書，

書緯：「孔子得黃帝元孫帝魁之書，迄於秦穆公。凡三千二百四十篇。斷遠取近，定其可爲世法者百二十篇，以百二篇爲尙書。」

史記孔子世家：「序書傳，上紀唐虞之際，下至秦繆，編次其事。」又：「古者詩三千餘篇，及至孔

子，去其重，取可施於禮義，三百五篇。」

則無徵於論語，無徵於孟、荀，秦火以前，無此說也。

洙泗考信錄：「傳云：『郯子來朝，昭子問少皞名官，仲尼聞而學之。』聖人之好古如是。果有羲、農、黃帝之書傳後世，孔子得之，當如何愛護表章，肯無故而刪之乎？論、孟稱堯舜，無一言及炎黃，則高辛氏以前無書明矣。古者以竹木爲書，其作之也難，其傳之亦不易。孔子所得者止是，遂取以傳於門人耳。非刪之也。世家但云序書，無刪書之文。漢志有周書七十餘篇，皆後人僞撰。」此辨刪書。

孔穎達詩疏：「案書傳所引之詩，見在者多，亡逸者少。則孔子所錄，不容十分去九。遷言未可信也。」

葉水心習學記言：「論語稱『詩三百』，本謂古人已具之詩，不應指其自定者言之。」以上二條辨刪詩。

且今傳詩、書，出秦火之後，亦不復當時孔子誦說之舊本。

史記：「秦時焚書，亡數十篇。」

漢書藝文志：「書凡百篇，秦燔書禁學，濟南伏生獨壁藏之。漢興，亡失，求得二十九篇。」

皮錫瑞書經通論：「尚書僞中作僞，屢出不已。一則秦燔亡失，而篇名多僞。一則因秦燔亡失，而文字多僞。」

論語引書凡三：曰「孝乎惟孝，友于兄弟。」（爲政）曰「武王曰：予有亂臣十人。」（泰伯）曰「高宗諒陰，三年不言。」（憲問）均不在今文二十八篇中。此論書。

金履祥述王柏語云：「孔子之誦詠，如素絢、唐棣，諸經之所傳，如貍首、轡柔，何以皆不與於三百？而已放之鄭聲，反尚存而不削？」

閻若璩古文尚書疏證：「燕禮記升歌鹿鳴，下管新宮，新宮與鹿鳴相次，蓋一時之詩，而爲燕饗賓客及大射之樂者，其在小雅中無疑。鄭注：『新宮，小雅逸篇。』必不爲聖人所刪。又必不至孔子時已亡佚。何者？魯昭公二十五年，宋公享叔孫昭子，賦新宮，其詩見存，孔子時年三十五也。又鄉射奏騶虞，大射奏貍首，周禮射人王以騶虞九節，諸侯以貍首七節，孤卿大夫及士以采蘋、采蘩五節。則貍首之詩，與騶虞、采蘋、采蘩相次，孔穎達所謂『當在召南』者。必不爲聖人所刪。又必不至孔子時已逸。何者？則射義出七十子後學者之手，且歷舉其詩云云也。」此論詩。

縱復覩孔門之舊，而書乃當時之官書，詩乃昔人之歌詠，亦不足爲萬世之經典，千禩之常法也。又況後之治書者，先勞精於今、古文之眞僞，治詩者又耗神於齊、魯、韓、毛之異同。將以考索古代文獻之眞相，則斯已耳。若謂從此以明孔子之大道，立千古之常法，將以爲尊經崇聖之寶典者，則又經生儒者之過也。

三　禮樂

漢書藝文志：「禮自孔子時而不具，至秦大壞。」則孔子已不見有禮經矣。

毛奇齡西河集與李恕谷論周禮書：「僕記先仲兄嘗言：先王典禮，俱無成書。韓宣子見易象、春秋，便目爲周禮。國家班禮法，祇於象魏懸條件，使閭里讀之。刑法亦然。子產作刑書，反謂非法。卽曆書一項，關係民用，先王所謂敬授民時，與世共見者，然亦只逐月頒布，並無成書，如近代曆本，則他可知矣。是以夏禮、殷禮，夫子謂文獻不足。不特杞、宋原無文，卽舊來傳書，亦祇得夏時、坤乾。一如韓宣子之以易象、春秋當禮書也。」據此，則孔子以前，本無禮書可知矣。

論、孟言「禮」，皆明禮意，著於行事，不在簡策。

袁枚答李穆堂問三禮書：「子所雅言，詩、書外惟禮，加一『執』字，蓋詩、書有簡策之可考，而禮則重在躬行，非有章條禁約也。」

漢書所稱禮經，乃今儀禮十七篇；而春秋二百四十年列國君大夫行禮，絕不一言及之。

顧棟高春秋大事表有左氏引經不及周官儀禮論。

且其書與孔子之意多違，蓋出周末戰國之際。

崔述豐鎬考信錄：「儀禮非周公之制，亦未必爲孔子之書。古禮臣拜君於堂下，雖君有命，仍拜畢乃升。今儀禮君辭之，乃升成拜。是拜上非拜下矣。此孔子所謂泰也。古者公之下不得復有公，今儀禮諸侯之臣所謂諸公者，是春秋之末，大夫僭也。此孔子所謂名不正也。覲禮，大禮也；聘禮，小禮也。今儀禮聘禮之詳，反十倍於覲禮。蓋周衰，覲禮缺失，而聘禮通行故也。王穆后崩，太子壽卒，晉叔向曰：『王一歲而有三年之喪二焉。』今儀禮喪服篇爲妻期年。果周公所制之禮，叔向豈有不知？何以所言喪服與儀禮迥異？且十七篇多係士禮，已文繁物奢如此，則此書之作，當在周末文勝之時。周公所製，必不如是。孔子曰：『先進於禮樂，野人也。後進於禮樂，君子也。如用之，則吾從先進。』則今傳儀禮，亦與孔子之意背馳也。」

「樂」與詩合，本非有經。

日知錄：「歌者爲詩，擊者、拊者、吹者爲器，合而言之謂之樂。對詩而言，則所謂樂者八音，『興於詩，立於禮，成於樂』是也。分詩與樂言之也。專舉樂則詩在其中，『吾自衛反魯，然後樂正，雅、頌各得其所』是也。合詩與樂言之也。詩三百篇，皆可以被之音而爲樂。自漢以下，乃以其所賦五言之屬爲徒詩，而其協於音者則謂之樂府。宋以下，則其所謂樂府者，亦但擬其辭，而與徒詩無別。於是乎詩之與樂判然爲二，不特樂亡而詩亦亡。」

又禮樂應時而變。魏文侯聽古樂，則昏昏欲睡。莊子稱古今之變，猶猨狙之異周公。孔子不云乎：「禮云禮云，玉帛云乎哉？樂云樂云，鐘鼓云乎哉？」今使考索孔子當時玉帛鐘鼓之制度法數，而曰我將以復孔門之禮樂，則又經生儒者之過也。綜上以言：孔子以前未嘗有六經，孔子亦未嘗造六經。言孔子者，固不必專一注重於後世之所謂六經也。

今考楚語載申叔時論教太子，列舉古代典籍甚詳備：

楚語：「莊王使士亹傅太子葴，士亹問于申叔時。叔時曰：『教之春秋，而爲之聳善而抑惡焉，以戒勸其心。教之世，而爲之昭明德而廢幽昏焉，以休懼其動。教之詩，而爲之導廣顯德以耀明其志。教之禮，使知上下之則。教之樂，以疏其穢而鎮其浮。教之令，使訪物官。教之語，使明其德，而知先王之務用明德於民也。教之故志，使知廢興者而戒懼焉。教之訓典，使知族類，行比義焉。』」凡舉古代典籍爲當時所教學誦習者分九類：

一、春秋。晉語：「羊舌肸習於春秋。」墨子明鬼篇：「著在周之春秋」「著在燕之春秋」「著在宋之春秋」云云。蓋當時王朝列國之史，皆稱春秋也。

二、世。世者，世系譜牒也。魯語：「工史書世，宗祝書昭穆。」韋注：「工，瞽師官也。史，太史也。世，次先後也。工誦其德，史書其言也。」是書世者，亦載德言也。

三、詩。論語：「誦詩三百」是也。

四、禮。禮者，周語：「隨會聘於周，歸而講聚三代之典禮，於是修執秩以爲晉法。」故禮卽古代之遺制舊例，與本朝之成法也。楚語子木曰：「楚國之政，其法刑在民心，而藏在王府。其祭典有之曰：『國君有牛享，大夫有羊饋。』」此所謂法、典，皆禮也。

五、樂。樂者，記詩之音節制度物數。論語：「孔子曰：『吾自衛反魯，然後樂正，雅、頌各得其所』」者是也。

六、令。晉語：「事君以死，事主以勤，君之明令也。」又曰：「先王之令有之曰：『天道賞善而罰淫。』」皆是也。

七、語。前人善言佳語。内外傳常引「語曰」云云，鄭語：「訓語有之」是也。其云：「史佚有言」「仲虺有言」「臧孫紇有言」，皆語類也。

八、故志。楚語：「范無宇對子皙曰：『其在志也』云云。」又曰：「皆志於諸侯。」左傳成十五年：「前志有之。」皆是也。語言亦稱志。左襄十四年引「仲虺有言」，襄三十年作「仲虺之志」是也。

九、訓典。韋注：「五帝之書。」楚語：「左史倚相能道訓典，使寡君無忘先王之業」者是也。晉語亦云：「端刑法，緝訓典。」商書有伊訓，左襄四年引夏訓，則訓典不限於五帝書也。

約而舉之，不出詩、書兩類。書者掌故，凡申叔時所謂春秋、世、禮、令、語、故志、訓典皆屬之。詩者文學，凡申叔時所謂詩、樂皆屬之。詩、書者，古人書籍之兩大別也。不曰詩書，卽曰「禮樂」。詩書言其體，「禮樂」言其用。書卽「禮」也，詩卽「樂」也。詩之爲樂易明，書之爲禮難曉。蓋禮有先例之禮，有成文之禮。先例之禮，本於歷史，春秋、世、語、故志、訓典之類是也。成文之禮，本乎制度，禮、令之類是也。而後王本朝之制度法令，亦卽先王前朝之先例舊貫也。蓋昔人尊古篤舊，成法遺制，世守勿替，卽謂之「禮」。捨禮外無法令，捨禮外無歷史。「史」、「禮」、「法」之三者，古人則一以視之也。史實之變動，新例之創興，而禮法亦隨而變。如檀弓記「士之有誄」，「魯婦人之髽而弔」，「晉人之畢獻而揚觶」，左傳記「晉之始墨」，「楚之乘廣先左」之類，大率前代因一時特情，開一新例，其後因習沿用而成禮制。違「禮」卽違「法」。「歷史」卽「制度」。而詩、樂本包括於禮制之中。則古人學問，可以一字盡之，曰惟「禮」而已。其守禮知禮者則「史」也。故古人言學，皆指「詩書禮樂」。此卽求之論語而可證。

泰伯：「興于詩，立于禮，成于樂。」

述而：「子所雅言，詩、書、執禮，皆雅言也。」

季氏：「鯉趨而過庭，曰：學詩乎？……學禮乎？」

至增孔子春秋與詩、書、禮、樂而爲五，又增卜筮之易而爲六，而因以名之曰「經」，此皆後起之事，非孔子以前所本然也。論、孟不言「經」。

孟子：「經正則庶民興」，非經籍也。崔述古文尚書辨譌：「漢以前從未嘗稱易、詩、書、春秋爲『經』，論語、孟子所引，亦無『經』字。經解出於戴記，未必爲孔子之言。然通篇無『經』字。其『經』目則漢儒所署耳。孝經亦漢人鈔撮爲之。不然，不應漢以前無一人語及也。」今按：自荀子已「經」「禮」分言，惟亦不以詩、書與「經」相連而稱詩經、書經耳。語詳下。

「經」之稱昉墨子，有經上下篇。荀子儒家，始稱「經」，始以春秋與詩、書、禮、樂連稱。然猶不知「六經」，又不以易爲「經」。

荀子勸學篇：「學惡乎始，惡乎終？曰：其數則始乎誦『經』，終乎讀『禮』。書者，政事之紀也。詩者，中聲之所止也。禮者，法之大分，類之綱紀也。故學至乎禮而止矣。」楊倞注：「經謂詩、書，禮謂典禮之屬。」則荀子僅以詩、書爲「經」，與「禮」並舉，非有「六經」也。又云：「禮之敬文也，樂之中和也，詩、書之博也，春秋之微也，在天地之間者畢矣。禮、樂法而不說，詩、書故而不切，春秋約而不速。」以禮、樂、詩、書、春秋並舉，而不及易。荀子不知有「六經」也。不然，何以曰「在天地之間者畢」乎？

又儒效篇：「聖人者，道之管也。天下之道管是矣。百王之道一是已。故詩、書、禮、樂之歸是矣。詩言是其志也，書言是其事也，禮言是其行也，樂言是其和也，春秋言是其微也。」亦詩、書、禮、樂、春秋五者並舉；而不及易。蓋荀子單言詩、書則包春秋。單言「禮」則包「樂」。故分言之則五者，合言之則詩、書與「禮」之二事也。故榮辱篇亦言：「先王之道，仁義之統，詩、書、禮樂之分。」推荀子所謂詩、書，卽孔子之「博學於文」也。荀子之所謂「禮」，卽孔子之「約之以禮」也。荀子之「始誦經而終讀禮」，卽孟子「由博反約」之說也。證之以荀子之書，則知其時固無「六經」之稱也。

秦人焚書，則曰「詩書百家語」，而易爲卜筮之書，獨不禁。其謂「詩書」，統指孔、墨以前舊籍。「百家語」，則儒、墨以下私書也。易在秦時，人猶知其爲卜筮書，非儒家之一經也。荀卿屢舉詩、書、禮、樂、春秋而不及易，孟子七篇，無一字及易，知易不與詩、書、禮、樂、春秋同科。尊春秋齊於詩、書、禮、樂者，其論始於孟子，定於荀卿。並易與詩、書、禮、樂、春秋而言之者，則儒、道、陰陽合糅之徒爲之。其事起於漢，見於劉安、馬遷、董仲舒、賈誼之書，而亦猶弗稱之謂六經也。

淮南王劉安招賓客方術之士爲鴻烈。高誘序之曰：「王與蘇飛、李尚、左吳、田由、雷被、毛被、伍被、晉昌等八人，及諸儒大山、小山之徒，共講論道德，總說仁義，而著此書。其旨近老子，淡泊無爲，蹈虛守靜，出入經道。」則淮南雜糅儒、道之證也。故其書以詩、書、易、禮、樂、春秋爲「六藝」（泰族訓），又曰：「孔丘通『六藝』之論。」（主術訓）司馬遷史記太史公自序曰：「談爲太史公，學天官於唐都，受易於楊何，習道論於黄子。」其論六家要指曰：「易大傳：『天下一致而百慮，同歸而殊途。』夫陰陽、儒、墨、名、法、道德，此務爲治者也，直所言之異，有省不省耳。」則司馬談論學，糅合陰陽、儒、道之證也。備論六家，首列陰陽，而稱易傳，先秦無有也。史遷承父學而尊孔子，故以禮、樂、詩、書、易、春秋言「六藝」（滑稽列傳）。謂孔子晚而喜易，序彖、繫、象、説卦、文言，讀易韋編三絶者，亦史遷也。

董仲舒，漢書五行志稱之曰：「昔殷道弛，文王演周易；周道叛，孔子述春秋；天人之道，粲然著矣。漢興，董仲舒治公羊春秋，始推陰陽爲儒者宗。」此董氏之學爲陰陽與儒相雜糅之證也。故春秋繁露亦並易與詩、書、禮、樂、春秋並言。

賈誼新書，亦言「六藝」。賈生亦兼治陰陽、儒、道之説也。

莊子天下篇：「易以道陰陽。」史遷亦言之。秦火之後，惟易獨傳。儒、道、陰陽之説，雜見於其書，遂成易傳，至漢而大行也。

司馬氏之言曰：「儒者以六藝爲法，六藝經傳以千萬數。」（論六家要指）明「六藝」中自分經傳，而經傳不限於「六藝」。

「經」者，對「傳」與「說」而言之。無「傳」與「說」，則不謂「經」也。說文：「經，織也。」左氏昭十五年傳：「王之大經也。」疏：「經者，綱紀之言也。」古者於書有「記」、「傳」、「故訓」，多離書獨立，不若後世章句，卽以比廁本書之下；故其次第前後，若不相條貫，而爲其經紀者，則本書也。故謂其所傳之本書曰「經」，言其爲「傳」之綱紀也。讀墨子經說者，必比附於經而讀之，則若綱在綱，有條不紊矣。此古書稱「經」之義。書有傳，詩有故訓，故亦得稱「經」。章實齋謂：因「傳」而有「經」之名，猶因子而立父之號。故「經」名之立，必在「傳」「記」盛行之後。墨家旣稱之，諸家沿用之，而詩、書亦得是稱也。墨家之辨有說，故墨辨稱「經」。韓非著書，其外儲說諸篇，自稱左爲「經」，右爲「傳」。撰輯管子者，題其牧民、形勢諸篇曰「經言」，言統要也。呂氏春秋肇立十二紀，「紀」卽「經」也，所以紀綜羣篇。曰八覽，「覽」攬也，所以總攬。曰六論，「論」綸也，所以經綸。其稱「紀」「覽」「論」，猶稱「經」也。先秦著書，揭署「經」名，輒如此。謂「經」專儒家書，非也。謂先古已有「經」，尤非也。謂「經」爲千古之常道，則尤非之尤非也。

漢之「六藝」，則惟五經，以其無樂經也。

漢武帝立五經博士。劉向受詔領校中五經祕書。藝文志無樂經。故王充論衡曰：「夫『五經』亦漢家之所立也。」惟成帝即位，匡衡上疏戒妃匹勸經學，有曰：「臣聞『六經』云云，非情實也。」

然不能僅言禮而無樂，則增五經而稱「六藝」。古自有「六藝」，指禮、樂、射、御、書、數。

呂氏春秋博志篇：「養由基射，尹儒學御，呂氏曰：『皆「六藝」之人也。』」

周禮保氏：「教之六藝，曰禮、樂、射、御、書、數。」

今以稱簡册，則亦漢人之說。其明稱「六經」者，一見莊周書，後成於王莽。

莊子天運篇：「孔子謂老聃曰：『丘治詩、書、禮、樂、易、春秋「六經」，自以爲久矣，孰知其故矣。』」是謂「六經」先孔子有，雖春秋亦非孔子作也。以易與詩、書、禮、樂並稱，亦出秦火後陰陽家言。

漢書王莽傳：「平帝時，莽奏立樂經，隨立六經祭酒。」見後漢書蘇竟傳注。揚子雲劇秦美新稱之曰「制成六經」。後人則誤王莽爲孔子也。

後漢：「明帝開立學校，置五經師。」（本紀）「章帝詔諸儒會白虎觀講議五經同異。」（班固傳）則王莽「六經」終不傳。

第二章　先秦諸子

古者治教未分，官師合一，學術本諸王官，民間未有著述。此在周時猶然。

章學誠校讎通義：「古無文字，結繩之治，易之書契，聖人明其用曰：『百官以治，萬民以察。』理大物博，不可殫也，聖人爲之立官分守，而文字亦從而紀焉。有官斯有法，故法具於官。有法斯有書，故官守有書。有書斯有學，故師傳其學。有學斯有業，故弟子習其業。官守學業，皆出於一，故私門無著述文字。」

龔自珍治學：「自周而上，一代之治，即一代之學也。一代之學，皆一代王者開之也。載之文字謂之法，即謂之書，謂之禮。其書謂之史職。民之識立法之意者謂之士。士能推闡本朝之法意以相戒語者，謂之師儒。若士若師儒，法則先王、先冢宰之書以相講究者，謂之學。道也、學也、治也，則一而已矣。」

章炳麟檢論訂孔：「古者世祿，子就父學爲疇官，宦于大夫，謂之宦御事師。（曲禮「宦學事師」，學亦作御。）言仕者又與學同。（說文：「仕，學也。」）明不仕則無所受書。」

自周室之東，而天子失官，

左傳昭公十七年，仲尼曰：「天子失官，學在四夷。」

大人不悅學。

左傳昭公十八年，葬曹平公，往者見周原伯魯焉。與之語，不說學。歸以語閔子馬。閔子馬曰：「周其亂乎！夫必多有是說，而後及其大人。」

於是官學日衰，私學日興，遂有諸子。後人言諸子學者，皆本劉歆七略，有「九流」之目。

漢書藝文志諸子略：「儒家者流，蓋出於司徒之官。道家者流，蓋出於史官。陰陽家者流，蓋出於羲和之官。法家者流，蓋出於理官。名家者流，蓋出於禮官。墨家者流，蓋出於清廟之守。縱橫家者流，蓋出於行人之官。雜家者流，蓋出於議官。農家者流，蓋出於農稷之官。小說家者流，蓋出於稗官。」又曰：「諸子十家，蓋可觀者九家而已。」後遂有九流之說。

近人胡適力辨其非。

胡適諸子不出於王官論凡分四端：

一、劉歆以前論周末諸子學派者，無九流出王官之說。莊子天下篇、荀子非十二子篇、司馬談論六家要指、淮南子要略，皆無之。要略以爲諸子之學，皆起於救世之弊，應時而興，其說最近理。

二、九流無出王官之理。其最謬者，莫如以墨家爲出於清廟之守。七略之言曰：「茅屋采椽，是以貴儉。養三老五更，是以兼愛。選士大射，是以尚賢。宗祀嚴父，是以右鬼。順四時而行，是以非命。以孝視天下，是以上同。」此其言無一語不謬。墨家貴儉，與茅屋采椽何關？茹毛飲血，穴居野處，不更儉耶？何不謂墨家出於洪荒之世？養三老五更，尤不足以盡兼愛。選士大射，豈屬清廟之守？墨家兼愛無差等，何得宗祀嚴父？其上同之說，謂一同天下之義，與儒家之以孝治天下，全無關係。若順四時而行，適成有命之說，更何非命之可言？

三、九流乃漢儒陋說，未得諸家派別之實。其最謬者，莫如論名家。古無名家之名也。凡一家之學，無不有其爲學之方術，此方術卽是其邏輯也。是以老子有「無名」之說，孔子有「正名」之說，墨子有「三表」之法，別墨有「墨辨」之書，荀子有正名之篇，公孫龍有名實之論，尹文子有刑名之論，莊周有齊物之篇，皆其名學也。古無有名學之家，故名學不成爲一家之言。

四、駁章太炎說。

今考諸子師授淵源，以及諸家所稱引，則其間多有出入，可以相通，固不能拘泥於九流、六家之别。

墨子學儒者之業，受孔子之術（見淮南子要略），則墨源於儒。李克爲子夏弟子（見漢志班注），漢志有李克七篇在儒家，而法家有李子三十二篇，班注：「名悝。」悝、克一聲之轉，卽李克，非二人也。兵權謀家有李子十篇，沈欽韓曰：「疑李悝。」則法家與兵家相通而實源於儒家也。吳起師曾子，而吳起四十八篇在兵權謀。

商鞅受李悝法經以相秦（見晉書刑法志），而法家、兵權謀家均有商君書。漢志農家神農二十篇，師古曰：「劉向别錄云：『疑李悝、商君所託。』」則法家、兵家又與農家相出入。

尸佼爲商君師（見藝文志班注），而其書列雜家。

許行爲神農之言，而呂氏春秋當染篇云：「許犯學於禽滑釐」禽滑釐卽禽滑釐，而許犯則許行也。（春秋時，晉有狐突，字伯行，見晉語注。齊有陳逆字子行，見哀十一年左傳。晉語韋昭注：「犯，逆也。」小爾雅言：「犯，突也。」古人名突、逆，字行，知許行蓋名犯矣。）是農家亦與墨家相通。荀子以墨翟、宋鈃並舉，而漢志宋鈃入小説家。莊子天下篇以宋鈃、尹文並舉，而漢志尹文入名家。觀其禁攻寢兵，卽墨子非攻之説，五升製飯，卽墨子量腹之意，則墨家亦與名家、小説家相通。

班注：「孫卿道宋子，其言黄老意。」則墨家、小説家又與道家相通。

荀子以慎到、田駢並舉，莊子天下篇以彭蒙、田駢、慎到三人並舉。而漢志田子在道家，慎子在法家，則道家與法家相通。

荀子以陳仲、史鰌並舉。陳仲之學近於許行，蓋亦農家、墨家者流。而荀子以爲類於史鰌。莊子又常以曾、史並稱，則農家、墨家與儒家亦相通。

荀子稱：「子思、孟子案往舊造説，謂之五行。」而漢志鄒子終始在陰陽家。文選魏都賦注引七略曰：「鄒子有終始五德，從所不勝。土德後木德繼之，金德次之，火德次之，水德次之。」則陰陽家與儒家相通。

韓非學於荀卿，而漢志韓子入法家。司馬遷稱其歸本於黄老，則法家與儒家、道家均相通。

逞論所謂「某家者流，出於某官」之説哉？故謂王官之學衰而諸子興可也，謂諸子之學一一出於王官則不可也。開諸子之先河者爲孔子。孔子生當東周之衰，貴族階級猶未盡壞，其時

所謂學者則惟「禮」耳。禮者，要言之，則當時貴族階級一切生活之方式也。故治國以禮，

左傳閔元年，齊仲孫湫來省難，歸曰：「不去慶父，魯難未已。」公曰：「魯可取乎？」對曰：「不可，猶秉周禮，周禮，所以本也。臣聞之，國將亡，本必先顛而後枝葉從之。魯不棄周禮，未可動也。」

又襄三十一年，北宮文子言於衞侯曰：「鄭有禮，其數世之福也。」又昭五年，女叔齊曰：「禮所以守其國，行其政令，無失其民者也。」

行軍以禮，

左傳僖二十七年，蔿賈曰：「子玉剛而無禮，不可以治民，過三百乘，其不能以入矣。」子犯曰：「民未知禮，未生其共。」於是乎大蒐以示之禮，作執秩以正其官，一戰而霸。

又宣十二年，隨武子曰：「會聞用師，觀釁而動。德刑政事典禮不易，不可敵也。」

保家、守身、安位，亦莫不以禮。

左傳僖十一年，內史過告王曰：「晉侯其無後乎？禮，國之幹也。敬，禮之輿也。不敬則禮不行。禮不行則上下昏。何以長世？」

又文十五年，季文子曰：「齊侯其不免乎！己則無禮，而討於有禮者，難以免矣！」

又成十三年，孟獻子曰：「郤氏其亡乎；禮，身之幹也。敬，身之基也。郤子無基。」

又襄二十一年，會於商任，齊侯、衛侯不敬。叔向曰：「二君者必不免！會朝，禮之經也。禮，政之輿也。政，身之守也。怠禮失政，失政不立，是以亂也。」

故有先事而豫求其禮者，

左傳文六年，季文子將聘於晉，使求遭喪之禮以行。其人曰：「將焉用之？」文子曰：「備豫不虞，古之善教也。」

有臨事不能，以爲病而講學之者。

周語：晉隨會聘於周，定王享之餚烝，原公相禮。范子不知是禮，而私問於原公，歸而講聚三代之典禮。

左傳昭八年，公至自楚，孟僖子病不能相禮，乃講學之，苟能禮者從之。

今約而言之：則凡當時列國君大夫所以事上、使下、賦稅、軍旅、朝覲、聘享、盟會、喪祭、田狩、出征，一切以爲政事、制度、儀文、法式者莫非「禮」。

劉師培有典禮爲一切政治學術之總稱考。

禮之興，由於故事之遺傳。而至春秋時，民族之演進既久，政治之範圍日擴，歷史之成例日增，卽禮制典章亦日繁。又以列國交通，踵事增華，而禮文日密。更復習俗不同，風尚互異，周人既失其制，諸侯各自爲政。朝聘往來，又不得不博聞多識，以資應付。又競爭日烈，治賦理財，需材孔殷。而其時貴族君大夫奢汰之風日甚，上下相僭，既乖舊禮，又多不能從事學問，身親政務。於是禮日以增，亦日以壞。乃益有需於知禮之士，而儒業大起。

劉師培論孔子無改制之事：「說文：『儒，術士之稱。』術爲邑中之道。古代授學之地，必在都邑。故有學之士，必會萃邑中。卽王制所謂升於司徒、升於國學之士也。儒爲術士之稱，與野人爲對待。猶孟子之以君子與野人區別也。儒猶今日恆言所謂讀書人。又術士可以入爲王官，古代平民之升進者，惟術士一途。故儒以待用爲宗旨。儒字從需聲，卽儒行篇所謂『待聘』『待問』『待舉』『待取』也。」

孔子亦其一人也。

劉師培孔學眞論：「周室旣衰，史失其職，官守之學術，一變而爲師儒之學術。集大成者厥唯孔子。」

又論孔子無改制之事：「孔子之學，所以稱爲儒家者，因孔子所教之學，卽古代術士所治之學。孔子所說進身之道，卽古代術士進身之道。」

考孔子所謂「學」者，亦重在熟諳掌故，明習禮文。

論語述而：「子曰：『我非生而知之者，好古敏以求之者也。』」

又：「子曰：『述而不作，信而好古，竊比於我老彭。』」

又：「衛公孫朝問于子貢曰：『仲尼焉學？』子貢曰：『文武之道，未墜於地，在人。賢者識其大者，不賢者識其小者，莫不有文武之道焉。夫子焉不學，而亦何常師之有？』」

中庸：「仲尼祖述堯舜，憲章文武。」

蓋治掌故以明禮，習禮文以致用，固當時之學問然也。卽孔子所以見重於時人者，亦惟在其知禮。

論語八佾：「子入太廟，每事問。或曰：『孰謂鄹人之子知禮乎？』」此見當時羣推孔子以知禮也。

左傳昭七年，孟僖子將死，召其大夫曰：「禮，人之幹也。無禮，無以立。吾聞將有達者曰孔丘，我若獲沒，必屬說與何忌於夫子，使事之而學禮焉，以定其位。」故孟懿子與南宮敬叔師事仲尼。此孔子以知禮見重於貴卿也。

然孔子之知禮，則異於人。人之知禮者以應世，而孔子則以矯世。

論語八佾：「孔子謂季氏八佾舞於庭，是可忍也，孰不可忍也。」

又：「三家者以雍徹，子曰：『相惟辟公，天子穆穆，奚取於三家之堂！』」

孔子之意，以謂當時之亂，由於貴族之不守禮。

論語季氏：「天下有道，則禮樂征伐自天子出。天下無道，則禮樂征伐自諸侯出。自諸侯出，蓋十世希不失矣。自大夫出，五世希不失矣。陪臣執國命，三世希不失矣。」又曰：「祿之去公室五世矣，政逮於大夫四世矣，故夫三桓之子孫微矣。」

蓋惟禮可以爲貴族階級之屏障，而驕奢淫佚之貴族弗之知也。

論語顏淵：「齊景公問政於孔子，孔子對曰：『君君，臣臣，父父，子子。』公曰：『善哉！信如君不君，臣不臣，父不父，子不子，雖有粟，吾得而食諸！』」

孔子以平民儒士，出而批評貴族君大夫之生活，欲加以糾正，則亦非先例之所許也。故曰：「天下有道，則庶人不議。」明其爲不得已焉。然貴族階級之頹運終不可挽，則孔子正名復禮之主張徒成泡影，而自此開平民講學議政之風，相推相盪，至於戰國之末，而貴族、平民之階級終以泯絕。則去孔子之死，其間二百五十年事耳。所謂諸子學者，雖其議論橫出，派別紛歧，未可一概，而要爲「平民階級之覺醒」，則其精神與孔子爲一脈。此亦氣運所鼓，自成一代潮流。治學者明乎此，而可以見古今學術興衰起落之所由也。

當孔子在時，其門弟子多仕貴族爲家臣。

冉求、仲弓爲季氏宰，子路爲衛大夫孔悝邑宰，子游爲武城宰，子夏爲莒父宰，子賤爲單父宰，原思爲孔氏宰，子羔爲費郈宰，閔子騫，季氏使爲費宰而辭。

而孔子則深不願其弟子之汲汲於仕進，故曰：「三年學，不志於穀，不易得也。」又曰：「天下無行，多爲家臣，仕於都，惟季次未嘗仕。」（見史記仲尼弟子列傳）其戒子夏曰：「汝爲君子儒，毋爲小人儒！」冉子爲季氏聚斂，則曰：「求也，非吾徒也，小子鳴鼓而攻之！」故孔門雖蒙儒家之號，而終自與往儒之仰貴族而待用之意不同也。逮孔子卒，而儒益大昌，曾子見尊於費君，

說苑：「魯人攻鄪，曾子辭於鄪君，鄪君曰：「寡人之於先生，人無不聞。今魯人攻我，而先生去我，胡守先生之舍？」魯人果攻鄪，數之十罪，而曾子之所爭者九。魯師罷，鄪君復修曾子舍而復迎之。」　今按：此卽孟子曾子居武城有越寇事，鄪君則季氏也。

子夏教授於西河，

史記仲尼弟子列傳：「孔子既沒，子夏居西河教授，爲魏文侯師。」然季孫專魯，魏斯篡晉，皆非孔子「君君臣臣」之道，而曾子、子夏勿能正。蓋至是而西周以來貴族階級所以維繫永久之禮，則已蕩棄無存矣。

日知錄「自左傳之終，以至六國稱王，凡一百三十三年，史文闕軼，考古者爲之茫昧。如春秋時，猶尊禮重信，而七國則絕不言禮與信矣。春秋時猶宗周王，而七國則絕不言王矣。春秋時猶嚴祭祀，重聘享，而七國則無其事矣。春秋時猶論宗姓氏族，而七國則無一言及之矣。春秋時猶宴會賦詩，而七國則不聞矣。春秋時猶有赴告策書，而七國則無有矣。邦無定交，士無定主，此皆變於一百三十三年之間。史之闕文，而後人可以意推者也。」

儒者本務知禮，而禮終不可行。學術隨世風而變。則進取者急功利而明法，李克、吴起、商鞅其選也。

李克即李悝，子夏弟子，相魏文侯。吴起，曾子弟子，用事於魏、楚。李克著法經，商鞅受之以相秦（見晉書刑法志），爲法家祖。吳起爲魏西河守，令民償表立信（見呂氏春秋慎小篇）。商鞅變法，先之以徙木。又李克盡地力，吳起在楚令貴人實廣虛之地，商鞅開阡陌，徠三晉民使墾殖。又三人皆善兵事。商鞅之政，皆受之於李、吳。人盡謂法家原於道德，顧不知實淵源於儒者。其守法奉公，即是孔子正名復禮之精神，隨時勢而一轉移耳。道家乃從其後而加之誹議，豈得謂同條貫者耶！

求之孔門，則「足食足兵，民信之矣」，冉求、季路之遺也。高尚者矜氣節而傲禮，田子方、段干木、子思其著也。

田子方，子夏弟子，爲魏文侯師。太子擊遇田子方，引車避，下謁，子方不爲禮。子擊因問曰：「富貴者驕人乎？且貧賤者驕人乎？」子方曰：「亦貧賤者驕人耳！諸侯驕人則失其國，大夫驕人則失其家，貧賤者行不合，言不用，則去之楚、越，若脫躧然，奈何其同之哉？」（見史記魏世家）段干木學於子夏（見呂氏春秋尊賢）。魏文侯欲見段干木，段干木踰垣而避之（見孟子）。魏文侯過其閭而軾（見呂氏春秋期賢）。

子思事均見孟子。

孔叢子：「曾子謂子思曰：『昔者吾從夫子巡於諸侯，夫子未嘗失人臣之禮，而猶聖道不行。今吾觀子，有傲世之心，無乃不容乎？』子思曰：『時移世異，人有宜也。當吾先君，周制雖毁，君臣固位，上下相持，若一體然；夫欲行其道，不執禮以求之，則不能入也。今天下諸侯，方欲力爭，競招英雄以自輔翼；此乃得士則昌，失士則亡之秋也。伋於此時不自高，人將下吾，不自貴，人將賤吾。舜、禹揖讓，湯、武用師，非故相詭，乃各時也。』」　今按：孔叢僞書，然此論足以徵儒家講禮之推移，發明世局之變。故孔子所稱，皆君臣上下之禮，如子思、孟子則專講士出處進退之禮。此貴族階級日壞，士階級日以得勢之證也。

求之孔門，則簞食瓢飲，陋巷自樂，顏回、閔損之類也。其異軍特起別樹一幟者爲墨。墨家始於墨翟，亦學儒者之業，而變其道。

淮南子要略：「墨子學儒者之業，受孔子之術，以爲其禮煩擾而不悅，厚葬糜財而貧民，久服傷生而害事，故背周道而用夏政。」　今按：墨家之學，蓋本孔子批評貴族階級之精神，而爲更進一步之主張耳。此後許行、陳仲、莊周、老子書，則又遞爲更進一步之主張。其思想激進，於先秦諸子中可稱左派，而儒家一脈則右派也。

墨非姓也，

江瑔讀子巵言論墨子非姓墨謂：「周、秦以前，凡言某家之學，皆不繫之以姓。漢志九家，若儒、道、名、法、陰陽、縱橫、雜、農，莫不各舉其學術之宗旨以名家，無以姓稱者。且墨子前後亦絕無墨姓之人。」

墨蓋刑徒役夫之稱。

白虎通五刑：「墨者，墨其額也。」　今按：墨即黥罪。古者以罪人爲奴隸。墨家斥禮樂而尚勞作，其生活近於刑徒役夫。墨子之楚，穆賀謂墨子曰：「子之言誠善，而吾王天下之大王也，毋乃曰賤人所爲而不用乎？」「賤人」即猶云「刑徒役夫」也。公尚過爲越王迎墨子，墨子曰：「若越王聽吾言，用吾道，翟度身而衣，量腹而食，比於賓萌，未敢求仕。」「賓萌」者，客籍之民，亦猶「刑徒役夫」也。（尚賢篇以國中之衆，與四鄙之萌人分言。）禽滑釐事墨子三年，手足胼胝，面目黧黑，役身給使，不敢問故，此「刑徒役夫」之生活也。故荀子曰：「刑餘罪人之喪，不得合族黨，獨屬妻子，棺槨三寸，衣衾三領。」（禮論）則墨家薄葬，類於刑人也。又曰：「自爲之者，役夫之道，墨子之說也。」（王霸）是明以墨道爲「役夫」也。

爲墨徒者，多以裘褐爲衣，跂蹻爲服，日夜不休，以自苦爲極。當時非笑之者曰：「此刑徒之所爲，黥墨之所務也。」而因以呼之曰「墨」。墨者亦遂直承其名曰：「吾固『墨』也。雖然，此古者大禹之道也。」

莊子天下篇：「墨子稱道曰：『昔者禹之湮洪水，決江河，而通四夷九州也，名山三百，支川三千，小者無數，禹親自操耒耜而九雜天下之川，腓無胈，脛無毛，沐甚雨，櫛疾風，置萬國。禹大聖也，而形勞天下也如此。』」

故曰：「不能如此，非禹之道也，不足謂墨。」而後人乃謂墨子眞有得於夏教，則不足與語夫學術之流變者也。

故「儒」者，譬今之所謂紳士；「墨」者，譬今之所謂勞工也。必貴族階級既壞，而後「儒」「墨」之爭論乃起。彼墨徒，本天志，倡兼愛，廢禮樂，節喪葬，凡所謂貴族階級之生活，將盡情破棄，而使人類一以「刑徒役夫」爲例，是非人情也。

莊子天下篇：「今墨子獨生不歌，死不服，桐棺三寸而无椁，以爲法式。以此教人，恐不愛人，以此自行，固不愛己。其生也勤，其死也薄，其道大觳，使人憂，使人悲，其行難爲也，恐其不可以爲聖人之道。反天下之心，天下不堪。墨子雖能獨任，奈天下何？」

然比之孔子，亦猶「是可忍孰不可忍」之意爾。故孔子之正名復禮，本貴族之見地而言之也。墨子之天志、兼愛，本平民之見地而言之也。其抨擊當時貴族之生活者同，而所以爲抨擊者則異。惟墨學之興，尤足爲平民階級覺醒之特證也。

循此以下，至於七國稱王，周禮盡廢，而平民學者之氣燄亦益張。其時立說紛歧，益臻爛漫，約以言之，有許行倡「並耕」之說。

孟子滕文公：「有爲神農之言者許行，自楚之滕，踵門而告文公曰：『遠方之人，聞君行仁政，願受一廛而爲氓。』文公與之處，其徒數十人，皆衣褐，捆屨、織席以爲食。」其語陳相曰：「滕君則誠賢君也，雖然，未聞道也。賢者與民並耕而食，饔飧而治。今也，滕有倉廩府庫，則是厲民而以自養也，惡得賢？」

今按：受廛爲氓，卽墨翟「比於賓萌，未敢求仕」之意也。許行爲墨翟之再傳弟子，說已見前。許行蓋亦一南方之墨者也。

陳仲主「不恃人食」之義。

韓非子內儲說上：「屈轂見仲子曰：『聞先生之義，不恃人而食。』」

孟子滕文公：「仲子齊之世家也，兄戴，蓋祿萬鍾，以兄之祿爲不義之祿而不食也，以兄之室爲不義之室而不居也。避兄離母，處於於陵。身織屨，妻辟纑，以爲生。」

按：陳仲之意，非僅以其兄爲不義，凡貴族階級之不自勞作恃人而食者，皆不義也。此與許行以倉廩爲厲民自養一意。墨翟嘗遊齊，陳仲蓋聞其遺風耶？

此徹底反對貴族階級之生活，傳墨學之眞精神者也。

墨子之反對禮樂，僅求王公大人之強力聽治，一意政事，未嘗明白反對政治之生活也。至許行倉廩厲民，與陳仲不恃人食之議，乃始確論人類當普遍勞作，而不認有專賴政治爲生活之一級。然人類既不能無治，則政治生活，亦不可遽廢。孟子卽以此難許、陳，許、陳無以解釋也。莊周、老子書，倡無治之論，乃更爲許、陳進一解矣。故道家之論，實源於墨。此非深辨先秦諸子學說流變之眞相者，不能知也。

如淳于髡，

史記孟荀列傳：「淳于髡見梁惠王，惠王欲以卿相位待之，髡因謝去。於是送以安車駕駟，束帛加璧，黃金百鎰，終身不仕。」

田駢，

齊策：「齊人見田駢曰：『聞先生高議，設爲不宦，而願爲役。』田駢曰：『子何聞之？』對曰：『臣聞之鄰人之女。』田駢曰：『何謂也？』對曰：『臣鄰人之女，設爲不嫁，行年三十而有七子。今先生設爲不宦，資養千鍾，徒百人。』」

稷下先生一派，

劉向別錄：「齊有稷門，城門也。談說之士，期會於稷下。」

史記田敬仲世家：「宣王喜文學游說之士，自如淳于髡、田駢、接予、愼到、環淵之徒，七十六人，皆賜列第，爲上大夫，不治而議論。是以齊稷下學士復盛，且數百千人。」

今按：稷下養士始齊威王，下歷宣、湣、襄王不衰。

外收不仕之高名，内慕祿養之實利，較之田子方、段干木而地位益尊者也。

儒家無鄙薄仕進之論，此必當時墨家如許行、陳仲一派，深動社會視聽，故田駢、淳于髡之徒，遂亦藉不仕爲名高耳。

外此如孟軻爲儒家宗，然專論仕禮，與孔子所謂禮者不同，

孟子曰：「諸侯耕助以供粢盛，夫人蠶繅以爲衣，犧牲不成，粢盛不潔，衣服不備，不敢以祭。惟士無田，則亦不祭。牲殺器皿衣服不備，不敢以祭。」此言仕意與孔子「不仕無義」之説亦不合。其他如陳臻問齊、宋、薛餽金或受或不受，周霄問君子之難仕，而曰：「丈夫生而願爲之有室，女子生而願爲之有家，不由其道而仕者，鑽穴隙之類也。」又如不見諸侯、不託諸侯諸論，皆專論士禮。

蓋當孟子時，蘇、張一派，專騖仕進，獵祿利，其行誼最卑鄙。許行、陳仲之徒，以苦行不仕驕世，亦僅止於獨善，未足拯斯民於水火。稷下諸先生，則逞談辯，溺富貴，名實兼營，而實無心於世局。獨孟子志切救世，又不願屈節枉尺以求合，其志行殆庶幾於孔子之所謂中

道。用行捨藏，知我者誰。故於士之出處進退之禮，獨詳哉其言之。故孟子所謂禮者，已非孔子之禮，而其意則猶是孔子之意也。若其薄桓、文而言王道，斥獨夫而言民貴，皆非孔子尊王正名之旨。然正可以見學術之隨世運而轉變。惟其對於政治生活之意見，國君好貨好色，則曰「與民同樂」，後車數十乘傳食諸侯，則曰「不足爲泰」，固猶是儒家傳統本色耳。同時有莊周，卻聘不仕，迹近陳、許。

莊子秋水篇：「莊子釣於濮水，楚王使大夫二人往先焉，曰：『願以境内累矣。』莊子持竿不顧。」

倡無治之論，足爲「並耕」張目。

許行倡並耕之說，孟子詰之曰：「治天下可以耕且爲乎？」今莊子曰：「聞在宥天下，不聞治天下。」無治則可以並耕也。

稱神仙之術，足爲「蜎操」解嘲。

陳仲主不恃人而食，孟子譏之曰「蚓操」，「必上飲黃泉，下食槁壤而後可。」今莊子謂神人「不食五穀，吸風飲露」，則可以無恃乎世也。莊子書中論精神生活及神仙出世事，皆可以此意觀之。宋鈃云：「人之情欲寡。」亦爲蚓操解嘲之論也。

此亦聞墨家之遺風，故非禮樂，棄政治，而流入於冥想者也。

莊子書雖儒、墨均譏，然論其學派，實歸墨家一路。平章學術，當具隻眼，學者勿以未經人道疑之。又莊子與惠施交遊，施亦墨徒，莊子當受其影響。

此皆就其對於生活之見地而言。若就其對於階級之思想論之，則惠施承墨學之緒風，而言「汜愛萬物，天地一體」。

莊子天下篇：「惠施歷物之意，曰：『汜愛萬物，天地一體也。』」

莊子齊物，亦曰：「萬物與我爲一。」孟子道性善，則曰：「人皆可以爲堯、舜。」故推不忍一牛之心而可以保四海。許行、陳仲以自食其力爲人類普遍之義務。則皆不認有上天下澤之分也。卽等而下之，如稷下之先生，蘇、張之舌士，談笑以取富貴，初不知人類當百數十年前猶有貴族、平民劃然判分之一界矣。自此迄於四公子養士，而平民學者之地位益高，其生活益侈，於是而當時學術界之論點，亦遂一轉其方向。蓋儒、墨之興，以抨擊貴族階級之生活，而爲士階級之崛起者；今則士階級之生活，亦復同化於曩昔之貴族階級而與之一例。乃復有起而抨擊士階級之生活者，則戰國晚年學風之趨勢也。故先秦諸子，截而言之，可分三期：

孔、墨之興爲初期。當時所討論者，質言之，卽貴族階級之生活，究當若何而始得謂之正當是已。

陳、許、孟、莊爲第二期。當時所討論者，質言之，卽士階級自身對於貴族階級究應抱若何之態度是已。

此以下爲第三期，當時討論之中心，厥爲士階級之氣燄與擾動，若何而使之漸歸平靜與消滅是已。

故初期之問題中心爲「禮」，中期之問題中心爲「仕」，末期之問題中心爲「治」。此雖未可一概而論，而統觀諸家學說思想之流變，要亦不離於此矣。今次述末期思想，亦得三派：

一　老子。老子史實之不可信，昔人已多言之。

崔述洙泗考信錄：「老子文似戰國諸子，與論語、春秋傳之文絕不類。孔子稱述古之賢人，及當時卿大夫，論語所載詳矣。何以不載老子一言？孟子但距楊、墨，不距黃、老。果老聃在楊、墨前，孟子何以反無一言闢之？」

汪中述學老子考異：「老子楚人，周守藏室之史也。按：周室既東，辛有入晉（左昭二十年），司馬適秦（太史公自序），史角在魯（呂氏春秋當染），王官之族，或流播於四方。列國之產，惟晉悼嘗仕於周，其他固無聞焉。況楚之於周，聲教中阻，又非魯、鄭之比。且古之典籍舊聞，惟在瞽史，其人並世官宿業，羈旅無所置其身。」

梁啟超評胡適之中國哲學史大綱：「老子書中用王侯、侯王、王公、萬乘之君等字樣者凡五處，用取天下字樣者凡三處，不似春秋時人語。」又云：「『偏將軍居左，上將軍居右。』官名均出戰國。」

今按其思想議論，實出戰國晚世。大要在於反奢侈，歸眞樸，承墨翟、許行、莊周之遺緒，深言奢侈之有害無益。

老子：「五色令人目盲，五音令人耳聾，五味令人口爽，馳騁田獵令人心發狂。」此由生理之享用，指點奢侈之無益有害，與孔子「是可忍孰不可忍」之意絕異，即與墨家之天志、兼愛，許行、陳仲之倉廩厲民，義不恃人而食，宋鈃之情欲寡淺，說各不同。要之同爲反對貴族階級奢侈之生活。孔子以禮言，墨翟、許行、陳仲以義言，宋鈃以情言，老聃以利害言。世風愈變，而所以爲戒者愈切也。惟莊子以出世理想言，別成一格。

及其不可久。

老子：「金玉滿堂，莫之能守。富貴而驕，自遺其咎。功成身退天之道。」「禍兮福所倚，福兮禍所伏。」此明指遊仕得志者言。使老子生春秋貴族階級未壞之世，烏有功成身退之想？

重農耕，棄聖智，而覬無治。

老子：「朝甚除，田甚蕪，倉甚虛，服文綵，帶利劍，飫飲食，財貨有餘，是謂盜夸。」此亦戰國晚年遊仕食客之風既盛，乃有此象。當孔子時，至於「陪臣執國命」而極，庶民無參預政治之活動，則亦無所謂「朝甚除，田甚蕪」也。故孔子主張「正名」，而老子則主「歸農」。一爲春秋時之思想，一爲戰國時之思想，甚顯。

又：「小國寡民，使有什伯之器而不用，使民重死而不遠徙，雖有舟輿，無所乘之，雖有甲兵，無所陳之；使民復結繩而用之，甘其食，美其服，安其居，樂其俗，鄰國相望，鷄犬之聲相聞，民至老死不相往來。」此亦戰國晚世之言。春秋時，天下之亂，由於貴族之僭越。至於戰國晚年，則患在平民階級之擾動。春秋記二百四十年事，絕少以民之好動難治爲患者。又小國寡民之想，亦七國兼併後乃有之爾。

又：「大道廢，有仁義。智慧出，有大僞。」「古之爲治者，非以明民，將以愚之。」「民之難治，以其智之多。故以智治國國之賊，不以智治國國之福。」「絕聖棄智，民利百倍。絕仁棄義，民復孝慈。絕巧棄利，盜賊無有。」「天下多忌諱而民彌貧。民多利器，國家滋昏。人多伎巧，奇物滋起。法令滋彰，盜賊多有。故聖人云：我無爲而民自化，我好靜而民自正，我無事而民自富，我無欲而民自樸。」此卽莊周無治之主義也。其著眼所在，專注治民，與孔子所謂「君君臣臣」精神僅限於貴族階級自身內部之整頓者不同。學者猶認老子爲春秋時代之作品，正緣縛於傳說，未能於學術思想與世變之關係深參之耳。

皆針對當時學者階級之擾動，而謀所以爲寧靜整頓之方也。

其次爲荀卿，重倡禮治之論。其言禮之起源，本於人類生活之需要。而曰「禮者養也」，則禮之範圍，已普及人類全體，較之孔子之僅言貴族禮，與孟子之僅言仕禮，所謂「禮不下庶人」者，荀卿之意，特爲博大精深。

荀子禮論：「禮起於何也？曰：人生而有欲，欲而不得則不能無求，求而無度量分界則不能不爭。爭則亂，亂則窮。先王惡其亂也，故制禮義以分之，以養人之欲，而給人之求。使欲必不窮乎物，物必不屈於欲，兩者相持而長，是禮之所起也。故禮者養也。」　今按：此見荀子論禮，已受墨家重勞作、主歸農之影響。又如孟子闢墨，而其罪戰、民貴諸說，實亦淵源墨氏。故論學術流變者，貴能得其會通，不當一家一派分殺死說也。

然荀卿論禮，既言「養」，又言「別」，

禮論：「故禮者，養也。君子既得其養，又好其別。曷謂別？曰：貴賤有等，長幼有差，貧富輕重皆有稱者也。」

今按：此則仍是儒家本色。

言「分」，

王制：「分均則不偏，勢齊則不壹，眾齊則不使。有天有地而上下有差，明王始立而處國有制。夫兩貴之不能相事，兩賤之不能相使，是天數也。勢位齊而欲惡同，物不能贍則必爭。爭則必亂。亂則窮矣。先王惡其亂也，故制禮義以分之，使有貧富貴賤之等，足以相兼臨者，是養天下之本也。」

而分之樞機管於人君。

富國：「無分者，人之大害也。有分者，天下之大利也。而人君者，所以管分之樞機也。」

荀子欲本此而別造人倫，重定階級。其與古異者，則古人本階級而制禮，先有貴賤而爲之分也。當荀子世，則階級之制殆於全毀，乃欲本禮以制階級，則爲之分以別其貴賤也。荀子之分階級之貴賤者，則一視其人之志行知能以爲判。曰「大儒」，爲天子三公。曰「小儒」，爲諸侯、大夫、士。曰「衆人」，爲工、農、商、賈。

儒效：「人倫：志不免於曲私，而冀人之以己爲公也；行不免於汙漫，而冀人之以己爲修也；其愚陋溝瞀，而冀人之以己爲知也；是衆人也。志忍私然後能公，行忍情性然後能修，知而好問然後能才，公修而才，可謂小儒矣。志安公，行安修，知通統類，如是則可謂大儒矣。大儒者，天子三公也。小儒者，諸侯大夫士也。衆人者，工農商賈也。禮者，人主之所以爲羣臣寸尺尋丈檢式也。

人倫盡矣。」

去世襲之敝，存階級之善。

王制：「請問爲政？曰：『賢能不待次而舉，罷不能不待須而廢，元惡不待教而誅。雖王公士大夫之子孫，不能屬於禮義，則歸之庶人。雖庶人之子孫也，積文學，正身行，能屬於禮義，則歸之卿相士大夫。姦言、姦說、姦事、姦能、遁逃反側之民，職而教之，須而待之。勉之以慶賞，懲之以刑罰。安職則畜，不安職則棄。才行反時者死無赦。』」　今按：此與孟子「國人皆曰」之對迥異。正緣荀子時貴族崩壞，又較孟子時益甚耳。後世公羊家竊其說而譏世卿。昧者不知，猶以謂孔子之微言大義。當孔子世，所謂「陪臣執國命，三世希不失」，孔子方慨歎之不暇，何嘗有譏世卿之意哉？然此非荀卿之必賢於孔子也，學說隨時運而轉移，自有其不可強耳。

其意亦爲當時平民學者之擾動而謀所以寧靜整頓之方也。然人類生活，爲之明分等級，爲固定之形式，其事終已不可行。則荀子之說，徒足以導獎奢侈，排斥異己，爲專制者所藉口，而荀學遂爲秦政淵源。則學術世變，其交互影響之間，良可深長思也。其論墨子，可以明先秦學派爭論焦點所在。

富國：「夫不足非天下之公患也，特墨子之私憂過計也。天下之公患，亂傷之也。墨子之非樂，則使天下亂。節用，則使天下貧。墨子大有天下，小有一國，將蹙然衣麤食惡，憂戚而非樂。若是則瘠。瘠則不足欲。不足欲則賞不行。墨子大有天下，小有一國，將少人徒，省官職，上功勞苦，與百姓均事業，齊功勞。若是則不威。不威則罰不行。賞不行則賢者不可得而進，罰不行則不肖者不可得而退，則能不能不可得而官。若是則萬物失宜，事變失應，上失天時，中失地利，下失人和，天下熬然，若燒若焦。墨子雖爲之衣褐帶束，啜菽飲水，惡能足之？故先王聖人爲之不然。知爲人主者，不美不飾之不足以一民也，不富不厚之不足以管下也，不威不強之不足以禁暴勝悍也，故必將撞大鐘，擊鳴鼓，吹笙竽，彈琴瑟，以塞其耳；琱琢刻鏤，黼黻文章，以塞其目；芻豢稻粱，五味芬芳，以塞其口；然後眾人徒，備官職，漸慶賞，嚴刑罰，以戒其心；使天下生民之屬，皆知己之所願欲之舉在於是，故其賞行；皆知己所畏恐之舉在於是，故其罰威；賞行罰威，則賢者可得而進，不肖者可得而退，能不能可得而官；若是則萬物得宜，事變得應，上得天時，下得地利，中得人和，天下何患乎不足？」

蓋囊括而言，先秦學派，不出兩流：其傾向於貴族化者曰「儒」，其傾向於平民化者曰「墨」。儒者偏重政治，墨者偏重民生。法家主慶賞刑罰，原於儒；道家言反樸無治，原於墨。故一主禮，一非禮。一主仕進，一主隱退。一尙文學，一主勞作。此當時學術界分野之所在也。今綜述諸家對於貴族生活之意見，荀子從富力之分配與功效立論，而承認治人階級之貴族生活者也。墨子從富力之消費立論，而反對治人階級之貴族生活者也。孟子、許行、陳仲皆自富力之生產立論，而於治人階級之貴族生活，或贊成或反對者也。宋鈃則自富力之需要立論，莊周、老子則自富力之享用立論，而反對社會一般之奢侈者也。要之自春秋之末，貴族階級一旦崩壞，而社會組織於以大變，此實當時一大事。故自孔子以下學者精神所注，莫非討論人類政治與生活之兩問題。其他論點，則均本此而引伸。必明此乃始可與語先秦學術之眞相矣。

又其次爲韓非。非本學於荀卿，而好老子書，遂融兩家之說，倡法治之論。於當時學者階級之氣燄，尤深憤慨。

韓非子詭使：「夫立名號，所以爲尊也。今有賤名輕實者，世謂之高。設爵位，所以爲賤貴基也。而簡上不求見者，世謂之賢。威利所以行令也，而無利輕威者，世謂之重。法令所以爲治也，而不從法令爲私善者，世謂之忠。官爵所以勸民也，而好名義不進仕者，世謂之烈士。刑罰所以擅威也，而輕法不避刑戮死亡之罪者，世謂之勇夫。故下之所欲，常與上之所以爲治相詭。」

蓋至其時，在上者之政治，幾退處於無權，而社會風尙趨捨，一惟學術界之馬首是瞻。平民學者意氣之發舒，已達極點，而其內部之以膨脹而分裂，與其缺憾之表襮於外者，亦日甚而愈不可掩。於是老子、荀卿皆起爲反抗之論，而韓非之言尤爲激烈，遂有「以法爲教，以吏爲師」之主張。

五蠹：「夫耕之用力也勞，而民爲之者，曰可得以富也。戰之爲事也危，而民爲之者，曰可得以貴也。今修文學，習言談，則無耕之勞，而有富之實；無戰之危，而有貴之尊；則人孰不爲也。是以百人事智，而一人事力。事智者衆，則法敗，用力者寡，則國貧，此世之所以亂也。故明主之國，無書簡之文，以法爲教；無先王之語，以吏爲師；無私劍之捍，以斬首爲勇。」

其疾文學，反聖智，重勞作，驅民歸農之意，與許、陳、莊、老一路。惟許、陳、莊、老意在無治，而韓非則主以法治，此其異也。諸子之興原於儒，王官失職而私學繼起，今韓非則欲統私學於一尊，復古人政教官師合一之制，此則承荀卿之意，而遂爲先秦諸子學派之結穴。自孔子至於韓非，其學說思想之流變往復，大率如此。蓋儒家主禮，尚差級；荀、韓之論，近於柏拉圖之理想國，而無以制獨夫之權。墨家主兼愛，尚平等；莊、老之議，似克魯泡特金之無政府主義，而無以企無治之隆。此其得失之大較也。外是復有陰陽家一派，蓋亦晚出。其著者爲鄒衍，兼綜儒、道以立說。

史記孟荀列傳：「騶衍後孟子，睹有國者益淫侈，不能尚德，若大雅整之於身，施及黎庶矣，乃深觀陰陽消息，而作怪迂之變，終始、大聖之篇十餘萬言。其語閎大不經，必先驗小物，推而大之，至於無垠。先序今以上至黃帝，學者所共術，大並世盛衰，因載其禨祥度制，推而遠之，至天地未生，窈冥不可考而原也。先列中國名山大川，通谷禽獸，水土所殖，物類所珍，因而推之，及海外人之所不能睹。稱引天地剖判以來，五德轉移，治各有宜，而符應若茲。以謂儒者所謂中國者，於天下乃八十一分居其一分耳。中國名曰赤縣神州，赤縣神州內自有九州，禹之序九州是也，不得爲州數。中國外如赤縣神州者九，乃所謂『九州』也。於是有裨海環之。人民禽獸，莫能相通者，如一區中者，乃爲一州。如此者九，乃有大瀛海環其外，天地之際焉。其術皆此類也。然要其歸，必止乎仁義節儉，君臣上下六親之施，始也濫耳。」今按：據此則騶衍著書，其用意亦主於批評貴族淫侈生活，而歸之仁義節儉。其推至於無垠，即莊周「出乎涯涘，乃可與語大道」之意。

其學盛行於燕、齊。

史記孟荀列傳：「騶子重於齊，適梁，梁惠王郊迎，執賓主之禮。適趙，平原君側行襒席。如燕，昭王擁篲先驅，請列弟子之座而受業，築碣石宮，身親往師之，作主運。其遊諸侯，見尊禮如此。」

今按：騶衍適趙，與公孫龍辨於平原君門，其時梁惠、燕昭皆已死。衍與荀卿略同時，史記之說誤也。然其學說之盛極一時，可以想見。

今鄒衍之書已不可見，然當時學風推衍，跡象猶多可尋。

易繫辭傳以陰陽言形上原理，呂氏春秋十二紀及管子幼官諸篇以陰陽言政治，小戴冠義、鄉飲酒義、樂記諸篇以陰陽言禮樂人生，其他不勝縷舉。

大抵以自然界現象，比類之於人事，則莊、老之自然，與儒家禮樂，同出一貫。又以陰陽天地表君臣上下尊卑，取形名法家之旨，近於專制，爲在上者所喜。又以陰陽屈伸言鬼神，融鑄俗説。其言順氣自然，長生久視，神仙道術，尤足歆世。立論汗漫，比附圓滑，惝怳謬悠，莫可究詰。遂以並包衆説，兼羅羣好。自人心向倦，百家熸歇之際，荀、韓之説得志於秦廷，而東方學術，惟推陰陽獨步。下迄漢儒，流風愈扇。因逮後世，餘燼不滅。摧陷廓清，未見其時。先秦絢爛精悍之學派，其歸根結穴所在，上之爲專斷之政，下之爲荒唐之想。學者三復於此，其亦將深慨而不置也。

第三章　嬴秦之焚書坑儒

諸子爭鳴，至戰國晚季而益烈，是非樊亂，議論百出。秦一天下，學術隨政治而轉移，乃亦有漸趨統一之傾向。呂不韋著春秋，

史記呂不韋傳：「是時諸侯多辯士，如荀卿之徒，著書布天下。呂不韋乃使其客，人人著所聞，集論以爲八覽、六論、十二紀，二十餘萬言，以爲備天地萬物古今之事，號曰呂氏春秋。布咸陽市門，懸千金其上，延諸侯游士賓客，有能增損一字者予千金。」

汪中述學呂氏春秋敍：「周官失其職，而諸子之學以興，各擇一術以明其學，莫不持之有故，言之成理。及比而同之，則仁之與義，敬之與和，猶水火之相反也。最後呂氏春秋出，則諸子之說兼有之。故勸學、尊師、誣徒（一作詆役）、善學（一作用衆）四篇，皆教學之方，與學記表裏。大樂、侈樂、適音、古樂、音律、音初、制樂皆論樂。藝文志言：『劉向校書，別得樂記二十三篇。』今樂記有其一篇，而其他篇名載在別錄者，惟見於正義所引。按本書適音篇，樂記載之，疑劉向所得，

亦有采及諸子，同於河間獻王者。凡此諸篇，則六藝之遺文也。十二紀發明明堂禮，則明堂陰陽之學也。貴生、情欲、盡數、審分、君臣五篇，尚清淨養生之術，則道家流也。蕩兵（一作用兵）、振亂、禁塞、懷寵、論威、簡選、決勝、愛士七篇，皆論兵，則兵權謀、形勢二家也。上農、任地、辨土三篇，皆農桑樹藝之事，則農家者流也。司馬遷謂不韋使其客人人著所聞，以爲備天地萬物古今之事。然則是書之成，不出一人之手，故不名一家之學，而爲後世修文御覽、華林徧略之所託始。藝文志列之雜家，良有以也。」

意在薈萃羣言，牢籠眾說，借政治之勢力，定學術於一是。其後獲罪而死，其功未竟。李斯得志，遂以高壓鋤異說，而先秦學術蓬勃之氣，至是而熸。陽翟、上蔡之興仆，亦當時學術史上一重要關捩也。李斯從學於荀卿，與韓非爲同門。始皇極愛韓非書，斯既讒殺非，復以非說迎媚其上。故凡秦一代之政，皆源於荀、韓，而百家之學遂定於一尊。蓋諸子之興，本爲在下者以學術爭政治。而其衰，則爲在上者以政治爭學術。其最著者，爲焚書與坑儒之二事。呂不韋免於始皇十年，十四年韓非死，三十四年下焚書令，距不韋之免二十四年也。

史記秦始皇本紀：「三十四年，始皇置酒咸陽宮，博士七十人前爲壽。僕射周青臣進頌曰：『他時秦地不過千里，賴陛下神靈明聖，平定海內，放逐蠻夷，日月所照，莫不賓服。以諸侯爲郡縣，人人自安樂，無戰爭之患，傳之萬世。自上古不及陛下威德。』始皇悅。博士齊人淳于越，進曰：『臣聞殷、周之王千餘歲，封子弟功臣自爲枝輔。今陛下有海內，而子弟爲匹夫，卒有田常六卿之臣，無輔拂，何以相救哉？事不師古而能長久者，非所聞也。今青臣又面諛以重陛下之過，非忠臣。』始皇下其議，丞相李斯曰：『五帝不相復，三代不相襲，各以治。非其相反，時變異也。今陛下創大業，建萬世之功，固非愚儒所知。且越言乃三代之事，何足法也。異時諸侯並爭，厚招游學。今天下已定，法令出一，百姓當家則力農工，士則學習法令辟禁。今諸生不師今而學古，以非當世，惑亂黔首。丞相臣斯昧死言，古者天下散亂，莫之能一，是以諸侯並作，語皆道古以害今，飾虛言以亂實。人善其所私學，以非上之所建立。今皇帝並有天下，別白黑而定一尊，而私學相與非法教，人聞令下則各以其學議之。入則心非，出則巷議。夸主以爲名，異取以爲高，率羣下以造謗。如此弗禁，則主勢降于上，黨與成乎下。禁之便。臣請史官非秦紀皆燒之。非博士官所職，天下敢有藏詩、書百家語者，悉詣守尉雜燒之。有敢偶語詩、書棄市。以古非今者，族。吏見知不舉者，與同罪。令下三十日不燒，黥爲城旦。所不去者，醫藥、卜筮、種樹之書。若欲有學法令，以吏爲師。』制曰：『可』。

焚書一案，其機發於博士之議政，其制定於使學者以吏爲師。後有章學誠，極稱其法，以謂合乎三代舊典。

文史通義：「以吏爲師，三代之舊法也。秦人之悖於古者，禁詩、書而僅以法律爲師耳。三代盛時，天下之學，無不以吏爲師。周官三百六十，天人之學備矣。其守官舉職而不墜天工者，皆天下之師資也。東周以還，君師政教不合於一。於是人之學術，不盡出於官司之典守。秦人以吏爲師，始復古制。而人乃狃於所習，轉以秦人爲非耳。秦之悖於古者多矣，獨有合於古者，以吏爲師耳。」

章氏之論，知秦政之爲復古，而不知古之不足復。知三代政教之合一，而不知學術之進步，正在其能脫離政治而獨立。是可謂得其事而未當其理者也。至於秦人焚書，論者不一。有謂秦人所焚，僅屬民間之書，而博士官所職則不焚者。

劉大櫆焚書辨：「六經之亡，非秦亡之，漢亡之也。李斯恐學者道古以非今，於是禁天下私藏詩、書百家之語。其所以若此者，將以愚民，固不欲以自愚也。故曰：『非博士官所職，詣守尉雜燒之。』然則博士之所藏具在，未嘗燒也。迨項羽入關，燒秦宮室，火三月不滅，而後唐、虞、三代之法制，古先聖人之微言，乃始蕩爲灰燼。昔蕭何至咸陽，收秦丞相御史律令圖書，於秦博士所藏之書，獨不聞其收而寶之。設使蕭何能與其律令圖書並收而藏之，則項羽不能燒。項羽不燒，則聖人之全經猶在也。」

有謂秦人焚書，不限民間，卽博士官書亦均燒滅者。

章炳麟秦獻記：「李斯以淳于越之議，夸主異取，故請雜燒以絕其原。越固博士也，商君以詩、書、禮、樂爲六蝨（靳令篇），盡剗滅之，而以法家相秦者宗其術。然則秦不以六藝爲良書，雖良書亦不欲私之於博士。余以著於法令者，自秦紀、史篇、（秦八體有大篆，不焚史篇。）醫藥、卜筮、種樹而外，秘書私匧，無所不燒。方策述作，無所不禁。」

今依史事論之，焚書起於博士之議政，豈有博士所職概置不焚之理？則劉說非也。若謂「秘書私匧，無所不燒，方策述作，無所不禁」，則漢興以來，六藝殘缺，終難復全，而諸子何獨完具？則章說亦可疑也。

章炳麟秦獻記：「諸子所以完具者，其書多空言，不載行事。又其時語易曉，而口耳相傳者衆。自三十四年焚書，訖於張楚之興，首尾五年，記誦未衰，故著帛爲具。驗之他書，諸侯史記與禮、樂諸經，多載行事法式，不便諳誦，而尙書尤難讀，故往往殘破。詩有音均，則不滅，亦其徵也。」

今按：章氏論諸子完具之理未可信。若謂易於諳誦，則詩有音均，諳誦爲最易矣。然猶或爲雅，或爲頌，相合而成。諸子如墨、莊、荀、管、韓、呂皆巨帙，豈易盡諳？藝文志所收先秦百家書富矣，謂盡出記誦，事豈可信？謂其書多空言不載行事，則如呂之十二紀，管之幼官，荀之序官，韓之內外儲，墨之備城門以下，皆非所謂行事法式不便諳誦者乎？推此言之，知章氏諸子便諳誦故完具之說非也。

惟王充謂秦人焚書，僅焚五經，不及諸子，其說最可信。

論衡書解篇：「五經遭亡秦之奢侈，觸李斯之橫議，燔燒禁防。漢興收五經，經書缺滅而不明，篇章棄散而不具。亡秦無道，敗亂之也。秦雖無道，不燔諸子。諸子尺書，文篇具在，可觀讀以正說，可採掇以示後人。由此言之，經缺而不完，書無佚本，經有遺篇。」此以「書」「經」分說，書卽諸子尺書，經則五經也。

又佚文篇：「始皇前歎韓非之書，後惑李斯之議，燔五經之文，設挾書之律。五經之儒，抱經隱匿。」

又正說篇：「秦用李斯之議，燔燒五經。」又同篇：「或言秦燔詩、書者，燔詩經之書也，其經不燔焉。夫詩經獨燔其詩；書，五經之總名也。五經總名爲書。秦令史官盡燒五經，有敢藏詩、書百家語者刑，惟博士官乃得有之。五經皆燔，非獨諸家之書也。傳者信之，見言詩、書，則獨謂經謂之書矣。」　今按：王氏謂經乃古代官籍，書則諸子尺書，而言詩、書，則獨謂經謂之書，諸子尺書不與。故秦燔詩、書，乃燔五經，非燔他書。至或言謂秦燔諸家說詩之書而詩本經未燔，此正當時今文家持五經未殘之曲說也。

然百家雖未盡燬，亦不許民間私藏，必博士官乃得有之。故秦王曰：「吾前收天下書不中用者盡去之。」此收書而不盡焚之確證也。其謂不中用者，卽指五經之類矣。焚書令所謂：「非博士官所職，天下敢有藏詩、書百家語者，悉詣守尉雜燒之。」卽是收天下書，不許民間私藏也。故劉氏謂博士官有書是也。章氏謂雖博士書皆焚亦是也。

秦獻記：「不燔六藝，不足以尊新王。諸子之術，分流至於九家，游說乞貸，人善其私，其相攻甚於六藝。今卽弗焚，則恣其曼衍乎？然則秦燔六藝而收諸子，勿恣曼衍，正可知矣。」

惟不能分別秦人焚書不及諸子則皆誤。仲任漢人，博學多識，其言必可信據，自異於後人之推想也。同時趙岐亦言之，

趙岐孟子題辭：「孟子既沒之後，大道遂絀。逮至亡秦，焚滅經術，坑戮儒生，孟子徒黨盡矣。其書號爲諸子，故篇籍得不泯絕。」（隋志同此說。）

稍後王肅亦言之，

王肅家語後序：「李斯焚書，而孔子家語諸子同列，故不見滅。」皆明諸子不見焚也。

又梁劉勰文心雕龍諸子篇：「暴秦烈火，勢炎崑岡，而烟燎之毒，不及諸子。」

又唐逢行珪注鬻子敘：「遭秦暴亂，書記略盡。鬻子雖不與焚燒，篇帙由此殘缺。」此亦謂諸子不焚也。

上考史記凡言秦焚書事，亦與王充、趙岐之說合。

史記六國表序：「秦既得意，燒天下詩、書，諸侯史記尤甚，爲其有所刺譏也。詩、書所以復見者，多藏人家。而史記獨藏周室，以故滅。惜哉惜哉！」

皆謂秦人焚書，僅主詩、書、史記，不及諸子。所以焚諸侯史記者，爲其多刺譏。所以焚詩、書經籍者，爲其古今異制。

秦本紀：「由余之告繆公曰：『詩、書、禮、樂，乃中國所以亂。』」商君靳令篇以詩、書、禮、樂爲六蝨。韓非和氏篇：「商君教孝公燔詩、書而明法令。」荀子嘗入秦，而譏其無儒。蓋秦僻處西陲，於周官故籍，鄒魯儒書，最所賤視，由來舊矣。孟子云：「諸侯惡周禮害己，而皆去其典籍。」則焚前傳官書，六國亦先有之，又不獨秦然也。

又詩、書皆古文，與秦文不合。秦既一天下文書，罷其不與秦文合者，則古文書與新朝官書牴觸，不合時王之制，在無用之列，故盡遭焚滅也。此其事史遷、揚雄皆言之，

史記太史公自序：「秦撥去古文，焚滅詩、書。」此明言詩、書爲古文而見焚也。

又揚雄劇秦美新：「始皇剗滅古文，刮語燒書。」此亦以燒書爲剗滅古文也。

而許慎之言尤詳。

許慎說文序：「及宣王太史籀著大篆十五篇，與古文或異。至孔子書六經，左丘明述春秋傳，皆以古文，厥意可得而說。其後諸侯力政，不統於王，惡禮樂之害己，而皆去其典籍。分爲七國，田疇異晦，車涂異軌。律令異法，衣冠異制，言語異聲，文字異形。秦始皇帝初兼天下，丞相李斯乃奏

同之，罷其不與秦文合者。斯作倉頡篇，中車府令趙高作爰歷篇，太史令胡母敬作博學篇，皆取史籀大篆，或頗省改，所謂小篆者也。是時秦燒滅經書，滌除舊典，大發吏卒，興戍役，官獄職務繁，初有隸書，以趣約易，而古文由此絕矣。」　今按：王國維史籀篇疏證序：「說文：籀，讀也。讀，籀書也。籀書爲史之專職。昔人作字書者，其首句蓋云「太史籀書」，以冒下文；後人因取首句「史籀」二字以名其篇。劉、班諸氏不審，乃以史籀爲著此書之人，其官爲太史，其生當宣王之世。不知「太史籀書」，乃周世之成語。以首句名篇，又古書之通例也。」其辨史籀非人名，誠爲卓見。至許氏說六國新文，變易古體，至秦人同文字，而古體遂絕，則其語仍可信據。

蓋晚周之際，通行文字，本有二別。一爲古文，卽宣王以下東周相傳之文字也。一爲今文，則六國以來新興之文字也。蓋簡策之用既廣，文字之變日繁，其日就孳乳而漸趨於簡易，固非人力之所能制也。

文字有漸變，無改造。當六國時，已有小篆、隸書。酈道元水經注：「人有發古塚，其棺前和題『齊太公六代孫胡公之墓』。惟三字是古文，餘皆隸書。」此秦前已有隸書之證也。困學紀聞卷八：「方氏跋詛楚文以爲秦惠文王二十六年。石湖亦謂當惠文王之世。後百餘年東巡泰山刻石，則小篆非出於李斯。」是秦前已有小篆之證也。逮秦並天下，李斯作倉頡篇，趙高作爰歷篇，胡母敬作博學篇，其書亦取當世用字，編纂章句，以便習誦；於當時字體，特有所整理去取，以改編字書，非改造字體也。莊子天下篇論述古之道術，散於天下，曰：「其明而在數度者，舊法世傳之史，尚多有之。其在詩、書、禮、樂，鄒、魯之士，搢紳先生，多能明之。其數散於天下，而設於中國者，百家之學，時或稱而道之。」則周季之學，類別爲三：官史爲一系。詩、書、禮、樂，卽魯人儒書爲一系。諸子百家爲一系也。詩、書、禮、樂，亦古代官書傳統，與官史同爲古文。諸子百家，則多晚出今文。此先秦書籍。文字已有古今，而實貴族、平民間一大分野也。

至於六國新文，雖亦互有不同，然其時交通殷繁，文學游說之士，或朝秦而暮楚，或傳食於諸侯。如稷下先生，平原賓客，皆廣招異國之人。蘇秦上書於七國，荀卿遍遊於天下。呂氏著書，集諸侯之士，則七國文字之無大乖違可知。秦既得天下，同書文字，六國之文，以同時相通而見存，東周之文，以異時相隔而見廢，亦至易想見之事也。

王國維有戰國時秦用籀文六國用古文說，謂：「籀文爲周、秦間西土文字，古文爲周、秦間東土文字。」分戰國文字爲東西兩種，殊不可信。

自始皇二十六年同書文字，

史記秦始皇本紀：「二十六年，一法度衡石丈尺，車同軌，書同文。」又瑯琊刻石：「維二十六年，皇帝作始，器械一量，同書文字。」

至三十四年焚書，前後已八年。秦正字之法既嚴，

史記萬石君列傳：「石建爲郎中令，書奏事。事下，建讀之，曰：『誤書馬字，與尾當五，今乃四，不足一，上譴死矣。』」此雖謹慎，亦見漢時正字之嚴，則秦時可推矣。

治古文者，非徒無用，而又得罪，其人乃益寡。自此至陳涉起事又五年，兵戈搶攘，以迄於漢。至惠帝四年除挾書律，去焚書事已二十三年。諸子書以今文，易通曉；又其書率尚議論，大抵自闢戶牖，別標新見，或則討論時事，感切身世，讀者可以遞相發揮，無取墨守；不比古文舊籍，多係先時陳典，行事法式，世移事變，不足開意；故時人愛誦者多。兼以當時禁令未密，藏弆爲易，故得完具。而六藝古文以傳統專業，通習者少，又干重禁，遂多殘缺，未獲復全，亦其宜也。

自焚書令後一年，有坑儒之事。

史記秦始皇本紀：「三十五年，侯生、盧生相與謀，始皇貪於權勢，未可爲求仙藥，乃亡去。始皇大怒曰：『吾前收天下書，不中用者盡去之。悉召文學方術士甚衆，欲以興太平，方士欲以鍊求奇藥。今聞韓衆去不報，徐市等費以巨萬計，終不得藥，徒姦利相告日聞。盧生等吾尊賜之甚厚，今乃誹謗我，以重吾不德也。諸生在咸陽者，吾使人廉問，或爲訞言以亂黔首。』於是使御史悉案問諸生，諸生傳相告引，乃自除犯禁者四百六十餘人，皆坑之咸陽。使天下知之以懲後。益發謫徙邊。

其端肇於求仙之無效，侯、盧之亡去。其事止於坑犯禁者四百六十人。其波及於發謫徙邊。或謂秦人盡坑儒士，則昔人已辨之。

王充論衡語增篇：「言燔燒詩、書，坑殺儒士，實也。言其欲滅詩、書，故坑殺其人，非其誠，又增之也。燔詩、書，起淳于越之諫。坑儒士，起自諸生爲訞言。見坑者四百六十七人，傳增言坑殺儒士，欲絕詩、書，又言盡坑之。此非其實，而又增之。」

梁玉繩史記志疑：「余嘗謂世以焚書坑儒爲始皇罪，實不盡然。天下之書雖燒，而博士官所職，與丞相府所藏，固未焚矣。始皇三十六年，使博士爲仙眞人詩。叔孫通傳載二世召博士諸儒生三十餘人，問陳勝。又通降漢，從儒生弟子百餘人。徵魯諸生三十餘人。項羽紀稱魯爲其守禮義死節。則知秦時未嘗廢儒，亦未嘗聚天下之儒而盡坑之。其所坑者，大抵方伎之流，與諸生一時議論不合者耳。」

章炳麟秦獻記：「說苑有鮑白令，斥始皇行桀、紂之道，乃欲爲禪讓，比於五帝。其骨鯁次淳于。漢藝文志儒家有羊子四篇，凡書百章，名家有黃公四篇，黃公名疵，復作秦歌詩；二子皆秦博士也。京房稱趙高用事，有正先用非刺高死。孟康曰：『秦博士。』其窮而在蒿艾，與外吏無朝籍，爛然有文采論著者，三川有成公生，與黃公同時。當李斯子由爲三川守，而成公生游談不仕，著書五篇，在名家。縱橫家有零陵令信一篇，難丞相李斯。（皆見藝文志。）秦雖鉗語燒詩、書，然自內外薦紳之士，與褐衣游公卿者，皆抵禁無所懼，是豈無說哉？若其咸陽之坑死者四百六十人，是特以盧生故，惡其誹謗，令諸生傳相告引；亦由漢世黨錮之獄，興於一時，非其法令必以文學爲戮。數公者，誠不以抵禁幸脫云。」

然或謂坑儒一事，僅限於望星氣求仙藥之方士，

見胡適中國哲學史大綱。

則亦未是。始皇自云：「吾悉召文學方術士甚眾，欲以興太平，方士欲以鍊求奇藥。」是謂以文學興太平，方士鍊奇藥，明文學、方士爲兩途也。又曰：「盧生吾尊賜之高厚，今乃誹謗我。諸生在咸陽者，吾使人廉問，或爲訞言以亂黔首。」此由盧生之謗，而廉及諸生之訞言，不得謂諸生必方術士，而文學士非諸生也。且所謂「自除犯禁者四百六十餘人坑之咸陽」，則候星氣、鍊奇藥非犯禁，烏得謂所坑盡方士？且所坑者僅四百六十人，而以後謫發徙邊者尙無數。扶蘇之諫曰：「諸生皆誦法孔子，今上皆重法繩之，臣恐天下不安。」此尤坑謫不盡於方士之證。故必謂坑儒無害於學者亦非也。

秦人焚書坑儒，事具如此。推其淵源，皆由荀、韓。荀主法後王，誅姦人，故秦禁誹上而坑儒士。荀主正名，故秦同書文而燒古籍。韓言：「明主之國，無書簡之文，以法爲教，無先王之語，以吏爲師。」（五蠹）故秦收書，禁語詩、書，而令學者以吏爲師也。秦人亦專伸一家之學，而行古者政學合一之制耳，非盡滅學術使無存也。秦亦有儒、有師、有博士、有著述，綿延至漢，初未全絕。謂秦焚書坑儒而學術中絕，固非也。然政學分故有諸子，秦主政學復合，卽是絕諸子之學脈也。撥去經籍，遂開漢人今古文之爭。漢之學風，迥異先秦，其轉移之間，烏得謂非秦人之影響耶？則始皇、李斯之功罪，學者細究於先秦與兩漢學風之不同而可知。書之盡焚與否，儒之盡坑與否，固非讞書之所重也。

第四章　兩漢經生經今古文之爭

言兩漢學術者，莫不謂其尊孔子，崇儒術。自漢武黜百家立五經博士而經學盛，至劉歆而經學有「今古文」之爭。此昔人之説然也。

皮錫瑞經學歷史：「今文者，今所謂隸書。古文者，今所謂籀書。隸書漢世通行，故當時謂之今文。籀書漢已不通行，故當時謂之古文。許慎謂孔子寫定六經，皆用古文。然則孔子與伏生所藏書，亦必是古文。漢初發藏以授生徒，必改爲通行之今文，乃便學者誦習。故漢立十四博士，皆今文家。而當古文未興之前，未嘗別立今文之名。史記儒林傳云：『孔氏有古文尚書，安國以今文讀之。』乃就尚書之今古文字而言。而魯、齊、韓詩，公羊春秋，史記不云今文家也。至劉歆始增置古文尚書、毛詩、周官、左氏春秋。既立學官，必創説解，後漢衛宏、賈逵、馬融，又遞爲增補以行於世，遂與今文分道揚鑣。」

第溯其源，考其實，則孔子之時，既未嘗有經，漢儒之經學，非即孔子之學也。若今古文之別，則戰國以前，舊籍相傳，皆「古文」也。戰國以下，百家新興，皆「今文」也。秦一文字，焚詩、書，古文之傳幾絕。漢武之立五經博士，可以謂之古文書之復興，非眞儒學之復興也。逮博士既立，經學得志，利祿之途，大啟爭端。推言其本，則五經皆「古文」，由轉寫而爲「今文」；其未經轉寫者，仍爲「古文」。當時博士經生之爭今古文者，其實則爭利祿，爭立官與置博士弟子，非眞學術之爭也。故漢武以上，「古文」書派之復興也。漢武以下，「古文」書派之分裂也。而其機捩皆在於政治之權勢，在上者之意旨，不脫秦人政學合一之遺毒，非學術思想本身之進化。雖謂兩漢經學僅爲秦人焚書後之一反動亦可也。當漢初興，承秦之敝，學術無可言者。及孝惠除挾書之律，孝文廣獻書之路，天下眾書，往往頗出。然其時君臣，率尚黃、老，

王鳴盛十七史商榷：「漢初，黃、老之學極盛。君如文、景，宮闈如竇太后，宗室如劉德，將相如曹參、陳平，名臣如張良、汲黯、鄭當時、直不疑、班嗣，處士如蓋公（曹參世家）、鄧章（袁盎傳）、王生（張釋之傳）、黃子（司馬遷傳）、楊王孫（自有傳）、安邱望之（後漢書耿弇傳）等皆宗之。東方朔戒子，以『柱下爲工』，亦宗黃、老。」

治百家今文。

如蕭何律令，韓信兵法，張蒼章程，叔孫禮儀，其率爲今文無論矣。即如蒯通作雋永，陸賈造新論，鼂錯學申商，張叔習刑名，賈山涉獵書記，鄒陽、嚴忌、枚乘以文辯著，韓安國受韓子雜說，主父偃學長短縱横；其人苟以學名，大抵皆百家今文書也。惟田蚡學盤盂諸書，則爲古文，故蚡亦推隆儒術矣。

劉歆謂在朝之儒惟賈生，

見移書讓太常博士。

然亦治百家，爲學不醇，又見抑於絳、灌之屬。

史記賈生列傳稱其通諸子百家，又更秦法，以漢爲土德，色上黄，數用五；爲官名。漢志陰陽家有五曹官制五篇，注：「漢制，似賈誼所條。」則誼乃治陰陽家言。又其書多出入於黄、老、荀卿，蓋漢初學風如此。

而文帝使掌故鼂錯，從伏生受尚書，又聞申公爲詩最精，以爲博士（漢書楚元王傳）。又爲論語、孝經、孟子、爾雅置博士（趙岐孟子題辭）。則古文儒學亦稍稍茁。逮孝景時，轅固爲博士，遂明白以古文書開爭議。

漢書儒林傳：「轅固，齊人也。以治詩，孝景時爲博士，與黃生爭論於上前。黃生曰：『湯、武非受命，乃弑也。』固曰：『不然。夫桀、紂荒亂，天下之心皆歸湯、武，湯、武因天下之心而誅桀、紂，桀、紂之民勿爲使而歸湯、武，湯、武不得已而立，非受命而何？』黃生曰：『冠雖敝，必加於首。履雖新，必貫於足。何者？上下之分也。今桀、紂雖失，君也。湯、武雖聖，臣也。夫主有失行，臣不正言匡過，以尊天子，反因過而誅之，代立南面，非弑而何？』固曰：『必若云，是高皇帝代秦卽天子位，非耶？』」　今按：轅固儒者，黃生道家也。冠履之語，師古謂見太公六韜，亦道家書。其意則刑名道德一派所常言也。轅生意本孟子。後人謂漢代儒術之興，以其獨便於專制，曷不一讀轅、黃之辨耶？

又：「竇太后好老子書，召問固，固曰：『此家人言耳。』太后怒曰：『安得司空城旦書乎？』乃使固入圈擊彘。」　今按：「家人言」者，謂百家言也。諸子皆民間尺書，晚出今文，而詩、書則古代官書，簡長二尺四寸，傳統相承，其體制與民間尺書不同。轅固治詩，鄙黜老子，故斥爲家言。太后怒而曰「安所得司空城旦書」者，秦下令燒詩、書，三十日不燒黥爲城旦；太后欲罪轅固，故以轅治古文，謂於何處得此城旦書也。此爲漢初今古文相爭一極顯明之例。

時有河間王好古籍，亦爲立博士。古文書遂益見重。

漢書景十三王傳：「河間獻王德以孝景前二年立。修學好古，實事求是。從民得善書，必爲好寫與之，留其眞，加金帛賜，以招之。繇是四方道術之人，不遠千里，或有先祖舊書，多奉以奏獻王者。故得書多，與漢朝等。是時淮南王安亦好書，所招致率多浮辯。獻王所得書，皆古文先秦舊書，周官、尚書、禮、禮記、孟子、老子之屬，皆經傳說記，七十子之徒所論。其學舉六藝，立毛氏詩、左氏春秋博士，修禮樂，被服儒術，造次必於儒者。山東諸儒多從而遊。」又集解引漢名臣奏：「杜業奏曰：『河間獻王經術通明，積德累行，天下雄俊眾儒皆歸之。孝武時，獻王朝，問以五策，輒對無窮。孝武艴然難之，謂獻王曰：「湯以七十里，文王百里，王其勉之。」王知其意，歸卽縱酒聽樂，因以終。』」

今按：其時淮南、河間，同以宗室好書，而淮南重黃、老百家，多「今文」，河間重詩、書儒學，多「古文」。亦是當時南北風氣不同。河間既招忌，其書在漢廷皆抑勿傳，卽後來之「古文」經也。淮南則以謀反誅，盡捕賓客，而治百家「今文」者勢益熸。學術視政治爲轉移，率類此。

武帝立，趙綰、王臧以爭儒術見殺，

漢書儒林傳：「武帝初卽位，臧請立明堂以朝諸侯，不能就其事，乃言師申公。於是上遣使者束帛加璧，安車蒲輪，駕駟迎申公。至，見上。申公時已八十餘，對曰：『爲治者不在多言，顧力行何如耳。』是時上方好文辭，見申公對，默然。太皇竇太后喜老子言，不說儒術，得臧、綰之過以讓上。上因廢明堂事，下綰、臧吏，皆自殺。申公亦病免歸。」

而董仲舒、公孫弘以春秋對策見信，古文六藝卒以得勢。

漢書董仲舒傳：「仲舒，廣川人，少治春秋。孝景時，爲博士。自武帝初立，魏其、武安侯爲相，而隆儒矣；及仲舒對策，推明孔氏，抑黜百家，立學校之官，州郡舉茂材、孝廉，皆自仲舒發之。」又儒林傳：「及竇太后崩，武安侯田蚡爲丞相，黜黃、老刑名百家之言，延文學儒者以百數，而公孫弘以治春秋爲丞相封侯，天下學士靡然鄉風矣。」

考「古文」書籍，自秦廷一火，不絕如縷。漢興，殘簡朽編，出於山崖屋壁之中，一二大師，流落人間，私相傳授，遂傳於後。未及百年，轉益信重，遂爲學術界之權威者，是亦多故。而要之，方其受政治之摧殘，雖一時有衰落之歎，而壓迫之力既去，人情轉以稀而見貴。又其文字難識，益因難而見重。且其書多存古代事跡，而晚世「今文」，託古創制，寓言無實，使人難信。故學者考索古先文物，必取信於六藝。此其意司馬遷爲史記已詳發之。

其自序則曰：「年十歲則誦古文。」此可見當時學者之不必盡誦古文也。又曰：「秦撥去古文，焚滅詩、書，故明堂石室金匱玉版圖籍散亂。漢興，蕭何次律令，韓信申軍法，張蒼爲章程，叔孫通定禮儀，則文學彬彬稍進，詩、書往往間出。自曹參薦蓋公言黃、老，而賈誼、鼂錯明申、韓，公孫弘以儒顯，百年之間，天下遺文古事，靡不畢集。太史公仍父子相繼纂其職，……協六經異傳，齊百家雜語。」六經古文，百家今文，此見其著書之博綜古今也。

其五帝本紀贊則曰：「學者多稱五帝，尚矣，然尚書獨載堯以來。而百家言黃帝，其文不雅馴，薦紳先生難言之。孔子所傳宰予問五帝德及帝繫姓，儒者或不傳。余嘗西至崆峒，北過涿鹿，東漸於海，南浮江、淮矣，至長老皆各往往稱黃帝、堯、舜之處，風教固殊焉。總之不離古文者近是。予觀春秋、國語，其發明五帝德、帝繫姓章矣，顧第弗深考，其所表見皆不虛。書缺有間矣，其軼乃時時見於他說，非好學深思心知其意，固難爲淺見寡聞道也。」此所謂「百家」即今文新書也。當戰國晚世，諸子皆託古創制，不可深信，故考上古史實者，當求其根據於古文舊書，以古文舊書傳自前人，比較多可信之價值也。「淺見寡聞」，則當時之未見古文者也。

其十二諸侯年表序則曰：「表見春秋、國語學者所譏盛衰大指著於篇，爲成學治古文者要刪焉。」此以春秋、國語皆古文舊書，故史公表春秋時事，言「爲治古文者要刪」；而古文書難得，非盡人所誦，故史公又以治古文者爲「成學」，猶其譏僅識今文者爲「淺見寡聞」也。其吳世家贊則曰：「余讀春秋古文，乃知中國之虞與荊蠻、句吳兄弟也。」此見不讀古文書，即不可以曉古事。則古文舊書之有助於史家者爲何如矣。

又按：史記所稱「古文」者，乃通指詩、書六藝而言，不專以劉歆以後今古文相爭之古文爲「古文」也。近人崔適著史記探源，乃謂史記中「古文」字皆劉歆僞羼，可謂不善讀書者矣。

且黃、老、申、韓之說，皆起戰國晚世，本以治衰亂，非所以處昇平。漢興，瘡痍未復，則黃、老自然與民休息之說勝。文、景圖治，濟之以刑名申、韓。至於漢武，國力既充，如人之病起，捨藥劑而嗜膏粱，亦固其宜。此中消息，可以證之於當時君臣之對策。

漢書董仲舒傳：「武帝即位，仲舒以賢良對策。制曰：『蓋聞五帝三王之道，改制作樂，而天下洽和，百王同之。夫五百年之間，守文之君，當塗之士，欲則先王之法，以戴翼其世者甚衆，然猶不能反，日以仆滅。凡所爲屑屑夙興夜寐務法上古者，又將無補與？子大夫明先聖之業，習俗化之變，終始之序，講聞高誼之日久矣，其明以諭朕！』」即此制文而觀，可悟當時儒術之興，乃由漢室承平既久，國力充盈，在上者不甘於卑近，而追慕前古盛治，借以粉飾太平，誇炫耳目；而三代古事，載在詩、書古文，自有專業，儒者應機而起。黃、老、申、商之徒，專治今文，則於古代制度文物，茫然無覩。又其學尚無爲，切事情，立說卑弱，終不能與儒者爭此際遇也。

仲舒之對曰：「至周之末世，大爲無道，以失天下；秦繼其後，獨不能改，又益甚之，重禁文學，不得挾書；其心欲盡滅先王之道，而顓爲自恣苟簡之治，故十四歲而國破亡矣。」此所謂「文學」者，即指古文言。今文百家書，漢人以其通俗，不謂「文學」也。仲舒提倡儒術，即從反面秦祚不永十四歲而覆亡爲言，此爲當時古文起復一重要之論點也。

又公孫弘傳：「弘上疏曰：『臣聞周公旦治天下，期年而變，三年而化，五年而定，唯陛下之所志。』書奏，天子以冊書答曰：『問：弘稱周公之治，弘之才能，自視孰與周公賢？』弘對曰：『愚臣淺薄，安敢比材於周公？雖然，愚心曉然見治道之可以然也。』上異其言。弘辯論有餘，習文法吏事，緣飾以儒術，上說之。」此傳發明公孫弘得志，儒術復興之故，頗可玩味。蓋諸子之言，如黃、老、申、韓，史遷所謂：「申子卑卑，施之於名實；韓子引繩墨，切事情；老子所貴道，虛無因應，變化於無爲。」自政治之設施言之，則皆文帝所謂「卑之無甚高論」者耳。在戰國爲新說，在漢世則爲俗議。且黃、老、申、韓本所以治衰世，非以飾昇平。又兼六國亡於秦，秦亡於漢，既值衰亂之際，又復已施不驗，不足以歆觀聽，而饜人主奇偉非常之意。惟儒家高談上古唐、虞、三代之隆，太平之盛德，禮樂制度之美，如公孫弘所稱周公旦之治，在當時轉爲可喜之新論。

且以誦習古文者尠，百家說古事，人知其不可信，而後文學儒生，乃有獨擅之秘，可以炫世駭俗，而間執百家之口；如公孫弘所謂「臣聞」云云，「愚心曉然見」云云也。而其實弘之所以得武帝之懽心者，仍在其習文法吏事，而特緣飾之以儒術耳。此誠當時之實況，而後之治史者所未經洗發者也。

又董、公孫皆希世取寵，

又汲黯傳：「黯學黃、老言，上方招文學儒者，上曰吾欲云云，黯對曰：『陛下內多欲而外施仁義，奈何欲效唐、虞之治乎？』上方嚮儒術，尊公孫弘，而黯常毀儒，面觸弘等，徒懷詐飾智，以阿人主取容。上曰：『人果不可以無學，觀汲黯之言，日益甚矣！』」夫黯非無學也，特學黃、老，爲今文，今文易曉，遂若無學矣。而黯斥弘等「懷詐飾智，以阿人主取容」，尤爲見骨之論。可以推原當時學術興替之所以然也。

又董仲舒傳：「公孫弘治春秋不如仲舒，而弘希世用事，位至公卿，仲舒以弘爲從諛。」張湯傳：「是時上方嚮文學，湯決大獄，欲傅古義，乃請博士弟子治尚書、春秋（公羊）補廷尉史，亭疑奏讞。湯依於文學之士。丞相弘數稱其美。」

王充論衡：「夫五經亦漢家之所立，儒生善政大義，皆出其中。董仲舒表春秋之義，稽合於律，無乖異者。然則春秋漢之經，孔子制作，垂遺於漢。」此可見仲舒之巧爲比附也。馬端臨文獻通考：「董仲舒撰春秋決事比，即獻帝時應劭所上仲舒春秋斷獄，其書與張湯相授受，度亦災異對之類耳。帝之馭下，以深刻爲明，湯之決獄，以慘酷爲忠，而仲舒乃以經術附會之。蓋漢人專務以春秋決獄，（參讀趙翼二十二史劄記漢時以經義斷事條。）陋儒酷吏，遂得以因緣假飾，往往見二傳（公羊、穀梁）中所謂『責備』之說，『誅心』之說，『無將』之說，與其所謂巧詆深文者相類耳。聖賢之意，豈有是哉？」

俞正燮癸巳存稿公羊傳及注論：「公羊集酷吏佞臣之言，謂之經義，漢人便謂之通經致用。」又曰：「公羊傳，漢廷儒臣通經致用干祿之書也；何休所說，漢末公府掾致用干祿之書也。」章太炎檢論學變：「董仲舒以陰陽定法令，垂則博士，神人大巫也。使學者人人碎義逃難，苟得利祿，而不識遠略。」

據此以論，公孫弘以行事希世，而董仲舒以學說。言人格，仲舒若較廉直；論學說，仲舒亦益怪誕。影響於當時者，公孫弘之力爲大；其流播於後世者，則仲舒之說爲尤深也。

不比申公、轅固，

儒林傳：「武帝初卽位，轅固以賢良徵，諸儒多嫉毀，曰：『固老。』罷歸之。時固已九十餘矣。公孫弘亦徵，仄目而事固，固曰：『公孫子！務正學以言，毋曲學以阿世！』」因以獲上之懽心。凡此皆經生得志之由，而古文書復盛之所以也。然遂謂自此儒學復興，孔子之道復明，則又不可。姑舉其最著者言之。董仲舒，治公羊春秋之大儒也，其言天人相與之際，以災異之變言春秋，皆非孔子以來儒者之本義，

董仲舒傳對策：「臣謹案，春秋之中，視前世已行之事，以觀天人相與之際，甚可畏也。國家將有失道之敗，而天乃先出災害以譴告之。不知自省，又出怪異以警懼之。尚不知變，而傷敗乃至。以此見天心之仁愛人君而欲止其亂也。自非大無道之世者，天盡欲扶持而安全之。」又：「天人之徵，古今之道也。孔子作春秋，上揆之天道，下質諸人情，參之於古，考之於今。故春秋之所譏，災害之所加也。春秋之所惡，怪異之所施也。書邦家之過，兼災異之變，以此見人之所爲，其美惡之極，乃與天地流通，而往來相應，此亦言天之一端也。」

亦非公羊之本旨。

王引之經義述聞：「公羊春秋記災異者數矣，而皆無語及於感應。自董仲舒推言災異之應，已開讖

緯之先。何氏（休）又從而祖述之。迹其多方推測，言人人殊，謂之傳之本指，未見其然也。」

近儒考論漢代經學淵源，謂自荀子。然荀子不云乎？曰：「天行有常，不爲堯存，不爲桀亡。應之以治則吉，應之以亂則凶。」是烏見其所謂「天人相與之際」者？今考仲舒之論，蓋多與淮南相類。

淮南泰族訓云：「聖人者，懷天心，聲然能動化天下者也。故精誠感於內，形氣動於天，則景星現，黄龍下，祥鳳至，醴泉出，嘉穀生，河不滿溢，海不溶波。故詩云：『懷柔百神，及河喬嶽。』逆天暴物，則日月薄蝕，五星失行，四時干乘，晝冥宵光，山崩川涸，冬雷夏霜。詩曰：『正月繁霜，我心憂傷。』天之與人，有以相通也。故國危亡而天文變，世惑亂而虹蜺見，萬物有以相連，精祲有以相蕩也。」此即江都天人相應之說也。

仲舒春秋繁露，其言亦多出黄老、刑名。

其言人君治術，蓋深得老子、韓非之意。故曰：「爲人君者，內深藏，外博觀，謹本詳始，敬小慎微，不可先倡，感而後應。」而言之最精者，則曰：「人君惡人見其情，而欲知人之心。」此十字者，可以盡老子、韓非論治之旨矣。此卽荀子正論篇所斥「主道利周」之論也。其論君臣之際，則曰：「人臣居陽而爲陰，人君居陰而爲陽，陰道尙形而露情，陽道無端而貴神。」其論禮樂，則曰：「民無所好，君無以權。民無所惡，君無以畏。無以權，無以畏，則無以禁止。而比肩齊勢，無以爲貴矣。故聖人之治國，因天地之性情，孔竅之所利，以立尊卑之制，以等貴賤之差；設官府爵祿，利五味，盛正色，調五聲，以誘其耳目；自令淸濁昭然殊體，榮辱踔然相駁，以感動其心；務致民令有所好惡，然後可得而勸畏也。」此豈復類儒者之言耶？（以上雜引離合根、立元神、保位權三篇中語。）

蓋仲舒之學，實主陰陽。陰陽之論，盛自鄒衍，貌近儒說，而實源於道家。在道家之意，以謂萬物乃一氣之所化，非經上帝之創造，亦無貴賤高下於其間。蓋陰陽之論，足以破「儒」「墨」之是非。何者？儒言「心」，墨言「天」，其言雖異，而其以人爲貴、以天爲本則一。陰陽之論起，則人不足以爲貴，天不足以爲本，而後有自然之道。此在莊周之書則然。至鄒衍頡亢以取世資，燕、齊之間，流爲神仙方士之說，足以媚惑人主而獵富貴。仲舒廣川人，熟聞燕、齊之論，而比附於儒說，乃以陰陽破自然；可謂入室而操戈，

春秋繁露同類相動篇：「試調琴瑟，鼓宮宮應，鼓商商應，五音比而自鳴；非有神，其數然也。美

事召美類，惡事召惡類，美惡皆有從來，以爲命，莫知其處所。天有陰陽，人亦有陰陽，天地之陰氣起而人之陰氣應之而起，人之陰氣起而天地之陰氣亦宜應之而起，其道一也。明於此者，欲致雨，即動陰以起陰。欲止雨，即動陽以起陽。故致雨非神也，其理微妙也。又相動無形，則謂之自然；其實非自然也，有使之然者矣。」

然實未明「自然」之意也。夫既有「使之然」者，則又必有「使之使之然」者，循是上推，誰爲最後之使耶？既破天帝而主陰陽，則最後之一因既失，循環無端，終亦歸於自然矣。此仲舒天人相與之論，實本於陰陽家言，而與「上帝臨汝」「民視民聽」之意不同，而又比附儒說，排斥自然，以自別於黃、老百家之大概也。

漢書董仲舒傳：「仲舒治國，以春秋災異之變，推陰陽所以錯行，故求雨閉諸陽，縱諸陰，其止雨，反是。行之一國，未嘗不得所欲。中廢爲中大夫。先是，遼東高廟、長陵高園殿災，仲舒居家推說其意，草稿未上，主父偃候仲舒，私見，嫉之，竊其書而奏焉。上召視諸儒，仲舒弟子呂步舒不知其師書，以爲大愚。於是下仲舒吏，當死，詔赦之。仲舒遂不敢復言災異。」

夫陰陽之說，破棄神權，別尋因果，要不可謂非學說之一進步。即此推求，以爲科學之發軔可也。而道家之旨，惟在明其自然。鄒衍閎大不經，流而爲神仙。仲舒又衍而爲災異。從而證明其天人相關之學。止雨致雨之術，不脫於象類，自陷於歧途，終召「大愚」之譏。而漢之學術，遂亦不足觀矣。故仲舒雖尊孔子，明仁義，而終不失爲漢儒之學也。

至公羊家三科九旨之義，亦本董子繁露。

何氏文謚例：「三科九旨者，新周，故宋，以春秋當新王，此一科三旨也。所見異辭，所聞異辭，所傳聞異辭，二科六旨也。内其國而外諸夏，内諸夏而外夷狄，是三科九旨也。」宋氏注：「三科者：一曰張三世，二曰存三統，三曰異外内，是三科也。九旨者：一曰時，二曰月，三曰日，四曰王，五曰天王，六曰天子，七曰譏，八曰貶，九曰絕。」何氏九旨在三科之内，宋氏九旨在三科之外，所言略異。

繁露楚莊王篇曰：「春秋分十二世，以爲三等，有見，有聞，有傳聞。有見，三世。有聞，四世。有傳聞，五世。故哀、定、昭，君子之所見也。襄、成、宣、文，君子之所聞也。僖、閔、莊、桓、隱，君子之所傳聞也。所見六十一年，所聞八十五年，所傳聞九十六年。」此張三世之義。又王道篇曰：「内其國而外諸夏，内諸夏而外夷狄，言自近者始也。」此異外内之義。又三代改制質文篇曰：「春秋應天，作新王之事，時正黑統，王魯尙黑，絀夏，新周，故宋。」又曰：「春秋上絀夏，下存周，以春秋當新王。春秋當新王者奈何？曰：王者之法，必正號，絀王謂之帝，封其後以小國，使奉祀之。下存二王之後以大國，使服其服，行其禮樂，稱客而朝。故同時稱帝者五，稱王者三，所以昭五端，通三統也。是故周人之王，尚推神農爲九皇，而改號軒轅，謂之黃帝，因存帝顓頊、帝嚳、帝堯之帝號，絀虞而號舜曰帝舜，錄五帝以小國。下存禹之後於杞，存湯之後於宋，以方百里，爵號公，皆使服其服，行其禮樂，稱先王客而朝。春秋作新王之事，變周之制，當正黑統，而殷、周爲王者之後。絀夏改號禹，謂之帝禹，錄其後以小國。故曰絀夏，存周，以春秋當新王。」此存三統之義。

而「存三統」云云，尤爲可怪。其王魯、新周、故宋、黜杞之說，細按皆不足信。

晉王接、宋蘇軾、陳振孫皆疑黜周王魯，公羊無明文，以何休爲公羊罪人；不知其語已先見董子書也。

史記言：「孔子據魯、親周、故宋。」據魯者，以魯爲主也，即史表所謂「興於魯而次春秋」也。言所記之事，以魯爲主。「據」字音義近於「主」，西漢初年鈔胥者誤「主」爲「王」，儒生以訛傳訛，遂有「王魯」之謬說。親周者，公羊宣十六年：「成周宣榭災。」傳云：「外災不書，此何以書？新周也。」此「新」字明係「親」字之訛。蓋外災不書，因周與魯最親，故書其災，文義至昌明。至「親」誤爲「新」，漢儒不解其詞，遂有「新周」之謬說。故宋者，左氏稱孔丘聖人之後，而滅於宋。穀梁子聞其說，故於宋督弒其君夷及其大夫孔父，傳曰：『其不稱名，蓋爲祖諱也。孔子故宋也。」公羊誤讀穀梁之文，復於「成周宣榭災」下，發「新周」之文以偶之，由是有「黜周王魯」之謬說。黜杞者，以其用夷禮也，明見於左傳。而公羊家引爲黜夏之義，誤又甚矣。（右故宋一義，見章太炎春秋左傳讀敍錄，餘三義，見劉師培論孔子無改制之事。）

「以春秋當新王」，僅亦爲漢而設，亦鄒衍五德轉移之緒論，不脫陰陽家面目。

劉師培論孔子無改制之事篇云：「漢儒既創新周王魯之訛言，猶以謂未足，更謂孔子以春秋當新王，又自變其王魯之說，以王魯爲託詞，以爲王魯者，乃託新王受命於魯，實則孔子爲繼周之王，即爲制法之王也。蓋漢儒以王擬孔子，亦有二因。一則以孔子當正黑統，（見繁露三代改制篇。）蓋以秦爲黑統，不欲漢承秦後，遂奪秦黑統而歸之孔子，以爲漢承孔子之統。此一說也。一則以孔子爲赤統，孔子爲漢制法，春秋亦爲漢興而制，因以孔子受命之符，即漢代受命之符。此又一說也。由前之說，由於欲漢之抑秦。由後之說，由於欲漢之尊孔。則正漢儒附會其說，欲以歆媚時君，不得已而王孔子。」

其次有劉向，亦西漢大儒，然亦以陰陽災異說經，無異於仲舒。

漢書劉向傳：「淮南有枕中鴻寶、苑秘書，書言神仙使鬼物爲金之術，及鄒衍重道延命方，世人莫見。而更生父德，武帝時治淮南獄，得其書。更生幼而讀誦，以爲奇。獻之，言黃金可成。上令典尚方鑄作事，費甚多，方不驗。上乃下更生吏，吏劾更生鑄僞黃金，繫當死。更生兄陽城侯安民，上書入國戶半，贖更生罪。上亦奇其材，得踰冬減死論。」此劉向幼卽好鄒衍之學，亦卽淮南之學先受鄒衍影響之證也。

又：「時數有大異，向以爲外戚貴盛，(王)鳳兄弟用事之咎。而上方精於詩、書，觀『古文』，詔向領校中五經祕書。向見尚書洪範箕子爲武王陳五行陰陽休咎之應，向乃集合上古以來歷春秋、六國至秦、漢符瑞災異之記，推迹行事，連傳禍福，著其占驗，比類相從，各有條目，凡十一篇，號曰洪範五行傳論，奏之。天子心知向忠精，故爲鳳兄弟起此論也。然終不能奪王氏權。」此見向以陰陽災異說經，實以影射時事。其心術雖與轅固生譏公孫弘所謂「曲學阿世」者不同，要之治古文舊籍者，欲求通經致用則不得不借徑於今文新說，則斷可知也。故當時論五經，其實不脫百家。猶如今人談國故，亦不能不羼以歐西新說耳。

又五行志敍：「漢興，承秦滅學之後，景、武之世，董仲舒治公羊春秋，始推陰陽，爲儒者宗。宣、元之後，劉向治穀梁春秋，數其禍福，傳以洪範，與仲舒錯。至向子歆，治左氏傳，其春秋意亦已乖矣，言五行傳又頗不同。」此可見漢儒以陰陽五行說經，其言皆各不同，各自因時以意爲論耳，非古經之眞本也。

其他漢儒說經，類無弗主陰陽者。故漢儒之經則本「古文」，其所以說經者，則盡本於戰國晚起「今文」之說也。漢武之表彰六經，罷黜百家，亦僅僅爲今文書與古文書之爭耳，至於謂儒說勝而黃、老、申、商廢則誤。蓋一時之學術，有其一時之風氣與其特性，彼其時言黃、老如淮南，言儒如江都，習申、商如長沙，何莫勿有陰陽家之色彩者？是誠西漢之特徵，則治國學者所不可不曉也。其他如桑弘羊論鄒、孔，

桓寬鹽鐵論論儒：御史曰：「文學祖述仲尼，稱誦其祖，以爲自古及今未之有。然孔子修道齊、魯之間，教化洙、泗之上，弟子不爲變，當世不爲治，魯國之削滋甚。齊宣王褒儒尊學，孟軻、淳于髡之徒，受上大夫之祿，不任職而論國事。蓋齊稷下先生千有餘人。當此之時，非一公孫弘也。弱燕攻齊，長驅至臨淄，湣王遁逃，死於莒而不能救，王建禽於秦，與之俱虜而不能存。若此，儒者之安國尊君，未始有效也。商君雖革法改教，志存於強國利君，鄒子之作變化之術，亦歸於仁義。」

按：漢人極崇鄒衍，故每與孔、孟相提並論，如史記孟荀列傳亦爾。

又論鄒：大夫曰：「鄒子疾晚世之儒墨，不知天地之宏，昭曠之道，將一曲而欲道九折，守一隅而欲知萬方，猶無準平而欲知高下，無規矩而欲知方圓也；於是推大聖終始天運，以喻王公列士。諸

生守畦畝之慮，閭巷之固，未知天下之義也。」時御史大夫爲桑弘羊，其議論足以代表政府之意見。可見漢廷用儒，本重鄒衍一派，以附於申、商功利，非孔、孟之仁義也。

漢宣帝評儒生，

漢書元帝紀：「帝爲太子時，柔仁好儒，見宣帝多用文法吏，以刑名繩下，嘗侍燕從容言：『陛下持刑太深，宜用儒生。』宣帝作色曰：『漢家自有制度，本以霸王道雜之，奈何純任德教，用周政乎？且俗儒不達時宜，好是古非今，使人眩於名實，不知所守，何足委任？』乃歎曰：『亂我家法者，太子也！』」則尤可見漢廷用儒之眞相矣。

皆可以見漢代之風尚。故謂自漢武以後，五經置博士，爲古文書教授開祿利之途則可也。謂自此儒術獨用則否。以當時經生博士，本與秦前儒術不同，而漢廷亦非眞用儒術故也。

博士之官，遠始戰國。

史記循吏傳：「公儀休者，魯博士也。」

漢書賈山傳：「山祖父祛，故魏王時博士弟子也。」

秦時博士掌通古今。漢博士屬太常，僅爲禮官，掌故待問，不顓門教授。

西漢博士最初者爲叔孫通，惠帝時博士則有孔襄，文帝時公孫臣以言符瑞爲博士，賈誼、鼂錯皆爲博士。

時以經生爲博士者，文帝時有申公、韓嬰，景帝時有轅固生，皆治詩。有胡母生、董仲舒，皆治公羊春秋。然儒林傳云：「孝文本好刑名之言，及至孝景，不任儒，竇太后又好黃、老術，故諸博士具官待問，未有進者。」則其時博士猶未爲學官也。及孝武置五經博士，

王應麟困學記聞：「後漢翟酺曰：『文帝始置一經博士。』考之漢史，文帝時，申公、韓嬰，皆以詩爲博士，（所謂魯詩、韓詩。）五經列於學官者，唯詩而已。景帝以轅固生爲博士，（所謂齊詩。）而餘經未立。武帝建元五年春，初置五經博士。儒林傳贊曰：『武帝立五經博士，書惟有歐陽，禮后，易楊，春秋公羊而已。』立五經而獨舉其四，蓋詩已立於文帝時。今並詩爲五也。」　今按：胡母生、董仲舒皆治公羊春秋，於景帝時爲博士，則武帝所增乃三經，非四經也。然稱置五經博士者，蓋申公之儔，其前爲博士，特以博識通故，非以其專經。至武帝隆儒尊經，乃特稱五經博士，而罷

諸子傳記爲博士者。故以專經爲博士，自武帝始也。儒林傳贊獨舉四經，以其後四經均有增設，而詩自三家外，不增博士，故未之及；亦非謂武帝增四經也。故自武帝置五經博士，而後博士之性質，與前迥異。不得以武帝爲繼文、景而增成五經也。

而後博士始爲經生所獨擅。故王充謂：「博士之官，儒生所由興也。」（論衡別通篇）其後又爲博士置弟子員五十人，

漢書武帝紀：「元朔五年，丞相（公孫弘）請爲博士置弟子員，學者益廣。」

而後博士始以教授爲事，而博士弟子員亦爲利祿之途。

漢書儒林傳：「爲博士官置弟子五十人，復其身。一歲皆輒課，能通一藝以上，補文學掌故缺。其高第，可以爲郎中。太常籍奏。卽有秀才異等，輒以名聞。」

昭帝時，增博士弟子員滿百人。宣帝末，增倍之。元帝設員千人，成帝末增弟子員三千人。而博士亦遞增。

沈約宋書百官志：「漢武建元五年，初置五經博士。宣、成之世，五經家法稍增，經置博士一人，至東京凡十四人。」

然爲增立博士，每啟爭端。其著者：孝宣時有公羊、穀梁之爭。穀梁終亦得立博士。

漢書儒林傳：「瑕丘江公受穀梁春秋及詩於魯申公。武帝時，江公與董仲舒並。仲舒通五經，能持論，善屬文，江公吶於口，上使與仲舒議，不如仲舒。而丞相公孫弘，本爲公羊學，比輯其議，卒用董生。於是上因尊公羊家，詔太子受公羊春秋。由是公羊大興。」此爲公羊與穀梁之第一爭，公羊勝而遂得立博士也。然江公既爲申公之弟子，而申公魯詩亦立於博士，知其所傳穀梁春秋，當不至背道非聖，遠異於魯詩。公羊與魯詩同立學官，與穀梁又何至遽成水火哉？其兩家之勝負，亦決於二人之口辯與公孫弘之黨同，及武帝一時之好惡而已。此范寧所以有「廢興由於好惡，盛衰繼於辯訥」之歎也。而後人舊案重提，各復專治公、穀以續董、江之爭，此孟子所謂「是亦不可以已」者耶。

「太子既通，復私問穀梁而善之。其後寖微，而蔡千秋學之最篤。及宣帝即位，聞衛太子好穀梁春秋，以問丞相韋賢，長信少府夏侯勝，及侍中樂陵侯史高，皆魯人也；言穀梁子本魯學，公羊氏乃齊學，宜興穀梁。時千秋爲郎，召見，與公羊並說，上善穀梁說，擢千秋爲諫大夫。千秋病死，徵江公孫爲博士。劉向受詔治穀梁，欲令助之。」此公羊與穀梁之第二爭，穀梁勝而亦得立博士也。其初由於宣帝好奇，韋賢諸人以同鄉之見祖魯學，宣帝以抉微之意護千秋，劉向以帝王之詔治穀梁，經術之異同，亦如是而已耳。

「江博士復死，乃徵周慶、丁姓（皆治穀梁學）待詔保宮，使卒授十人。自元康中始講，至甘露元年，積十餘歲，皆明習。乃召五經名儒，太子太傅蕭望之等，大議殿中，平公羊、穀梁同異，各以經處是非。時公羊博士嚴彭祖，侍郎申輓、伊推、宋顯，穀梁議郎尹更始，待詔劉向、周慶、丁姓，並論。公羊家多不見從，願請內侍郎許廣，使者亦並內穀梁家中郎王亥。各五人，議三十餘事。望之等十一人各以經誼對，多從穀梁。由是穀梁之學大盛，慶、姓皆爲博士。」此公羊、穀梁之第三爭，經政府之刻意袒護，而穀梁終得立博士也。

孝哀時，有劉歆求立毛詩、古文尚書、逸禮、左氏春秋之爭。

劉歆傳：「歆及向始皆治易，宣帝時，詔向受穀梁春秋，十餘年，大明習。及歆校祕書，見古文春秋左氏傳，歆大好之，數以難向，向不能非間也，然猶自持其穀梁義。」此見學者之先入爲主，門戶之見，雖在大賢父子之間，猶不能免，則無怪他日之博士矣。

「及歆親近，欲建立左氏春秋及毛詩、逸禮、古文尚書，皆立於學官。哀帝令歆與五經博士講論其義，諸博士或不肯置對。歆因移書太常博士責讓之，其言甚切。諸儒皆怨恨，師丹爲大司空，奏歆改亂舊章，非毀先帝所立。上曰：『歆欲廣道術，亦何以爲非毀哉？』歆由是忤執政大臣，爲衆儒所訕，懼誅，求出補吏。」

則後儒所謂今古文相爭之第一案也。然在當時，亦未嘗有今古文相爭之名。平帝時，左氏春秋、毛詩、逸禮、古文尚書亦均立博士。（漢書儒林傳贊）王莽時，劉歆又爲周官經立博士。（藝文志）至東漢，乃有十四博士，

後漢書儒林傳：「光武中興，立五經博士，各以家法教授。易有施、孟、梁丘、京氏，尚書歐陽、大、小夏侯，詩齊、魯、韓、毛（毛字衍），禮大、小戴，春秋嚴、顏，凡十四博士。」

則皆仍西漢之舊，而穀梁、左氏、毛詩、古文尚書、逸禮諸書則皆缺。惟左氏諸書，經劉歆力爭置博士，當時傳習者已衆，承其學者，乃時與朝廷博士之學相抗衡。其事之著者：光武時，有范升與陳元爭立費氏易及左氏春秋，

後漢書范升傳：「建武時，尚書令韓歆上疏欲爲費氏易、左氏春秋立博士，范升奏曰：『臣聞主不稽古，無以承天，臣不述舊，無以奉君。陛下愍學微缺，勞心經藝，情存博聞，故異端競進。近有司請置京氏易博士，羣下執事，莫能據正。京氏既立，費氏怨望，左氏春秋復以比類，亦希置立。京、費已行，次復高氏。春秋之家，又有騶、夾。如令左氏、費氏得置博士，高氏、騶、夾，五經奇異，並復求立。各有所執，乖戾分爭。從之則失道，不從則失人。將恐陛下必有厭倦之聽。』」又陳元傳：「元聞之，乃詣闕上疏，謂：『往者孝武皇帝好公羊，衛太子好穀梁，有詔詔太子受公羊，不得受穀梁。孝宣皇帝在人間時，聞衛太子好穀梁，於是獨學之。及卽位，爲石渠論，而穀梁氏興。至今與公羊並存。先帝後帝，各有所立，不必相因也。』帝卒立左氏學。諸儒以左氏之立，論議讙譁。自公卿以下，數廷爭之，左氏復廢。」此爲求立左氏之第二爭案也。觀范、陳之疏，可以見兩派所持議論之一斑。

章帝時，有賈逵、李育爭公羊及左氏優劣，

儒林傳：「李育少習公羊春秋，頗涉獵古學，作難左氏義四十一事。建初四年，詔與諸儒論五經於白虎觀，育以公羊義難賈逵，往反皆有理證，最爲通儒。」此亦以左氏起爭也。

桓帝、靈帝時，有何休與鄭玄爭公羊及穀梁、左氏優劣，

> 又儒林傳：「何休與其師博士羊弼，追述李育意，以難二傳，作公羊墨守，左氏膏肓，穀梁廢疾。」又鄭玄傳云：「玄乃發墨守、鍼膏肓、起廢疾。休見而嘆曰：『康成入吾室，操吾矛以伐我乎！』初中興之後，范升、陳元、李育、賈逵之徒，爭論古今學，後馬融答北地太守劉瓌及玄答何休，義據通深，由是古學遂明。」此則非爭於朝廷，而純以著述爲學術之討論也。何休墨守公羊兼攻左、穀，鄭玄於左、穀亦一體辯護，實均以立官不立官爲爭點也。然自書籍可以不藉立官而傳布，於是古文遂盛，而立官之今文終亦不得掩之矣。

此皆當時所謂今古文之爭也。其爭點以左氏爲主，

> 皮錫瑞春秋通論：「漢今古文家相攻擊，始於左氏、公羊，而今古文家相攻若仇，亦惟左氏、公羊爲甚。四家易之於費氏易，三家尚書之於古文尚書，三家詩之於毛詩，雖不並行，未聞其相攻擊。（漢博士惟以尚書爲備，亦未嘗攻古文。）惟劉歆請立左氏，則博士以左邱明不傳春秋抵之。各經皆有今古文之分，未有相攻若春秋之甚者。」

其用意在請立官置博士，與禁抑其立官置博士而已。然當劉歆校秘書，初見古文左氏，則左氏之傳習猶未盛也。故歆請立官而諸博士或不肯置對，「猥以不誦絕之」，是當時諸博士多未見古文左氏也。及東漢時，范升、陳元之爭，范升奏左氏之失十四事，又上左氏春秋不可錄三十一事。李育、賈逵之爭，育難左氏義四十一事。何休墨守公羊，而亦兼治二傳，故著書論其得失。是當時雖阻抑左氏立官者，亦未嘗不誦習其書。則書籍之流布傳授，已不如西漢之艱難，故學者得以博綜兼覽，實不必有賴於立官之博士。此則當時一大進步也。

東漢諸儒，家居教授者，指不勝屈。其弟子之多，亦過於西漢之經師。（參讀牟長、宋登、杜撫、丁恭、樓望、謝該、蔡玄、馬融諸傳。）教養諸生，常有千數。私家傳授之盛，先漢遠所不逮。又東漢諸儒，多尚兼通，（參讀儒林傳任安、孫期、張馴、尹敏、包咸、景鸞、召馴、張元、李育、何休、潁容、許慎、蔡元、魏禧諸人，並杜林、鄭興、賈徽、賈逵、張楷、張衡、馬融諸傳。）而最著者，爲鄭玄。本傳稱其「造太學受業，師事京兆第五元先，通京氏易、公羊春秋、三統曆、九章算術，又從東郡張恭祖受周官、禮記、左氏春秋、韓詩、古文尚書。以山東無足問者，乃西入關，因涿郡盧植事扶風馬融，遊學十餘年，乃歸鄉里。」則後漢儒者，博綜兼覽之風，較之先漢專己守殘之習，又迴不侔矣。蓋社會嚮學之風既盛，而師傳講習，積之既久，則困難日減，以視劉歆所謂「因陋就寡，分文析字，煩言碎辭，學者罷老且不能究其一藝」，與夫「建元以上，一人不能獨盡其經，或爲雅，或爲頌，相合而成。泰誓後得，博士集而讀之」者，其情勢既異，則豪傑之士，自不甘於專己守殘，而博士官學，乃不足以盡饜學者之望，則民間古學之盛，亦固其宜也。

且當時所謂今古文者，考其實，亦均爲「今文」而非「古文」。故前漢有「今文」之實，而未嘗有「今文」之名。後漢則有「古文」之名，而無「古文」之實者也。

日知錄：「按漢書藝文志，尚書古文經四十六卷，又孝經古孔氏一篇，皆出孔氏壁中。又有中古文易經，不言其所出。又禮古經五十六卷，春秋古經十二篇，論語古二十一篇，但言古，不言文。而赤眉之亂則已焚燒無遺。後漢書杜林傳曰：『林前於西州得漆書古文尚書一卷，常寶愛之，雖遭艱困，握持不離身，出以示衛宏、徐巡，宏、巡益重之，於是古文遂行。』是東京古文之傳，惟尚書而已。」

龔自珍總論漢代今文古文名實曰：「伏生壁中書，實『古文』也，歐陽、夏侯之徒，以『今文』讀之，傳諸博士，後世因曰伏生『今文』家之祖，此失其名也。孔壁固『古文』也，孔安國以『今文』讀之，則與博士何以異？而曰孔安國『古文』家之祖，此又失其名也。『今文』『古文』，同出孔子之手，一爲伏生之徒讀之，一爲孔安國讀之。未讀之先，皆『古文』矣。既讀之後，皆『今文』矣。惟讀者不同，故其說不同。源一流二，漸至源一流百。此如後世翻譯，一語言也，而兩譯之，三譯之，或至七譯之，譯主不同，則有一本至七本之異。未譯之先，皆彼方語矣。既譯之後，皆此方語矣。其所以不得不譯者，不能使此方之人曉殊方語。故經師之不能不讀者，不能使漢博士及弟子員悉通周古文。然而譯語者未嘗取所譯之本而毀棄之也，殊方語自在也，讀尚書者不曰以今文讀後而毀棄古文也，故其字仍散見於羣書及許氏說文解字之中，可求索也。又譯字之人，必華、夷兩通，而後能之。讀古文之人，必古、今字盡識，而後能之。此班固所謂『曉古今語』者，必冠世大師。如伏生、歐陽生、夏侯生、孔安國庶幾當之，餘子皆不能也。此『今文』『古文』家之大略也。」

吳汝綸寫定今文尚書二十八篇敍：「自漢氏言尚書有『今文』『古文』，其別由伏、孔二家，二家經皆出壁中，皆『古文』，而皆以『今文』讀之。歐陽、夏侯受伏氏讀，不見其壁中書。壁中書本『古文』，以傳鼂錯入中秘，自是『今文』始盛行。安國與其徒亦故用『今文』教授。二家之異，在篇卷多寡耳，不在文古今也。太史公言：『尚書滋多自孔氏。』而劉歆議立逸書，譏太常『以尚書爲備』。其時膠東庸生遺學，亦以多十六篇與中古文同。凡前漢儒重孔氏學，稱『古文』逸書，皆以此。及賈、馬、鄭之徒出，乃始斷斷於『古文』之二十八篇，而廢棄其逸十六篇，以無師說絕不講。鼂錯所受壁中書，雖朽折，至哀帝時尚在，（按：此據劉歆移太常書：「今其書見在，時師傳讀而已。」）孔氏『古文』若廢棄逸十六篇不講，而止傳伏氏所傳二十八篇，則與鼂錯所受書何以異？且又何以大遠於『今文』耶？」

則當時所謂爭者，豈不在於文字之異本、篇章之多寡而已哉？豈不在於立官置博士而已哉？

今再綜述兩漢經籍今古文異同，以見大概：

一、易：武帝時，立易經博士。宣帝時，分立爲施（讎）、孟（喜）、梁丘（賀）三家。元帝時，又立京氏（房）。

按：漢書儒林傳：「及秦禁學，易爲卜筮之書，獨不禁。」藝文志：「及秦燔書，而易爲卜筮之事，傳者不絕。」則易本通行民間，秦又不禁，疑本已有今文，故漢初治易者特多，以「書易得，文易習」也。漢武爲立博士，以本爲古文之故。

藝文志：「劉向以中古文易經校施、孟、梁丘經，或脫去無咎悔亡，惟費氏經與古文同。」師古曰：「中者，天子之書也。書言中，以別於外耳。」是漢內廷有古文易，惟當與今文易無大異。

後漢書儒林傳：「東萊費直傳易，本以古字，號古文易。」　今按：「本以古字」者，明三家本不以古字，亦見費氏傳後，亦不以古字也。因其本以古字而號「古文易」，知東漢時號「古文」者，不必眞爲古文矣。

隋書經籍志：「陳元、鄭眾皆傳費氏之學，馬融又爲其傳，以授鄭玄，玄作易注，荀爽又作易傳，魏代王肅、王弼並爲之注，自是費氏大興，高氏遂衰。」

二、書：武帝時，立書歐陽氏（生）博士。宣帝時，添立大、小夏侯（勝）（建）。

按：漢書儒林傳：「伏生故爲秦博士，孝文時，求能治尚書者，天下亡有，聞伏生治之，欲召。時伏生年九十餘，老，不能行，乃詔太常使掌故鼂錯往受之。秦時焚書，伏生壁藏之，其後大兵起，流亡。漢定，伏生求其書，亡數十篇，獨得二十九篇，即以教於齊、魯之間。伏生教張生及歐陽生。」據此，伏生壁中書當係古文，其授張生及鼂錯後，乃傳寫爲今文也。

劉歆移書太常博士曰：「孝文皇帝始使掌故鼂錯從伏生受尚書，尚書初出屋壁，朽折散絶。泰誓後得，博士集而讀之。」劉向別錄曰：「民有得泰誓於壁內者，獻之，與博士，使讀說之，數月皆起，傳以教人。」可證尚書皆古文，遭秦禁，故至天下無治其書者。伏生書合泰誓共二十九篇，爲今文。

漢書藝文志：「古文尚書者，出孔子壁中。武帝末，魯共王壞孔子宅，欲以廣其宮，而得古文尚書及禮記、論語、孝經凡數十篇，皆古字也。孔安國者，孔子後也，悉得其書，以考二十九篇，得多十六篇。獻之，遭巫蠱事，未列於學官。」（是爲古文尚書。）劉向以中古文校歐陽、大、小夏侯三家經文，酒誥脫簡一，召誥脫簡二，率簡二十五字者，脫亦二十五字，簡二十二字者，脫亦二十二字。文字異者七百有餘。脫字數十。中古文即孔安國所獻也。劉歆移書云：「藏之秘府，伏而未發。」即指此。太常博士以伏生尚書爲備，無缺佚，拒歆。

後漢書杜林傳云：「林前於西州得漆書古文尚書一卷，常寶愛之，雖遭艱困，握持不離身，出以示衛宏、徐巡曰：『林流離兵亂，常恐斯經將絶，何意東海衛子、濟南徐生復能傳之！是道竟不墜於地也！「古文」雖不合時務，然願諸生無悔所學。』宏、巡益重之。於是『古文』遂行。」（古文之亡，當在三國兵爭之會，乃有東晉梅賾之僞古文尚書。）

三、　詩：文帝時立魯詩（申公），韓詩（韓嬰）景帝時，增立齊詩（轅固）博士。

按：藝文志：「詩遭秦而全者，以其諷誦，不獨在竹帛故也」。劉歆移書：「詩先師起於建元之間，當此之時，一人不能獨盡其經，或爲雅，或爲頌，相合而成。」則詩或出於諷誦，其寫錄當用今文，而傳授亦特廣。

又儒林傳：「毛公，趙人，治詩，爲河間獻王博士。」此爲古文。（及鄭玄箋詩以毛本爲主，又兼採三家，於是鄭箋行而「今文」齊、魯、韓三家詩廢。）

王國維漢時古文本諸經傳考：「漢志毛詩二十九卷，不言其爲古文，河間獻王傳列舉所得古文舊書，亦無毛詩。至後漢始以毛詩與古文尚書、春秋左氏傳並稱，當以三者同爲未列學官之學，非以其同爲古文也。其實毛詩當小毛公（萇）、貫長卿之時，已不復有古文本矣。」據此則詩經之在漢世，皆今文也。

四、　禮：武帝時立禮經博士。宣帝時，分立大戴（德）、小戴（聖）兩家。

按：漢書藝文志：禮古經五十六卷，經十七篇，記百三十一篇。

又：「周之衰，諸侯將踰法度，惡其（禮）害己，皆滅去其籍，自孔子時而不具，至秦大壞。漢興，魯高堂生傳士禮十七篇。」（此爲今文。）

又：「禮古經者，出於魯淹中，及孔氏，與十七篇文相似，多三十九篇。」（此爲古文。）

劉歆移書云：「魯恭王得古文於壞壁，逸禮有三十九。」

儀禮疏云：「高堂生傳十七篇，是今文也。孔子宅得古儀禮五十六篇，其字皆篆書，是古文也。古文十七篇，與高堂生所傳同，而字多不同。餘三十九篇，絶無師說，秘在於館。」

禮記正義引鄭玄六藝論：「漢興，高堂生得禮十七篇，後得孔氏壁中河間獻王古文禮五十六篇，記百三十一篇。（班固云：「七十子後學者所記也。」）傳禮者十三家，惟高堂生及五傳弟子戴德、戴聖名在也。」戴德傳記八十五篇，戴聖傳記四十九篇。錢大昕曰：「百三十一篇者，合大、小戴所傳而言。小戴記四十九篇，曲禮、檀弓、雜記皆以簡策重多，分爲上下，實止四十六篇。合大戴之八十五篇，正協百三十一篇之數。」據此，則河間所得記，二戴傳之。而孔壁逸經則無傳也。史記以五帝德、帝繫姓爲「古文」，然二戴爲今文十七篇博士，知六藝今古文初無界限矣。

又按：禮既自孔子時已不全，今觀儀禮、禮記類爲戰國中晚時作品，而亦稱「古文」者，此由當時儒家作僞與尊傳統之故。

五、春秋：武帝時立春秋公羊博士。宣帝時分立嚴（彭祖）顔（安樂）兩家。又立穀梁博士，至東漢而罷，故不在十四博士内。

按：藝文志春秋古經十二篇，錢大昕曰：「謂左氏經也。」經十一卷，公羊、穀梁二家。錢大昕曰：「漢儒傳春秋者以左氏爲古文，公羊、穀梁爲今文。」

文獻通考戴宏序云：「漢景時，公羊壽與弟子胡母子都著以竹帛，其後傳董仲舒，以公羊顯於朝，又四傳至何休，爲經傳集詁，其書遂大傳。」知公羊傳書成漢世，只有今文，無古文。徐彦公羊傳疏曰：「左氏先著竹帛，故漢時謂之古學，公羊漢世乃興，故謂之今學。」是也。潛研堂集：「鄭司農云：『古者書義爲誼，儀爲義。』今考中庸述孔子之言曰：『仁者人也，義者宜也。』是孔氏古文爲誼之證也。董生云：『仁者人也，義者我也。』是漢初改誼爲義之證也。董生治公羊春秋，故許叔重五經異義以公羊、穀梁爲今文說，左氏爲古文說。」經典釋文引桓譚新論云：「左氏傳遭戰國寢藏，後百餘年，魯人穀梁赤作春秋殘篇，多有遺文。又有齊人公羊高緣經文作傳，彌失本事。」據此，則穀梁亦後出今文，而猶雜以古文也。自來皆以穀梁爲今文，近人崔適春秋復始斥爲古文，顧實漢書藝文志講疏亦證其初爲古文，不知穀梁本在今古之間。

許慎說文序云：「北平侯張蒼獻春秋左氏傳。」王充論衡：「左傳三十篇，出恭王壁中，蓋非事實。」漢書劉歆傳：「初左氏傳多『古文』古言，學者傳訓故而已，及劉歆治左氏，引傳文以解經，轉相發明，由是章句義理備焉。」據此，則今文博士謂「左氏不傳春秋」（劉歆移書），「不祖孔子」（范升傳），亦自有說。今考左傳殆成於吳起之徒，字皆「古文」者，晉書束晳傳：「太康二年，汲郡人盜發魏襄王墓，得竹書數十車，漆書皆『科斗字』。」知其時自以古文也。史記稱爲春秋古文者，如鐸椒、虞卿、呂不韋、陸賈著書，皆稱春秋，初非謂魯之春秋也。

以上敍五經今古文異同，大略粗具。以今考之，易、詩二者，當時本無大爭。古文尚書與逸禮皆在篇章多寡之間。「今文」博士必以尚書、禮爲備，難避「專己守殘」之譏。春秋則公羊與左氏絕殊，遠非文字異同篇章多少之類，在當時自爲相爭焦點。今文博士斥左氏「不傳春秋」，未爲誣讕。然謂公羊口說相傳，源於子夏，即亦不可信耳。則二者之爭，豈不如五十步之與百步？公羊空談，終不如左氏實事。故左氏雖見抑遏，未得立官，而私學日盛，卒以大行。則其是非得失之數，固不操於漢廷之博士，而實操於學術之公評也。其他尚有周官，當時亦成爭點，而史文未詳。

賈公彥序周禮廢興云：「周官孝武之時始出，秘而不傳，至劉歆校理秘書，始得列序，著於錄略。時眾儒並出，共排以爲非。」毛奇齡經問：「周禮爲周末秦初儒者所作，謂之周人禮則可，謂之『僞周禮』，則不可。以並無有『周禮』一書，而此竊襲之以假其文也。是以是書在前，亦早有知其非者，如漢林孝存稱爲『末世瀆亂不驗之書』，何休斥之爲『六國陰謀之書』，惟鄭康成獨論注之，過尊爲『周公致太平之跡』。周禮不明，禮記雜篇皆戰國後儒所作，而儀禮、周禮則又在衰周之季，呂覽之前。故諸經說禮皆無可據，而漢世註經者，必雜引三禮以爲言，此亦不得已之事，原非謂此聖人之經，不刊之典也。若或又謂是書出於漢孝成之世，係漢人所作，並非周人，則不然。」此論極平允，周禮係戰國末年書，而亦寫以古文者，非儒家之託古，即其尊傳統，故不用六國今文，而必用詩、書古文也。

論語、孝經雖有今古文而未起爭端。

論衡正說篇：「論語漢興失亡，至武帝發取孔子壁中古文，得二十一篇。宣帝下太常博士時，尚稱書難曉，名之曰傳。後更隸寫以傳誦。」此亦古文轉爲今文之一例也。

所謂漢今古文之爭者，如斯而止。大抵今文諸家，上承諸子遺緒，用世之意爲多。古文諸家，下開樸學先河，求是之心爲切。無今文之啟行，則經學無向榮之望。無古文之後殿，則經學無堅久之效。此自學風推移，與時消息，非盡人意。而晚近學者，張皇幼眇，謂當時今古壁壘，若何森嚴，彼此界劃，判若鴻溝；尋其淵源，爲之部署，怪言奇論，相生無窮，將以辨孔學之眞相，決是非之定讞，則亦徒勞之事也。然漢儒今古文之爭，其情實雖僅止此，而實中國學術潮流一縮影也。何以言之？當春秋之季，孔子慨於「是可忍孰不可忍」，而夢見周公，自負後起，遂開諸子之先河，爲學術之濫觴，是孔子之以「古」爭「今」也。逮夫儒、墨攘臂，同言堯、舜，而莊周、韓非目擊世變，痛論排抵，其極至於秦人，統學歸政，焚詩、書，坑儒士，則又以「今」爭「古」也。及乎漢興，黃、老、申、商，厥勢未衰，而公孫、董氏，重提古文，漢武從之，崇古黜今；而今文博士，曲學阿世，自爲一閥，別有古學，崛起相抗；是同爲以「古」爭「今」也。東漢末葉，古學既盛，經籍之餘，勢可薰天，會稽王充，獨標異幟，譏切時俗，不蹈陳見，是又以「今」爭「古」也。乃有嵇、阮，扇風揚波，清談是尚，脫略禮法。玄風推盪，皈依西土。豪傑之士，遠行求法，大造譯事。雖往異域，闢新徑，而實何異於有志之士之想慕夫唐、虞、三代之盛者？是亦一以「古」爭「今」也。及其達摩東來，禪宗繼起，直指本心，不著一字，萬千經典，如撥重霧，則又以「今」爭「古」也。久而倦焉，則又返尋六經，而有濂、洛、關、閩之學，則復以「古」爭「今」矣。然格物窮理，難免支離，鵝湖之會，異同既判，陽明一出，遂揭良知，則又以「今」爭「古」也。自龍溪、泰州之後，疏決洪瀾，掀翻天地，東林、崑山，遞相挽掩，顧氏之言曰：「經學卽理學也。」則重爲以「古」爭「今」也。從此吳、皖樸學，蔚成風氣，而常州一派，遂倡今文，康、梁因之而言變法，則又以「今」爭「古」也。自此而下，迄於今茲，文藝思潮，波譎雲詭，深識之士，惄焉憂之。或尋故國之文獻，或究西歐之實業。要其崇實黜虛，捨我依人，將重爲以「古」爭「今」之勢，則斷可知也。學術之道，或反而求之於己，或推而尋之於人，「今」「古」之爭，遂若循環而無端。彼漢儒貇貇，固亦無逃於此矣。

第五章　晚漢之新思潮

自漢武置五經博士，利祿之途，人所競趨。至於東漢，而經學遂臻全盛。然物極則反，事窮則變，於是有抱革新之思想，出其獨見，以與習俗時風相抗衡，而開思潮之新向者，則會稽王充其人也。蓋漢儒說經，其功力所注，厥有兩途：一曰讖緯。一曰傳注。讖緯雜於方士，傳注限於師法。二者皆利祿之所致也。讖緯雖有不同，

> 四庫提要易緯：「案儒者多稱讖緯，其實讖自讖，緯自緯，非一類也。讖者，詭爲隱語，預決吉凶。史記秦本紀稱盧生奏錄圖書之語，是其始也。緯者，經之支流，衍及旁義。史記自序引易『失之毫釐，差以千里』，漢書蓋寬饒引易『五帝官天下，三王家天下』，注者均以爲易緯之文是也。蓋秦漢以來，去聖日遠，儒者推闡論說，各自成書，與經原不相比附。如伏生尚書大傳，董仲舒春秋陰陽，核其文體，即是緯書。特以顯有主名，故不能託之孔子。其他私相撰述，漸雜以術數之言，既不知作者爲誰，因附會以神其說。迨彌傳彌失，又益以妖妄之詞，遂與讖合而爲一。」

皮錫瑞經學歷史：「緯與讖有別。圖讖本方士之書，與經義不相涉。漢儒增益秘緯，乃以讖文牽合經義。其合以經義者近醇，其涉於讖文者多駁。故緯醇駁互見，未可一概詆之。」

然皆原於陰陽，爲漢儒本色。

洪頤煊經義叢鈔：「圖讖乃術士之言，與經義初不相涉。至後人造作緯書，則因圖讖而牽合於經義，其於經義，皆西京博士家言，爲『今文』之學者也。蓋前漢說經者，好言災異，易有京房，尚書有夏侯勝，春秋有董仲舒；其說頗近於圖讖，著緯書者因而文飾之。易、書、春秋言災異者多，故緯書亦多。詩、禮、樂言災異者少，故緯書亦少。」

及王莽託言符命，

漢書王莽傳：「是月（平帝崩），前煇光謝囂奏：『武功長孟通浚井，得白石，上圓下方，有丹書著石，文曰：告安漢公莽爲皇帝！』符命之起自此始。」

光武信重圖讖，

趙翼二十二史劄記：「光武微時，有蔡少公者，學讖云：『劉秀當爲天子。』或曰：『是國師公劉秀耶？』（劉歆以讖文欲應之，故改名秀。）光武戲曰：『安知非僕？』（鄧晨傳）其後破王郎，降銅馬，羣臣方勸進，適有舊同學彊華者，自長安奉赤伏符來，曰：『劉秀發兵捕不道，四夷雲集龍在野，四七之際火爲主。』羣臣以爲受命之符，乃卽位於鄗南。是讖記所說，於光武有徵，故光武尤篤信其術。甚至用人行政，亦以讖書從事。且廷臣中有信讖者，則登用之。賈逵欲尊左氏傳，乃奏曰：『五經皆無證圖讖以劉氏爲堯後者，惟左氏有明文。』（左傳：『陶唐氏既衰，其後有劉累學擾龍，范氏其後也。范歸晉後，其處者爲劉氏。』）由是左氏傳遂得選高才生習。（逵傳）其不信讖者，則貶黜隨之。帝以尹敏博學，使校圖讖，令蠲去崔發爲王莽著錄者。敏曰：『讖非聖人所作，其中多近鄙別字。恐疑誤後生。』帝不聽，敏乃因其闕文增之曰：『君無口，爲漢輔。』帝召敏詰之對曰：『臣見前人增損圖書，故學爲之耳。』帝深非之。（敏傳）桓譚對帝言：『臣不讀讖書。』且極論讖書之非經，帝大怒，以爲非聖無法，欲斬之。（譚傳）帝又語鄭興，欲以讖斷郊祀。興曰：『臣不學讖。』帝怒曰：『卿非之耶？』興詭辭對曰：『臣於書有所不學，而無所非也。』興數言政事，帝以其不善讖，終不任用。（興傳）是光武之信讖書，幾等於聖經賢傳，不敢有一字致疑矣。」

而此風益甚。

趙翼二十二史劄記：「朱浮自言：『臣幸得與講圖讖。』（浮傳）蘇竟與劉龔書曰：『孔子秘經，爲漢赤制，元包幽室，文隱事明，火德承堯，雖昧必亮。』（竟傳）鄭康成戒子，亦自言『睹秘書緯術之奧』。（康成傳）所謂『上有好者，下必有甚焉』者也。范蔚宗曰：『世主以此論學，悲哉！』」

朱彝尊說緯：「東漢之世，以通七緯者爲內學，通五經者爲外學。其見於范史者無論，謝承後漢書稱姚浚『尤明圖緯秘奧』。又稱：『姜肱博通五經，兼明星緯。』載稽之碑碣，於有道先生郭泰，則云：『考覽六經，探綜圖緯。』於太傅胡廣，則云：『探孔子之房奧。』於太尉楊震，則云：『明河洛緯度，窮神知變。』當時之論，咸以內學爲重。」

傳注解說之勤，亦動輒數十萬言。

漢書儒林傳贊：「自武帝立五經博士，開弟子員，設科射策，勸以官祿，訖於元始（平帝），百有餘年，傳業者寖盛，支葉蕃滋，一經說至百餘萬言，大師衆至千餘人，蓋祿利之路然也。」

王充論衡效力篇：「王莽之時，省五經章句，皆爲二十萬，博士弟子郭路夜定舊說，死於燭下。」

桓譚新論：「秦近君能說堯典，篇目兩字之說，至十餘萬言，說『曰若稽古』三萬言。」

後漢書周防傳：「撰尚書雜記三十二篇，四十萬言。」景鸞傳：「著述凡五十餘萬言。」鄭玄傳：「玄所注凡百餘萬言。」伏湛傳：「湛弟黯，明齊詩，改定章句。湛兄子恭傳黯學，減省黯章句爲二十萬言。」

桓榮傳：「榮受朱普章句四十萬言，榮減爲二十三萬言，其子郁又刪省成十二萬言。」

劉歆所謂「苟因陋就寡，分文析字，煩言碎辭，學者罷老且不能究其一藝」者，蓋先漢已然，而後漢爲尤甚也。故漢儒之學，用力雖勤，而溺於迷信，拘於尊古，至其末流，弊益彰著。王充則對此潮流而下銳利之宣戰書者也。其著述傳後者爲論衡。

後漢書王充傳：「王充字仲任，會稽上虞人也。少孤，鄉里稱孝。後到京師，受業太學，師事扶風班彪，好博覽，而不守章句。家貧無書，常游洛陽市肆，閱所賣書，一見輒能誦憶，遂通衆流百家之言。後歸鄉里，屏居教授，以爲俗士守文，多失其眞，乃閉門潛思，絕慶弔之禮，戶牖牆壁，各置刀筆，著論衡八十五篇，二十餘萬言。年漸七十，志力衰耗，乃造養性書十六篇，裁節嗜欲，頤神自守。」

其自述著作之意，則在批評世俗傳說，以期符於眞實。

論衡自紀篇：「旣疾俗情，作譏俗之書。又閔人君之政，徒欲治人，不得其宜，不曉其務，愁精苦思，不睹所趨，姑作政務之書。又傷僞書俗文，多不實誠，故爲論衡之書。」又對作篇：「論衡者，所以詮輕重之言，立眞僞之平，非苟調文飾辭，爲奇偉之觀也。其本皆起人間有非，故盡思極心以譏世俗，冀悟迷惑之心，使知虛實之分。」又佚文篇：「詩三百，一言以蔽之，曰『思無邪』。論衡篇以十數，亦一言也，曰『疾虛妄』。」

其對於當時傳統思想，爲有力之攻擊者凡四：一爲反對天人相應陰陽災變之說，

又自然篇：「天之不欲生五穀絲麻以衣食人，由其有災變不欲以譴告人也。物自生而人衣食之，氣自變而人畏懼之。」「三皇之時，坐者于于，行者居居，乍自以爲馬，乍自以爲牛，純德行而民瞳矇，曉惠之心，未形生也。當時亦無災異。如有災異，不名曰譴告。何則？時人愚惷，不知相繩責也。末世衰微，上下相非，災異時至，則造譴告之言矣。夫今之天，古之天也。非古之天厚，而今之天薄也。譴告之言，生於今者，以人心準況之也。」「夫天無爲故不言。災變時至，氣自爲之，夫天地不能爲，亦不能知也。」寒溫、譴告、變動、招致（原闕）、明雩、順鼓、亂龍、遭虎、商蟲、講瑞、指瑞、是應、治期、自然、感類諸篇，皆論此事。

一爲反對聖人先知與神同類之說，

又實知篇：「所謂神者，不學而知。所謂聖者，須學以聖。以聖人學，知其非神。」

「聖不能神，則賢之黨也。」

又知實篇：「使聖人達視遠見，洞聽潛聞，與天地談，與鬼神言，知天上地下之事，乃可謂神而先知，與人卓異。今耳目聞見，與人無別，遭事覩物，與人無異。差賢一等耳，何以謂神而卓絕？夫聖猶賢也。人之殊者謂之聖，則聖賢差小大之稱，非絕殊之名也。」「故夫賢聖者，道德智能之號。神者，眇茫恍惚無形之實。實異，質不得同。實鈞，效不得殊。聖神號不同，故謂聖者不神，神者不聖。」

實知、知實、定賢諸篇皆論此。

自今觀之，聖賢同類，與神異實之論，若爲極平常之見地。而在當時，今文博士災異讖緯之學，方瀰漫於一世，莫不尊孔子若神明，以謂一切前知，造爲荒誕之說，以媚漢而自重。

實知篇載當時儒者之言曰：「孔子將死，遺讖書曰：『不知何一男子，自謂秦始皇，上我之堂，踞我之牀，顛倒我衣裳，至沙邱而亡。』又曰：『董仲舒亂我書。』又書曰：『亡秦者胡也。』」按：此皆「今文」經生媚漢自重之證也。聖人早知秦之當亡，卽不啻默許漢之當王也。案書篇曰：「讖書云：『董仲舒亂我書。』蓋孔子言也。讀之者或謂亂我書者，煩亂孔子之書也。或以爲亂者理也，理孔子之書也。共一『亂』字，理之與亂，相去甚遠。夫言煩亂孔子之書，才高之語也。其言理孔子之書，亦知奇之言也。」 今按：「今文」經生下一「亂」字，煞費苦心。孔子徑謂仲舒理我書，則若仲舒地位過高，人不之信。孔子謂亂我書，則閃爍其辭，若惡之而深喜之，若斥之而深許之矣。「今文」家之淺陋而可笑，率類此。

愚者信之，黠者喜之，喜之切而亦不自禁其信之焉。則欺人者所以自欺，而孔子遂爲教主，諸書遂爲經典，讖緯遂爲符命。則王充之論，亦誠不可以已也。一爲反對尊古卑今之論，

又齊世篇：「夫上世治者聖人也，下世治者亦聖人也。聖人之德，前後不殊，則其治世，古今不異。」

「上世何以質樸，下世何以文薄？彼見上世之民，飲血茹毛，無五穀之食，後世穿地爲井，耕土種穀，飲井食粟，有水火之調；又見上古巖居穴處，衣禽獸之皮，後世易以宮室，有布帛之飾，則謂上世質樸，下世文薄矣。」

「世人見當今之文薄也，狎侮非之，則謂上世樸質，下世文薄。猶家人子弟不謹，則謂他家子弟謹良矣。」

「使當今說道深於孔、墨，名不得與之同，立行崇於曾、顏，聲不得與之鈞。何則？世俗之性，賤所見，貴所聞也。」

齊世、宣漢、恢國、驗符、須頌、佚文諸篇，均論此意。

一爲反對專經章句之學，

又謝短篇：「夫儒生之業五經也，南面爲師，旦夕講授章句，滑習義理，究備於五經可也。五經之後，秦漢之事，不能知者，短也。夫知古而不知今，謂之陸沉。然則儒生所謂陸沉者也。五經之前，至於天地始開，帝王初立者，主名爲誰，儒生又不知也。夫知今不知古，謂之盲瞽。五經比於上古，猶爲今也。徒能說今，不曉上古，然則儒生所謂盲瞽者也。」

「儒生不能知漢事，世之愚蔽人也。」

又效力篇：「諸生能傳百萬言，不能覽古今，守信師法，雖辭說多，終不爲博。」

又別通篇：「顏淵曰：『博我以文。』才知高者，能爲博矣。顏淵之曰博者，豈徒一經哉？今不能博五經，又不能博眾事，守信一學，不好廣觀，無溫故知新之明，而有守愚不覽之闇，其謂一經是者，其宜也。」

「學士同門，高業之生，眾共宗之。何則？知經指深，曉師言多也。夫古今之事，百家之言，其爲深也多，豈徒師門高業之生哉？」

又超奇篇：「凡貴通者，貴其能用之也。即徒誦讀，讀詩諷術，雖千篇以上，鸚鵡能言之類也。」「故夫能說一經者爲儒生，博覽古今者爲通人，采掇傳書以上書奏記者爲文人，能精思著文連結篇章者爲鴻儒。故儒生過俗人，通人勝儒生，文人踰通人，鴻儒超文人。故夫鴻儒，所謂超而又超者也。」

又書解篇：「知政失者在草野，知經誤者在諸子。諸子尺書，文明實是，說章句者，終不求解扣明，師師相傳，初爲章句者，非通覽之人也。」

程材、量知、謝短、效力、別通、超奇、狀留諸篇，皆論此意。時人又謂儒生不及文吏，故篇中亦附辯焉。

以尊古卑今之見，守專經章句之業者，此則漢儒之通病，爲習「今古文」學者所同然也。上舉四點，誠爲漢儒短處。王充能得其癥結，施以批導，於是視聽一新，風尚丕變。雖亦運會所趨，不盡學者著述之功，而所謂鴻儒之篇章，其勢力要不可輕視也。此外對於儒書儒說，世俗迷信，一切虛妄，均加辯詰。

物勢、奇怪、書虛、變虛、異虛、感虛、福虛、禍虛、道虛、語增、儒增、藝增、談天、説地、死僞、紀妖、正統諸篇皆辯儒書虛妄。龍虛、雷虛、論死、訂鬼、四諱、調時、譏日、卜筮、辯祟、難歲、詰術、解除、祀義、祭意諸篇，皆發世俗迷誤。

而其轉移三百年學術思想，開後來之新局者，則在退孔、孟而進黄、老，

論衡有問孔、非韓（非）、刺孟。蓋孔孟儒者，當時所重。韓非刑名，亦得用事。漢人始則黄老刑名，終則陰陽刑名，刑名始終見信。王充著書力辯儒生不如文吏之説，足徵當時風尚也。孟子亦自西漢時已大行，觀鹽鐵論所叙賢良文學應對，大抵依據孔、孟，而證引孟氏之言尤多。後儒謂孟子至唐、宋始見尊信，亦非。

自然篇：「説合於人事，不入於道意，從道不隨事，雖違儒家之説，合黄、老之義也。」其挹引黄、老處，多不勝舉。

輕聞見而重心知。

論衡立說，凡世間事物，無論古來傳說如何，當時習俗如何，一一反向自心，問其是非。故其書雖若向外尋索，實主內心批評。與其謂之重證驗，不如謂之重思考。下舉數語，可明其意。

知實篇：「如心揣度，以決然否。」

正說篇：「留精用心，考實根核。」

對作篇：「考之以心，效之以事，虛浮之事，輒立證驗。」

薄葬篇：「夫論不留精澄意，苟以外效立事是非，信聞見於外，不詮訂於內，是用耳目論，不以心意議也。夫以耳目論，則以虛象爲言。虛象效，則以實事爲非是。故是非者，不徒耳目，必開心意。墨議不以心而原物，苟信聞見，則雖效驗章明，猶爲失實。失實之議，難以教，雖得愚民之欲，不合知者之心。喪物索用，（溺喪外物，以求實用。）無益於世，此蓋墨術所以不傳也。」　此節評「墨」頗精闢。其論與莊子相符。可見論衡雖疾虛妄，求眞實，而特重「內心詮訂」之實，非關「耳目聞見」之實。因耳目聞見則仍不免爲虛象也。墨子三表：「上本之上古聖王之事，下原察百姓耳目之實，發以爲刑政，觀其中國家百姓人民之利。」（非命上）方法若甚細密。然本此而論有天志，有鬼，而不自知其誤，則以過重實效，而不能詮訂於內心也。王充於上古聖王傳說，最所懷疑；於百姓耳目及人民利益，均不注重。故曰「從道不隨事」。其輕視事實與功利之態度，亦可見矣。

其影響於當時之學術界者甚大。王符著潛夫論，仲長統著昌言，崔寔著政論，劉邵著人物志，應劭著風俗通義，皆「指訐時短，討擿物情」，棄章句而慕「超奇」，有王氏之風焉。外如蔡邕、王朗，

袁山松後漢書：「充所作論衡，中土未有傳者。蔡邕入吳始得之，恆祕玩以爲談助。其後王朗爲會稽太守，又得其書。及還許下，時人稱其才進。或曰：『不見異人，當得異書。』問之，果得論衡之益。由是遂見傳焉。」抱朴子曰：「時人嫌蔡邕得異書，或搜求其帳中隱處，果得論衡，抱數卷持去。邕丁寧之曰：『惟我與爾共之，勿廣也！』」

孔融，

後漢書孔融傳：「路粹枉狀奏融曰：『融前與白衣禰衡跌蕩放言，云：父之於子，當有何親？論其本意，實爲情欲發耳。子之於母，亦復奚爲？譬如寄物瓶中，出則離矣。』」今按：史文雖云路粹枉奏，恐融亦自有此論，非粹所能造也。其論蓋發自論衡，而融自喜之耳。論衡物勢篇：「天地合氣，人偶自生。由夫婦合氣，子則自生也。夫婦合氣，非當時欲得生子，情欲動而合，合而子生矣。」又自然篇：「萬物自生，天不須復與也。由子在母懷中，父不能知也。物自生，子自成，

天地父母，何與知哉？」此種議論，新奇可喜，宜其聳動一時之觀聽，而儒家五六百年來以孝治天下之倫理，根本遭其打擊矣。

藝文類聚八十五引：孔文舉爲北海相，有遭父喪，哭泣墓側，色無憔悴，文舉殺之。又有母病瘥，思食新麥，家無，乃盜熟麥而進之。文舉聞之，特賞曰：「無有來討，勿復盜也。」盜而不罪者，以爲勤於母飢。哭而見殺者，以爲形悲而心否。　今按：如此等處，脱略形迹，直求本心，上承王充之緒，下開魏晉清談之端。當時學者態度之激變，未可輕忽視也。

又藝文類聚十二引孔融周武王漢高祖論，似從論衡宣漢、恢國諸篇中出，魏文兄弟論周成漢昭優劣，亦是一意。

御覽三百五十六引孔融云：「古聖作犀兕革鎧，今益領鐵鎧，絕聖甚遠。」七百六十二引孔融云：「賢者所制，或跨聖人。水碓之巧，勝於斷木掘地。」均取論衡齊世篇所譏世俗「高古下今貴聞賤見」之意。

王粲，

王粲難鍾荀太平論取意論衡儒增諸篇。儒吏論似論衡程材、量知。粲嗣子業，業子卽輔嗣也。

曹植，

相論、辨道論、令禽惡鳥論諸篇，均受論衡影響。

阮籍，

阮籍大人先生傳：「君子之處域內，何異夫蝨之處褌中乎？」語襲論衡奇怪篇：「人雖生於天，猶蟣虱生於人。」物勢篇：「人之於天地也，猶魚之於淵，蟣虱之於人也。」

晉書阮籍傳：「籍性至孝，母終，正與人圍棋，對者求止，籍留與決賭，既而飲酒二斗，舉聲一號，吐血數升。及將葬，食一蒸豚，飲二斗酒，然後臨訣，直言窮矣，舉聲一號，因又吐血數升。毀瘠骨立，殆至滅性。裴楷往弔之，籍散髮箕踞，醉而直視。」如此行徑，雖若奇特，推其心理，亦由求實際而愛批評中來。其根源亦在論衡。薄葬篇：「儒家以爲死人無知，不能爲鬼，然而賻祭備物者，亦不負死以觀生也。夫言死無知，則臣子倍其君父。故曰喪祭禮廢，則臣子恩泊；臣子恩泊，則倍死亡先；倍死亡先，則不孝獄多。聖人懼開不孝之源，故不明死無知之實。」此論儒家注重葬祭心理極顯豁。既而批評其是非，則曰：「異道不相連。事生厚，化自生。雖事死泊何損於化？使死者有知，倍之非也。如無所知，倍之何損？明其無知，未必有倍死之害。不明無知，成事已有賊生之費。未死之時，求卜問醫，冀禍消、藥有益矣。既死之後，雖審如巫咸，良如扁鵲，終不復生。何則？知死氣絕，終無補益。治死無益，厚葬何差乎？」又曰：「死親之魂，定無所知。今厚死人，何益於恩？倍之弗事，何損於義？」嗣宗非不孝其母，然母則既死，匍匐而歸，哭泣躃踊，此復奚益？朝一溢米，暮一溢米，食粥自苦，於死何關？所以臨訣而飲二斗酒，又加以一蒸豚，而曰「禮豈爲我輩設」也。（世說新語卷五）此非王充薄葬之意乎？又王充傳：「充少孤，鄉里稱孝。」王鳴盛十七史商権以論衡自紀篇歷詆其祖父之惡，又直呼父名，不言諱，疑之。孔融十三喪父，史稱其：「哀悴過毀，扶而後起，州里歸其孝。」而路粹奏其云云，其判哭父又云云。此皆與阮籍一路，必以世俗禮法繩之，則不識其眞性情之所在也。

其人言論行事，皆足以鼓盪一世，爲人心所歸仰；而莫不捨兩漢之舊風，慕王氏之新趨；則其魔力之大，爲如何矣？然考其所論，指摘儒生，評彈世俗，誠已卓越。而開示大道，標揭正義，所以牖民定俗，以覺世之迷罔而達之於天德者，則王氏猶非其任。其議論之所至，每多缺憾。而尤以絕端之命定論爲甚。蓋墨家「非命」，所以戒人之惰。儒家「知命」，所以勸人之勤。兩家立說，皆本人事。王充則「從道不隨事，合黃、老之義」，一守「自然」而主命定。其初特以破公羊天人感應之說，而矯枉過正，使人爽然失其用力之意。

命祿篇：「命富之人，筋力自強。命貴之人，才智自高。」又：「天命吉厚，不求自得。天命凶薄，求之無益。」

又：「信命者則可幽居俟時，不須勞精苦形求索之。」此論一人之禍福吉凶，無係乎人爲也。

治期篇：「世之治亂，在時不在政。國之安危，在數不在教。賢不賢之君，明不明之政，無所損益。」又：「賢君能治當安之民，不能化當亂之世。」又：「世治非賢聖之功，衰亂非無道之致。」

又：「教之行廢，國之安危，皆在命時，非人力也。」此論一世之治亂安危，無係乎人爲也。

逢遇、累害、命祿、氣壽、幸偶、命義、無形、率性、吉驗、偶會、骨相、初禀、本性、物勢、奇怪諸篇，皆發命定之義。

循至於典午清談，視亡國若無事，亦未始非王氏之論有以助成之也。

章太炎五朝學：「孔融刺青州，爲袁譚所攻，流矢雨集，猶隱几讀書，談笑自若，城陷而奔。阮簡爲開封令，有劫賊，外白甚急。簡方圍棋，長嘯曰：『局上有劫甚急。』斯蓋王導、謝安所從受法。」

至其重心知，蔑耳目，尚思辨，略證驗，惟求理論之一貫，不問事實之效應；故雖深疾虛妄，冀悟迷惑，而後人之受其影響者，轉在彼而不在此；則亦非王氏之初願也。

章太炎檢論學變：「論衡趣以正虛妄，審鄉背，懷疑之論，分析百端，有所擿發，不避上聖，漢得一人焉，足以振恥，至於今亦尟有能逮者也。然善爲蠭芒摧陷而無樞要足以持守，惟內心之不光潁，故言辯而無繼。」不知王氏之影響於後世者，正在其主內心之詮訂，與命定自然之說，皆其積極建樹之所在，其力尤勝於其所欲摧陷也。

第六章　魏晉清談

東漢之季，士厭於經生章句之學，四方學者，會萃京師，漸開游談之風。

後漢書郭泰傳：「林宗博通墳籍，善談論，美音制，乃游於洛陽。始見河南尹李膺，膺大奇之，遂相友善，於是名震京師。」

又符融傳：「融游太學，師事少府李膺。膺夙性高簡，每見融，輒絕他賓客，聽其言論。融幅巾奮袖，談辭如雲，膺每捧手歎息。」

至於魏世，遂有「清談」之目。

魏志劉劭傳：「夏侯惠薦劭曰：『臣數聽其清談，覽其篤論，漸漬歷年，服膺彌久。』」時當明帝青龍中。「清談」之目，似始見於此。

及正始之際，而蔚成風尚。

日知錄：「魏明帝殂，少帝卽位，改元正始，凡九年。其十年，則太傅司馬懿殺大將軍曹爽，而魏之大權移矣。三國鼎立，至此垂三十年。一時名士風流盛於洛下。乃其棄經典而尚老、莊，蔑禮法而崇放達，視其主之顛危若路人然，卽此諸賢爲之倡也。自此以後，競相祖述，如晉書言王敦見衞玠，謂長史謝鯤曰：『不意永嘉之末，復聞正始之音！』沙門支遁以清談著名於時，莫不崇敬，以爲『造微之功，足參諸正始』。宋書言羊玄保有二子，太祖賜名曰粲曰咸，謂玄保曰：『欲令卿二子有林下正始餘風。』王微與何偃書曰：『卿少陶玄風，淹雅修暢，自是正始中人。』南齊書言袁粲言於帝曰：『臣觀張緒有正始遺風。』南史言何尚之謂王球：『正始之風尚在。』其爲後人企慕如此。」

何晏、王弼爲時宗師，

晉書王衍傳：「魏正始中，何晏、王弼等，祖述老、莊立論，以爲天地萬物，皆以無爲本。無也者，開物成務，無往不存者也。陰陽恃以化生，萬物恃以成形，賢者恃以成德，不肖恃以免身。故無之爲用，無爵而貴矣。」

竹林諸賢，聞聲繼起。

晉書嵇康傳：「康所與神交者，惟陳留阮籍，河内山濤。豫其流者，河内向秀，沛國劉伶，籍兄子咸，琅琊王戎。遂爲竹林之游，世所謂竹林七賢也。」

至於王衍、樂廣，流風愈暢。

晉書樂廣傳：「廣與王衍，俱宅心事外，名重於時。故天下言風流者，王、樂爲稱首焉。」

又王衍傳：「後進之士，莫不景慕放效，矜高浮誕，遂成風俗。」

典午既東，此風盛於江左，習尚相沿，直至隋業一統，始見革除。

趙翼二十二史劄記清談之習：「當時父兄師友之所講求，專推究老、莊以爲口舌之助，五經中惟崇易理，其他盡閣束也。至梁武帝始崇尚經學，儒術由之稍振。然談義之習已成，所謂經學者，亦皆以爲談辯之資。又梁時五經之外，仍不廢老、莊，且又增佛義。晉人虛僞之習，依然未改，且又甚焉。風氣所趨，積重難返。直至隋平陳之後，始掃除之。蓋關、陝樸厚，本無此風。魏、周以來，初未漸染。陳人之遷於長安者，又已衰隳不振，故不禁而自消滅也。」

此三百年間之風氣，自古學者，率致輕蔑之意，且盛加非難，甚則以謂乃五胡之亂所由興焉。

干寶晉記總論：「風俗淫僻，恥尚失所：學者以莊、老爲宗，而黜六經；談者以虛薄爲辯，而賤名檢；行身者以放濁爲通，而狹節信；進仕者以苟得爲貴，而鄙居正；當官者以望空爲高，而笑勤恪。其倚仗虛曠，依阿無心者，皆名重海內。若夫文王日昃不暇食，仲山甫夙夜匪懈者，蓋共嗤點以爲灰塵而相詬病矣。」

晉書儒林傳序：「有晉始自中朝，迄於江左，莫不崇飾華競，祖述虛玄，擯闕里之正經，習正始之餘論，指禮法爲流俗，目縱誕以清高。遂使憲章弛廢，名教頹毀，五胡乘間而競逐，二京繼踵以淪胥。運極道消，可爲長歎息者矣。」

日知錄：「講明六經，鄭玄、王肅爲集漢之終；演說老、莊，王弼、何晏爲開晉之始。以至國亡於上，教淪於下，羌戎互僭，君臣屢易，非林下諸賢之咎而誰咎哉？」

雖間有持平之論，

王通中說周公篇：「詩、書盛而周世滅，非仲尼之罪也。玄虛長而晉室亂，非老、莊之罪也。齋戒修而梁國亡，非釋迦之罪也。」此則典午之亂，不足以罪老、莊也。

葉正則習學記言：「何晏論治心愼習，放鄭聲，遠佞人，欲因幸式乾殿，游豫後園，使大臣侍從，從容戲宴，兼省文書，詢謀政事，講論經義，爲萬世法。此疏殆晏所謂格君事業者乎？（按：本疏載魏志齊王芳八年。）然方晏等用事，而當時經生學士，謀臣武將，皆無以爲然者。彼固不足以知之矣，而晏等以急利競進之心，當幼君驕相之勢，行人所不能知之學，固所以不旋踵而覆其族歟。」

又：「王凌子廣論何晏、丁（謐）、畢（軌）、桓（範）、鄧（颺），所存雖高，事不下接；同日斬戮，名士減半，而百姓莫哀。及司馬懿情雖難量，事未有逆，廣樹勝己，擢用賢能等語。裴松之以爲前史不載，皆習鑿齒自造。（按：此見魏志王凌傳注。）前史載與不載，不必問，然此乃魏晉人議論兩黨根柢，非虛言也。蓋夏侯玄、何晏以器韻玄遠，爲一時表則，士之神雋朗邁者爭宗之。其老成重樸有局幹者，皆所不悅。此司馬懿所以能乘機取魏柄，俗人甘心爲之役而不怪。然雖能取魏，而晏、玄之標度風流，已不可掩抑。所以晉人終於成俗，而向之不悅者，久亦消折，後生遂靡然矣。余觀三代之後，道德喪壞，義利不並立，雖孔、顏、孟軻，不容有晉、楚之位，況晏、玄挾高名而競厚利，自無全理。」

又：「傅咸言：『正始中任何晏以選舉，內外衆職，各得其材，粲然之美，於斯可觀。』按：陳壽史、習鑿齒書，及王肅、傅嘏等所論，皆不如此。然則成敗之毀譽，好惡之是非，蓋未足以爲千載之準的也。而學者信之，過矣。」此則正始之際，有政爭之成敗，有學風之新舊；史册所載，未盡得實，而何晏、夏侯玄之徒，亦未必即爲後事之禍首也。

章炳麟五朝學：「魏、晉者，俗本之漢，陂陀從迹以至，非能驟潰。濟江而東，民有甘節，清劭中倫，無曩時中原媮薄之德，乃度越漢時也。言魏、晉俗敝者，始干寶晉紀，葛洪又臚言之。觀洪漢過、刺驕二篇，漢俗又無以愈魏、晉。王符作潛夫論，迹盛衰，譏漢俗最甚。雖干寶論晉弗能過。漢之純德，在下吏諸生間，雖魏、晉不獨失也。魏、晉之侈德，下在都市，上即王侯貴人，雖漢不獨亡也。粤晉之東，下訖陳盡，五朝三百年，往惡日湔而純美不忒，此爲江左有愈於漢。徒以江左劣弱，言治者必暴摧折之，不得其徵，即以清言爲狀。」此謂江左有愈漢世也。

然於當時三百年學術風尚主要精神所在，則未見有爲之抉發者。是毀譽抑揚，要爲不得其眞也。蓋凡一時代之學術風尚，必有其一種特殊之精神，與他一時代迥然不同者。必明乎此，而後可以推闡其承先啟後之迹，與其功罪得失之所在也。余嘗謂先秦諸子，自孔子至於李斯，三百年學術思想，一言以蔽之，爲「平民階級之覺醒」。今魏晉南朝三百年學術思想，亦可以一言蔽之，曰「個人自我之覺醒」是已。此其端，肇自王充，倡内心批評之説，傳統之尊嚴既弛，而個人之地位漸以襮著。又值世亂，生命塗炭，道義掃地，志士灰心，見時事無可爲，遂轉而爲自我之尋究。今舉當時風會所趨，言論行事，傾動一世，後人所目爲清談家派數者，一以「自我覺醒」之一語觀之，卽可以得其眞精神之所在，而知我言之不誣也。

蓋王、何學風，首貴「體無」。

晉書王衍傳，見前引。

故平叔有「無名」之論，

張湛列子注引何晏無名論：「爲民所譽，則有名者也。無譽，無名者也。夫聖人名無名，譽無譽，謂無名爲道，無譽爲大；則夫無名者可以言有名矣，無譽者可以言有譽矣。然與夫可譽可名者，豈同用哉？此比於無所有，故皆有所有矣。」

輔嗣有「無累」之辯，

何劭王弼傳（見魏志鍾會傳注引）：「何晏以爲聖人無喜怒哀樂，其論甚精，鍾會等述之。弼與不同，似爲聖人茂於人者神明也，同於人者五情也。神明茂，故能體沖和以通無，五情同，故不能無哀樂以應物。然則聖人之情，應物而無累於物者也。今以其無累，便謂不復應物，失之多矣。」

必無名無累，而後可以無物。亦必無名無累，而後可以明我也。此其意暢發之於嵇、阮。故其譏世俗也，則曰：「以多自證，以同自慰。」

嵇康養生論：「措身失理，亡之於微。積微成損，積損成衰，從衰得白，從白得老，從老得終，悶若無端。仰觀俯察，莫不皆然。以多自證，以同自慰。謂天地之理，盡此而已矣。縱聞養生之事，則斷以所見，謂之不然。」

又曰：「以多同自減，思不出位。」

嵇康答難養生論：「凡若此類，上以周、孔爲關鍵，畢志一誠。下以嗜欲爲鞭策，欲罷不能。馳驟於世教之內，爭巧於榮辱之間，以多同自減，思不出位。使奇事絕於所見，妙理斷於常論。以言變通達微，未之聞也。」

曰：「多恃前言以爲談證。」

嵇康聲無哀樂論：「夫推類辨物，當先求自然之理。理已定，然後借古義以明之耳。今未得之於心，而多恃前言以爲談證；自此以往，恐巧歷不能紀。」

又曰：「溺於常名，莫能自反。」

嵇康釋私論：「神以喪於所惑，而體以溺於常名。心以制於所憯，而情有繫於所欲。咸自以爲有是，而莫賢乎己。未有功期之慘，駭心之禍，遂莫能收情以自反，棄名以任實。乃心有是焉，匿之以私。志有善焉，措之爲惡。」

此皆未曉無名之旨，因以見制於外者也。

老子曰：「名可名，非常名。」又曰：「天下皆知善之爲善，斯不善矣，天下皆知美之爲美，斯不美矣。」蓋名之所存，天下爭趨而忘我。故言大道無名，將以使天下歸眞而返樸也。何晏無名論與嵇康溺名之誚，特所從言之異耳，其意則一本也。

曰：「各求其好，恣意所存。」

阮籍樂論：「自衰末之爲樂也，其物不眞，其器不固，其制不信；取於近物，同於人間，各求其好，恣意所存。」

又曰：「心奔於欲，不適所安。」

阮籍達莊論：「夫守十五之數，審左右之名，一曲之說也。循自然，性天地者，寥廓之談也。凡耳目之官，名分之施，處官不易司，舉奉其身，非以絕手足，裂肢體也。然後世之好異者，不顧其本，各言我而已矣，何待於彼。殘生害性，還爲讎敵。斷割肢體，不以爲痛。目視色而不顧耳之所聞，耳傾聽而不待心之所思，心奔欲而不適性之所安。故疾疹萌而生意盡，禍亂作而萬物殘矣。」

曰：「勞躬役物，自畢臊穢。」

阮籍答伏羲書：「觀吾子之趨，欲衒傾城之金，求百錢之售；制造天之禮，擬膚寸之檢；勞玉躬以役物，守臊穢以自畢，沈牛跡之浥薄，慍河漢之無根。其陋可愧，其事可悲。」

又曰：「懷欲求多，詐僞要名。」

阮籍大人先生傳：「今汝造音以亂聲，作色以詭形。外易其貌，內隱其情。懷欲以求多，詐僞以要名。君立而虐世，臣設而賊生。坐制禮法，束縛下民。欺愚誑拙，藏智自神。強者睽眠而凌暴，弱者憔悴而事人。假廉以成貪，內險而外仁。罪至不悔過，幸遇則自矜。」

此皆未曉無累之趣，因以見制於內者也。外不能識無名，內不能達無累，則我之爲我者僅矣。故必破樊籠，脫牽制，一體於無，而後可以明我也。故其標學的也，則曰：「舒綱籠世，開模範俗。」

阮籍答伏羲書：「夫人之立節也，將舒網以籠世，豈樽樽以入罔？方開模以範俗，何暇毁質以適檢？」

又曰：「物情順通，越名任心。」

嵇康釋私論：「夫稱君子者，心無措乎是非，而行不違乎道者也。何以言之？夫氣靜神虛者，心不存於矜尙。體亮心達者，情不繫於所欲。矜尙不存乎心，故能越名教而任自然。情不繫於所欲，故能審貴賤而通物情。物情順通，故大道無違。越名任心，故是非無措也。是故言君子，則以無措爲衷，以通物爲美。言小人，則以匿情爲非，以違道爲闕。」

然而未嘗薄事爲也，

阮籍通易論：「易之爲書也，覆燾天地之道，囊括萬物之情。道至而反，事極而變。反用應時，變用當務。應時故天下仰其澤，當務故萬物恃其利。」

未嘗輕禮樂也，

阮籍樂論：「尊卑有分，上下有等，謂之禮。人安其生，情意無哀，謂之樂。禮定其象，樂平其心。禮治其外，樂化其內。禮樂正而天下平。」

嵇康聲無哀樂論：「古人知情之不可放，故抑其所遁。知欲之不可絕，故因其所自。爲可奉之禮，制可導之樂。口不盡味，樂不竭音。揆終始之宜，度賢愚之中，爲之檢則，使遠近同風，用而不竭。亦所以結忠信，著不遷也。」

未嘗泯賢愚，忘善惡，讀是非也。

嵇康釋私論：「傲然忘賢而賢與度會，忽然任心而心與善遇，儻然無措而事與是俱。」

要其意，在於篤僞薄而守志，

阮籍通易論：「君子是以行重乎恭，喪重乎哀，篤僞薄也。」

嵇康家誡：「人無志，非人也。但君子用心，所欲準行，自當量其善者，必擬議而後動。若志之所之，則口與心誓，守死無二。恥躬不逮，期於必濟。若心疲體懈，或牽於外物，或累於內欲，不堪近患，不忍小情，則議於去就，則二心交爭，則向所見役之情勝矣。或有中道而廢，或有不成一簣而敗之。以之守則不固，以之攻則怯弱；與之誓則多違，與之謀則善泄；臨樂則肆情，處逸則極意。故雖繁華熠燿，無結秀之勳。終年之勤，無一旦之功。斯君子所以歎息也。」

阮籍達莊論：「至人清其質而濁其文，死生無變而未始有云。夫別言者，壞道之談也。折辯者，毁德之端也。氣分者，一身之疾也。二心者，萬物之患也。故夫裝束憑軾者，行以支離。慮在成敗者，坐而求敵。」

明無爲之趣，葆自我之眞。二人文章具在，考其議論，烏有如後世所擬議哉？迹其行事，亦以感激於世變，而遂致謹於言行，進不敢爲何晏、鄧颺，退亦不願與媚權附勢者伍。雖古之箕子佯狂，夷齊避世，亦若是則已耳。

晉書阮籍傳：「籍本有濟世志，屬魏晉之際，天下多故，名士少有全者。籍由是不與世事，遂酣飲爲常。文帝初欲爲武帝求婚於籍，籍醉六十日，不得言而止。鍾會數以時事問之，欲因其可否而致之罪，皆以酣醉獲免。」

世說新語：「晉文王稱阮嗣宗至愼，每與之言，言皆玄遠，未嘗臧否人物。」

嵇康與山巨源絕交書：「阮嗣宗口不論人過，吾每師之，而未能及。至性過人，與物無傷，惟飲酒過差耳。至爲禮法之士所繩，疾之如讎。」

習學記言：「嵇康一志陸沈，性與道會，信無求於世。不幸龍章鳳姿，驚衆炫俗，世猶求之不已，使不以正終，蓋非其罪也。」

世徒以其薄周孔、斥經典而排之，

嵇康與山巨源絕交書：「每非湯、武而薄周、孔，在人間不止此事，會顯世教所不容。」嵇康難自然好學論：「六經以抑引爲主，人性以從欲爲歡。抑引則違其願，從欲則得自然。然則自然之得，不由抑引之六經。全性之本，不須犯情之禮律。故仁義務於理僞，非養眞之要術。廉讓生於爭奪，非自然之所出也。」

然孔子思狂狷，而孟子曰歸潔其身，如嵇、阮者非耶？自此以降，風尚既立，流弊亦起。故阮籍有「不得復爾」之戒，

晉書阮籍傳：「子渾，有父風，少慕通達，不飾小節。籍謂曰：『仲容（咸字）已豫吾此流，汝不得復爾！』」此見籍之所爲，自有隱衷，激而出此，故不願其子弟之效法也。

樂廣有「何必乃爾」之譏，

晉書樂廣傳：「是時王澄、胡母輔之等，皆亦任放爲達，或至裸體者。廣聞而笑曰：『名教內自有樂地，何必乃爾！』」戴逵竹林七賢論：「竹林諸賢之風雖高，而禮教尚峻。迨元康中，遂至放蕩越禮。樂令之言有旨哉！謂彼非玄心，徒利其縱恣而已。」

嵇含有「玄虛助溺」之歎，

晉書忠義傳：「弘農王粹以貴公子尚主，館宇甚盛，圖莊周於室，廣集朝士，使嵇含爲之讚。含援筆爲弔文曰：『帝壻王弘遠，華池豐屋，廣延賢彥，圖莊周垂綸之象，記先達卻聘之事，畫眞人於刻桷之室，載退士於進趣之堂，可謂託非其所，可弔不可讚也。』」其辭有「借玄虛以助溺，引道德以自獎，戶詠恬曠之辭，家畫老莊之象」諸語，可見當時風氣所趨，舉世浮慕。含爲康兄孫，猶有竹林遺意，不得以末流之弊，追貶前賢也。

戴逵有「無可奈何」之嗟，

晉書隱逸傳：戴逵著論曰：「夫親沒而採藥不反者，不仁之子也。君危而屢出近關者，苟免之臣也。而古之人未始以彼害名教之體者何？達其旨故也。達其旨故不惑其跡。若元康之人，可謂好遯跡而不求其本，故有捐本徇末之弊，捨實逐聲之行。是猶美西施而學其顰眉，慕有道而折其巾角；所以爲慕者，非所以爲美，徒貴貌似而已矣。竹林之爲放，有疾而爲顰者也。元康之爲放，無德而折巾者也。可無察乎？且儒家尚譽，本以興賢。既失其本，則有色取之行。懷情喪眞，以容貌相欺，其弊必至於末僞。道家去名，欲以篤實。苟失其本，又有越檢之行。情禮俱虧，則仰詠兼忘，其弊必至於本薄。夫僞薄者，非二本之失，而爲弊者必託二本以自通。夫道有常經，而弊無常情。是以六經有失，王政有弊。苟乖其本，固聖賢所無可奈何也。」逵之此論，最爲持平。

此則古今一體，先後同患，固非當時之獨病矣。然下逮東晉諸士，其擺脫纏縛，力葆我素之態度，則固始終未有變也。茲姑拈二例，以證我說。一爲阮遙集之蠟屐，

晉書阮孚傳：「初，祖約性好財，孚性好屐，同是累而未判其得失。有詣約，見正料財物，客至，屏當不盡，餘兩小簏，以著背後，傾身障之，意未能平。或有詣阮，正見自蠟屐，因自嘆曰：『未知一生當着幾量屐！』神色甚閒暢。於是勝負始分。」

一爲王子猷之訪戴，

晉書王徽之傳：「徽之嘗居山陰，夜雪初霽，月色清朗，四望皓然，獨酌酒，詠左思招隱詩。忽憶戴逵，逵時在剡，便夜乘小船詣之。經宿方至，造門不前而反。人問其故。徽之曰：『本乘興而來，興盡而反，何必見安道耶？』」

此皆足以見晉人之風格也。何以言之？夫好財之與好屐，自今言之，雅俗之判，若甚易辨，得失勝負，未爲難決；而時人不爾者，正見晉人性好批評，凡事求其眞際，不肯以流俗習見爲準，而必一切重新估定其價值也。而晉人估價之標準，則一本於自我之內心。故祖、阮之優劣，即定於其所以爲自我者何如耳。士少見客至，屏當財物，畏爲人見，意未能平，此其所以爲劣也。遙集見客至，蠟屐自若，神色閑暢，此其所以爲優也。凡晉人之立身行己，接物應務，詮衡人物，進退道術者，其精神態度，亦胥視此矣。至如子猷之訪戴，其來也，不畏經宿之遠，其返也，不惜經宿之勞，一任其意興之所至，而無所於屈。其尊內心而輕外物，灑落之高致，不羈之遠韻，皆晉人之所企求而嚮往也。

晉書王徽之傳：「時吳中一士大夫家有好竹，欲觀之，便出坐輿，造竹下，諷嘯良久。主人灑掃請坐，徽之不顧。將出，主人乃閉門。徽之便以此賞之，盡懽而去。」今按：此亦可見晉人風度。灑掃請坐，則走而不顧。閉門強制，乃以此見賞。要之一任內心，不爲外物屈抑，凡清談家行徑，均可以此意求之。若夫聖賢之禮法，家國之業務，固非晉人之所重也。

夫所爲「我」者，或羈軛於外物，或牢錮於宿習，於是而有環境，於是而有趨嚮，而自我之表見，常爲其所摧抑而窒絕。若阮遙集之蠟屐自若，庶乎可以忘人；王子猷之到門卽返，庶乎可以忘我。忘人是無環境也，忘我是無趨嚮也，若是而見其自我之眞焉。此晉人之意也。故其禮法有所不顧，世務有所不問，而一切惟自我之無累爲貴；而世乃以禮法世務責之，宜其不相入也。然晉人之所謂「我」者，終亦未能見「我」之眞也。何則？晉人以「無」爲本，趨嚮不立，則人生空虛，漂泊乘化，則歸宿無所。知擺脫纏縛，而不能建樹理想。知鄙薄營求，而不免自陷苟生。故晉人之清談，譬諸如湖光池影，清而不深，不能具江海之觀，魚龍之奇；其內心之生活，終亦淺弱微露，未足以進窺夫深厚之藏，博大之蘊也。當時有裴頠著崇有論，可謂時代之諍友矣。

晉書裴頠傳崇有論：「夫總混羣本，宗極之道也。方以族異，庶類之品也。形象著分，有生之體也。化感錯綜，理迹之原也。夫品而爲族，則所稟者偏，偏無自足，故憑乎外資。是以生而可尋，所謂理也。理之所體，所謂有也。有之所須，所謂資也。資有攸合，所謂宜也。擇乎厥宜，所謂情也。識智既授，雖出處異業，默語殊塗，所以寶生存宜，其情一也。悠悠之徒，察夫偏質之弊，而覩簡損之善，遂闡貴無之議，而建賤有之論。賤有則必外形，外形則必遺制，遺制則必忽防，忽防則必忘禮，禮制弗存，則無以爲政矣。斯乃昏明所階，不可不審。夫盈欲可損，而未可絶有也。過用可節，而未可謂無貴也。人之既生，以保生爲全。全之所階，以順感爲務。若味近以虧業，則沉溺之釁興。懷末以忘本，則天理之眞滅。故動之所交，存亡之會也。故養既化之有，非無用之所能全也。理既有之衆，非無爲之所能循也。心非事也，而制事必由於心。然不可以制事以非事，謂心爲無也。匠非器也，而制器必須於匠。然不可以制器以非器，謂匠非有也。由此以觀，濟有者皆有也，虛無奚益於已有之羣生哉？」

宋、齊玄風，備見於王僧虔誡子書，

南齊書王僧虔傳：僧虔宋世嘗有書誡子曰：「知汝恨吾不許汝學，吾未信汝，非徒然也。往年有意於史，取三國志聚置牀頭百日許，復徙業就玄。自當小差於史，猶未近彷彿。曼倩有云：『談何容易？』見諸玄，志爲之逸，腸爲之抽，專一書，轉通數十家注，自少至老，手不釋卷，尚未敢輕言。汝開老子卷頭五尺許，未知輔嗣何所道，平叔何所說，馬、鄭何所異，指例何所明，而便盛於麈尾，自呼談士，此最險事。設令袁令（粲）命汝言易，謝中書（朏）挑汝言莊，張吳興（緒）叩汝言老，端可復言未嘗看耶？談故如射，前人得破，後人應解，不解卽輸賭矣。且論注百氏，荆州八袠，又才性四本，聲無哀樂，皆言家口實，如客至之有設也。汝皆未經拂耳瞥目，豈有庖廚不修，而欲延大賓者哉！就如張衡思侔造化，郭象言類懸河，不自勞苦，何由至此？汝曾未窺其題目，未辨其指歸，六十四卦未知何名？莊子眾篇，何者内外？八袠所載，凡有幾家？四本之稱，以何爲長？而終日欺人，人亦不受汝欺也。」

其自言「專一書，轉通數十家注，自少至老，手不釋卷，尚未敢輕言」，此前輩之典型也。謂其子「開老、易卷頭五尺許，未知輔嗣何所道，平叔何所說，馬、鄭何所異，指例何所明，便手捉麈尾，自呼談士」，此後進之氣習也。

王鳴盛十七史商榷：「馬、鄭自是馬融、鄭玄，然二人未嘗注老，恐上文老子當作老、易，觀下並言易、老、莊可知。」　今按：隋書經籍志易下，後漢陳元、鄭眾皆傳費氏之學，馬融又爲其傳，以授鄭玄。玄作易注。隋有鄭玄注周易九卷，梁有馬融注周易一卷，亡。又有周易馬鄭二王四家集注十卷。指例者，如王弼有易略例，嚴遵有老子指歸是也。

袁粲於易，謝朏於莊，張緒於老，此當時風流宗師也。「談故如射，前人得破，後人應解，不解卽輸賭」，此當時談辯情景也。才性四本，傅嘏論才性同，李豐論才性異，鍾會論才性合，王廣論才性離，會合之名四本論。又盧毓論人先舉性行而後言才，李豐問之，毓曰：「才所以爲善也，故大才成大善，小才成小善，今稱有才而不能爲善，是才不中器矣。」蓋與劉卲之見同。（盧毓著九州人士論一卷，通古人論一卷，劉卲著人物志三卷。傅嘏難卲所爲都官考課法而論才性同也。）姚信有士緯新書十卷，姚氏新書二卷，亦有才性四本之辨。

聲無哀樂之類，

嵇叔夜集有聲無哀樂論。

又按：荊州八袠，王鳴盛云：「荊州謂劉表。」（十七史商榷）隋志周易五卷，漢荊州牧劉表章句。梁有漢荊州五業從事宋忠注周易十卷，亡。又裴松之三國志注引英雄記：「表開學宮，博求儒士，使綦毋闓、宋忠等撰定五經章句，謂之後定。」今僧虔書所謂「八袠所載，凡有幾家」，疑尚不止劉表、宋忠二人。王弼乃王粲族孫，其祖父凱與粲同游荊州，表以女妻之，弼父業乃劉表外孫。輔嗣易學淵源，或自荊州，故荊州諸易說，爲後世所重也。

此當時言家口實，謂執談之本，轉相破解者也。此自王弼、何晏、郭象所傳二百年間勝人名士所從出也。然自宋、齊以下，漸尚博涉，老、莊、易理，各有前輩陳説，必當探究，無取虚説。又兼佛學東來，儒術復盛。學者之精神，又漸轉而向外。而自晚漢以來，魏晉相承，所謂「内心批評」「自我覺醒」之眞義，則又漸遠而漸失矣。學風之遷變，其循環往復之跡，率如此也。

第七章　南北朝隋唐之經學注疏及佛典繙譯

論一時代之學術者，首貴乎明其思想主潮之所在，此固也。然參伍錯綜，有其新茁，有其舊遺，旁衍横溢，潛滋暗長於時代主潮之下，而與爲推遷。逮夫時换代變，風尚翻新，則此潛滋暗長者，乃躍起而爲新時代之歸嚮。此又治學術史者所不可不知也。季漢以來，迄於魏晉，本内心批評之精神，而極於自我之發見，一惟以個人小己爲歸宿，此三百年間學術風尚之主潮也。於是而有兩漢舊傳之經籍，循此潮流而蜕化其面目焉。有印度新來之佛教，循此潮流而長養其勢力焉。至於南北朝以下，隋唐一統，清談既歇，而經學、佛教，遂平分學術之天下。溯其淵源，莫非流轉滋長於清談一派主潮之下者也。今分端述其梗概如次：

一　經學注疏

經學自鄭玄注經，折衷異同，

陳澧東塾讀書記鄭學卷：「六藝論云：『注詩宗毛爲主，毛義若隱略，則更表明。如有不同，卽下己意，使可識別也。』（釋文引）此鄭君注經之法，不獨詩箋爲然。鄭君注周禮、儀禮、論語、尙書皆與箋詩之法無異。有宗主，亦有不同，此鄭氏家法也。何邵公墨守之學，有宗主而無不同。許叔重異義之學，有不同而無宗主。惟鄭氏家法，兼其所長，無偏無弊也。」

而博士家法，遂成廢棄。

皮錫瑞經學歷史：「鄭君博學多師，今古文道通爲一，見當時兩家相攻擊，意欲參合其學，自成一家之言。雖以古學爲宗，亦兼采今學，以附益其義。學者苦其時家法繁雜，見鄭君閎通博大，無所不包，衆論翕然歸之，不復舍此趨彼。於是鄭易注行而施、孟、梁邱、京之易不行矣。鄭書注行而歐陽、大、小夏侯之書不行矣。鄭詩箋行而魯、齊、韓之詩不行矣。鄭禮注行而大、小戴之禮不行矣。鄭論語注行而齊、魯論語不行矣。重以鼎足分爭，經籍道息。漢學衰廢，不能盡咎鄭君，而鄭采今古文不復分別，使兩漢家法亡不可考，則亦不能無失。故經學至鄭君一變。」今按：皮氏謂其時學者苦家法繁雜，故翕然歸鄭君，又謂鼎足分爭，經籍道息，皆是也。咎鄭采今古文不復分別，使兩漢家法亡不可考，則非。博士家法，已成弩末，雖無鄭君，亦且衰絕。幸鄭兼采，猶得存什一於千百耳。

中經喪亂，至於魏代，而今文全絕，古文獨傳。

王國維觀堂集林漢魏博士考：「漢世所立十四博士，皆今文學也。古文諸經，終漢之世，未得立於學官。古文學之立於學官，蓋在黄初之際。自董卓之亂，京洛爲墟，獻帝托命曹氏，未遑庠序之事，博士失其官守，垂三十年，今學日微，而民間古文之學乃日興月盛。逮魏初復立太學博士，已無復昔人，其所以傳授課試者，亦絕非曩時之學。蓋不必有廢置明文，而漢家四百年官學今文之統，已爲古文家取而代之矣。於是西京施、孟、梁邱、京氏之易，歐陽、大、小夏侯之書，齊、魯、韓之詩，慶氏、大戴之禮，嚴氏之春秋，皆廢於此數十年之間。不待永嘉之亂，而其亡可決矣。學術變遷之在上者，莫劇於三國之際，而自來無能質言之者，此可異也。」

又魏石經考三：「漢學官所立，皆今文，無古文。而自後漢以來，民間古文學漸盛，至與官學抗衡。逮魏初復立太學，暨於正始，古文諸經，蓋已盡立於學官。此事史傳雖無明文，然可得而微證也。考魏略言黃初中太學初立，有博士十餘人，（後漢書儒林傳及魏志杜畿傳注引。）魏志文帝紀言黃初五年立太學，制五經課試之法，置春秋、穀梁博士。似魏初博士之數，與後漢略同，但增置穀梁一家。然考其實際，則魏學官所立諸經，乃與後漢絕異。齊王芳紀：『正始六年，詔故司徒王朗所作易傳，令學者得以課試。』（卽博士課試五經所用。）王肅傳：『肅爲尚書、詩、論語、三禮、左氏解，及撰定父朗所作易傳，皆立於學官。』又高貴鄉公紀載其幸太學之問，所問之易，則鄭玄注也。所講之書，則馬融、鄭玄、王肅之注也。所講之禮，則小戴記，蓋亦鄭玄、王肅注也。是魏時學官所立諸經，已爲賈、馬、鄭、王之學。其時博士可考者，亦多古文家，且或爲鄭氏弟子也。」

自是有王肅之僞證，

東塾讀書記三國卷：「王肅爲尚書、詩、論語、三禮、左氏解，及撰定父朗所作易傳，皆列於學官。其所論駁朝廷典制、郊祀宗廟、喪紀輕重，凡百餘篇。又集聖證論以譏短鄭康成。其僞作孔子家語，自爲序云：『鄭氏學行五十載矣，義理不安，違錯者多，是以奪而易之。』澧案：魏之典制，多因於漢。鄭君注禮，亦多用漢制。王肅幼爲鄭學，（此王肅語，見周禮媒氏疏。）其後乃欲奪而易之，實欲並奪漢、魏典制而易之，使經義朝章，皆出於己也。肅爲魏世臣，而黨於司馬氏，以傾魏祚。身死之後，其外孫司馬炎篡魏，事事敬王景侯，竟遂其奪而易之之願矣。」

經學歷史：「鄭玄學出而漢學衰，王肅出而鄭學亦衰。肅不好鄭氏，乃僞造孔安國尚書傳、論語、孝經注、孔子家語、孔叢子共五書，以互相證明，託於孔子。」　按：論證詳丁晏尚書餘論。

有杜預之曲說，

春秋宣四年：「鄭公子歸生弑其君夷。」左傳云：「凡弑君稱君，君無道也。稱臣，臣罪也。」杜氏釋例暢衍其說。焦循春秋左傳補疏序論之云：「司馬昭有篡弑之心，收羅才士，以妹妻預。預既目見成濟之事，將有以爲昭飾，且以爲懿、師飾。夫懿、師、昭，亂臣賊子也。賈充、成濟，鄭莊之祝聃、祭足也。王凌、毌邱儉、李豐、王經，則仇牧、孔父嘉之倫也。射王中肩，即抽戈犯蹕也。而預以爲鄭志在苟免王討之非，顯謂高貴討昭之非，而昭禦之爲志在苟免。孔父嘉、仇牧，預皆鍛鍊深文，以爲無善可褒。此李豐之忠而可斥爲奸，王經之節而可指爲貳，居然相例矣。師、昭而後，若裕、若道成、若衍、若霸先、若歡、洋、若泰、若堅、廣，他如石虎、冉閔、苻堅相習成風，而左氏傳杜氏集解適爲之便，故其說大行於晉、宋、齊、梁、陳之世。唐高祖之於隋，亦踵魏晉餘習，故用預說作正義，而賈逵、服虔諸家，由是而廢。」　按：丁晏尚書餘論有杜預左傳注阿附王肅說一篇。又晉書杜預傳記預論諒闇短喪，內外怪惑，謂其違禮合時。蓋王、杜皆晉室葭莩，以朝廷威權行其僞書曲說，則又東漢以下經學之一變也。

有王弼以老、莊注易，

陳振孫書錄解題：「自漢以來言易者，多溺於象占之學。至弼一切掃去，暢以義理，於是天下宗之，餘家盡廢。然王弼好老氏，魏晉談玄，自弼輩倡之。易有聖人之道四焉，去三存一，於道闕矣。況其所謂辭者，又雜異端之說乎？范寧謂罪深於桀、紂，誠有以也。」

今按：漢儒以象占言易，猶不失易爲卜筮書本意。然繫辭言陰陽，本與莊老相通。王弼以莊老言易，自迷信一變而至於哲理，正見學術思想之進步。陳氏惡其亂眞，不免於經生之見也。

朱竹垞王弼論云：「毀譽者，天下之公，未可以一人之是非，偏聽而附和之也。漢儒言易，或流入陰陽災異之說，弼始暢以義理。惟范寧一言，詆其罪深桀、紂，學者過信之，謂其以老莊解易。吾見橫渠易說，開卷詮乾四德，即引『迎之不見其首，隨之不見其後』二語。中間如『谷神』，『芻狗』，『三十輻共一轂』，『高以下爲基』，皆老子言。宋之大儒，何嘗不以老莊言易？然則弼之罪亦何至深於桀、紂耶？」　今按：此論明通。可見自來尊經者，只循其名，不責其實也。

有何晏、皇侃以玄虛説論語，

東塾讀書記論語卷：「何注始有玄虛之語。如子曰：『志於道。』注云：『道不可體，故志之而已。』『回也其庶乎，屢空。』注云：『一曰：空猶虛中也。』自是以後，玄談競起。（例證略。）此皆皇侃疏所采，而皇氏玄虛之説尤多。甚至謂原壤爲方外聖人，孔子爲方内聖人。」

有范寧之破棄顓門以解穀梁，

黄震日鈔：「杜預注左氏，獨主左氏；何休註公羊，獨主公羊；惟范寧不私於穀梁，而公言三家之失。」　按：此亦學術思想進步之證。

皆可以見經學之移步换形，日失其本來面目也。自後南北對峙，學風互異。北人守舊，猶重樸學，理晚漢之墜緒。南人趨新，多尚清談，有兩晉之遺風。

北史儒林傳序：「大抵南北所爲章句，好尚互有不同。江左周易則王輔嗣，尚書則孔安國，左傳則杜元凱，河洛左傳則服子慎，尚書、周易則鄭玄，詩則並主於毛公，禮則同遵於鄭氏。南人簡約，得其英華，北學深蕪，窮其枝葉。」此據唐人之見解以爲評也。汪家禧六朝經術流派論：「王弼注出而易亂，僞孔安國傳出而書亂，杜預集解出而春秋又亂。當時河洛諸儒，雖尚有研求服、鄭者，而好尚不同，反有下里諸生之目。僞學盛行，遽有底止？」此則據清人之見解以爲評也。

至於隋人一統，而北學終亡，南宗獨盛。

隋書經籍志：「易，至隋，王注盛行，鄭學浸微，今殆絕矣。書孔、鄭並行，而鄭氏甚微。春秋杜氏盛行，服義及公羊、穀梁浸微，今殆無師說。」

足徵風氣所趨，無可逆轉。經學之尊嚴，亦且受清談之洗禮，而後得以延其年壽也。

經學歷史：「南朝衣冠禮樂，文采風流，北人常稱羡之。高歡謂：『江南蕭衍老公，專事衣冠禮樂，中原士大夫，望之以爲正朔所在。』是當時北人稱羡南朝之證。經本樸學，非顓家不能解，俗目見之，初無可悅。北人篤守漢學，本近質樸，而南人善談名理，增飾華詞，表裏可觀，雅俗共賞。故雖以亡國之餘，足以轉移一時風氣，使北人捨舊而從之。」

及唐人造五經義疏，一仍隋舊，行南廢北，至是益定。

舊唐書儒學傳：「太宗以儒學多門，章句繁雜，詔國子祭酒孔穎達與諸儒撰定五經義疏，凡一百七十卷，名曰五經正義，令天下傳習。十四年詔曰：『梁皇侃（有禮記疏）、褚仲都（周易疏）、周熊安生（疏周禮、禮記）、沈重（疏禮記、毛詩）、陳沈文阿（疏禮記、左傳）、周弘正（疏周易）、張譏（疏周易、尚書、毛詩）、隋何妥（疏周易）、劉炫（疏尚書、毛詩、左傳）等，並前代名儒，經術可紀，加以所在學徒，多行其疏，宜加優異，以勸後生。可訪其子孫見在者，錄名奏聞，當加引擢。』」

按：唐初五經正義，但有易、書、詩、禮記、左氏春秋，易用王（弼）注，書用孔（安國）僞傳，左氏用杜（預）注，皆係魏晉新說。詩則一崇毛鄭，（南朝咸宗毛傳而鄭玄、王肅兩家每相掊擊。）全棄三家。禮則僅主小戴，（亦宗鄭注。）未及正經；亦沿晚漢之緒，未符兩京之趣。其所採諸家義疏，均爲六朝之學，且又南盛北衰，偏畸甚顯。

自此科舉取士，相沿遵用，

舊唐書高宗紀：「永徽四年，頒孔穎達五經正義於天下，每年明經，令依此考試。」

迄於宋代，遞嬗勿變。而間有增益，所謂十三經注疏者也。

日知錄：「自漢以來，儒者相傳，但言五經。唐時立學官云九經者，三禮、三傳分而習之，故爲九也。其刻石國子學，則云九經，並孝經、論語、爾雅。宋時程、朱諸大儒出，始取禮記中之大學、中庸及進孟子以配論語，謂之四書。本朝因之，而十三經之名始立。其先儒釋經之書，或曰傳，或曰箋，或曰解，或曰學，今謂通之注。書則孔安國傳，詩則毛萇傳，鄭玄箋，周禮、儀禮、禮記則鄭玄注，公羊則何休學，孟子則趙岐注，皆漢人。易則王弼注，魏人。繫辭韓康伯注，晉人。論語則何晏集解，魏人。左氏則杜預注，爾雅則郭璞注，穀梁則范寧集解，皆晉人。孝經則唐明皇御注。其後儒辨釋之書，名曰正義，今通謂之疏。」

言其統一之盛，雖漢武博士有弗逮。

經學歷史：「永徽四年，頒孔穎達五經正義於天下，自唐至宋，明經取士，皆遵此本。夫漢帝稱制臨決，尚未定爲全書，博士分門授徒，亦非止一家數。以經學論，未有統一若此之大且久者。」

然趨於利祿，務在出身，名存實亡，固不足以預夫學術思想之流變焉。

經學歷史：「唐以易、書、詩、三禮、三傳合爲九經，取士。禮記、左傳爲大經，毛詩、周禮、公羊爲中經，周易、尚書、儀禮、穀梁爲小經。以經文多少分大中小三等。取士之法，不得不然。開元八年，國子司業李元瓘上言：『今明經所習，務在出身，咸以禮記文少，人皆競讀。周禮、儀禮、公羊、穀梁以獨學無友，四經殆絕。』開元十六年，楊瑒爲國子祭酒，奏言：『今明經習左氏者十無二三，又周禮、儀禮、公羊、穀梁殆將絕廢。』據此二說，則唐之盛時，諸經已多束閣。蓋大經左氏文多於禮記，中小經周禮、儀禮、公、穀難於易、書、詩故也。」今按：唐代經學內容，卽此兩疏，已可見其大要矣。

二　佛典繙譯

佛教之入中國，蓋在漢末桓、靈之後。

梁啟超佛教之初輸入：「『漢明帝時，始有佛法。』（韓愈諫迎佛骨表語）此二語，殆成爲二千年來公認之史實。吾人心目中，總以爲後漢一代佛教已粲然可觀。乃參稽考證，而殊覺其不然。後漢書西域傳論云：『至於佛道神化，興自身毒，而二漢方志，莫有稱焉，騫、超無聞者，豈其道閉往運，數開叔葉乎？』據此足證兩漢時人，鮮知有佛，官書地志，一無所載；學者立言，絕未稱引。王充者，後漢學者中學識最賅博而最富於批評精神之人也。其所著論衡，對於當時社會流行之思想，無一不加以批判矯正，獨於佛教未嘗一字論列。此卽當時此教未行一有力之反證。故語佛教之初紀元，自當以漢末桓、靈以後爲斷。」

自此以迄中唐，凡七百年，其重要之工作有二：一曰「經典繙譯」，一曰「西行求法」。蓋佛教爲外來之學，其託命在繙譯，亦自然之數也。譯事不足滿其欲，乃起而親行求法，又必至之理也。論譯事託始，亦當自後漢桓、靈時。

梁啟超佛典之翻譯：「僧徒記述譯事，每推本於攝摩騰、竺法蘭，謂今傳四十二章經，實中國最古佛典。騰等於漢明永平十年，隨漢使至洛陽，在白馬寺中譯此。然其書純是魏晉以後文體，其體裁摹仿老子，其內容思想，亦與兩晉談玄之流相接近。殆爲晉人僞託無疑。以吾推斷，我國譯經事業，實始漢桓、靈間，略與馬融、鄭玄時代相當，上距永平八十年矣。」

自此以往，譯業進化，可分三期：一爲外國人主譯期（自東漢至西晉），二爲中外人共譯期（東晉南北朝），三爲本國人主譯期（唐貞觀至貞元）。宋贊寧所謂「初則梵客華僧，聽言揣意，方圓共鑿，金石難和。次則彼曉漢談，我知梵說，十得八九，時有差違。後則（智）猛、（法）顯親往，（玄）奘、（不）空兩通，器請獅子之膏，鵝得水中之乳，印印皆同，聲聲不別」者也。（高僧傳三集）其繙譯界代表人物，初期有安世高，

安息人，後漢桓帝初至洛陽，譯安般守意經等三十九部。

支婁迦讖諸人，

月支人，後漢靈帝光和、中平間，譯出般若道行經、般舟三昧經等十四部。

右兩人實譯業開山之祖，但所譯皆小品，每部罕有過三卷者。任筆受者孟福、張蓮、（俱洛陽人，爲支讖襄譯。）嚴佛調（臨淮人，爲世高襄譯。）最著。

第二期有鳩摩羅什，

其父天竺人，母龜茲王妹。什生於龜茲，九歲隨母歷遊印度，徧禮名師。年十二，已爲沙勒國師。道安聞其名，勸苻堅迎之。堅遣呂光滅龜茲，挾什歸，未至而堅已亡，光挾什滯涼州。至姚秦弘始三年，姚興討光，滅後涼，迎什至長安，備極敬禮。什以弘始三年至十一年凡八年間，譯書踰三百卷。經部之放光般若、妙法蓮華、大集、維摩詰，論部之中、百、十二門、大智度皆成於其手。龍樹派之大乘教義盛行於中國，什之力也。其門下數千人，最著者僧肇、僧叡、道生、道融，時號四聖，皆參譯事。

覺賢，

梵名佛陀跋陀羅，迦維羅衛人，釋尊同族之苗裔也。釋智嚴遊印度，禮請東來，以姚秦中至長安，羅什極敬禮之。既而爲什門諸人排擯，飄然南下。宋武帝禮供，止金陵之道場寺。初支法領得華嚴梵本於于闐，又無譯者。義熙十四年，請覺賢與法業、慧義、慧嚴等共譯之。華嚴開宗，濫觴於此。賢所譯經論十五部，百十有七卷，其在譯界之價值，與羅什埒。

眞諦諸人，

梵名枸那羅陀，西天竺優禪尼國人。以梁武帝大同十二年由海路到中國。陳文帝天嘉、光太間譯出攝大乘論、唯識論、俱舍論等六十四部，二百七十八卷。（大乘起信論舊題眞諦譯，近來學界發生疑問，梁氏別有考證。）無著、世親派之大乘教義傳入中國，自諦始也。

第三期有玄奘，

俗姓陳，洛州人。唐太宗貞觀二年，冒禁出遊印度，十九年歸，凡在外十七年。從彼土大師戒賢受學，邃達法相，歸而獻身從事翻譯。十九年間（西元六四五—六六三）所譯經論七十三部，一千三百三十卷。其最浩瀚者，如大般若經六百卷，大毗婆沙二百卷，瑜伽師地論一百卷，順正理論八十卷，俱舍論三十卷。以一人而述作之富若此，中外古今，恐未有其比也。

義淨諸人，

俗姓張，范陽人。以唐咸亨二年出遊印度，歷三十七年乃歸。歸後專事翻譯，所譯五十六部，二百三十卷，律部之書，至淨乃備。密宗教義，自淨始傳。

總計前後所譯篇數，在五千卷内外。

據元代法寶勘同總錄所述歷代譯人及所譯經卷之數如下：

朝代	譯人	部數	卷數
後漢永平十年至唐開元十八年	一七六	九六八	四五〇七
唐開元十八年至貞元五年	八	一二七	二四二
唐貞元五年至宋景祐四年	六	二二〇	五三二
宋景祐四年至元至元二十二年	四	二〇	一一五

右表乃總括前後大小譯業，略舉其概。其實譯業之中堅時代，僅自晚漢迄盛唐六百年間事。

此眞當時吾國民一大事業也。（此上均根據梁啟超翻譯文學與佛典篇）至於求法運動，亦起三國末年，迄於唐之中葉，前後殆五百年。其有姓名事跡可考者踰百人。

區年代（西元）以校人數，其統計略如下：

第三世紀（後半）　　二人
第四世紀　　五人
第五世紀　　六一人
第六世紀　　十四人
第七世紀　　五六人
第八世紀（前半）　　三一人

右三、四兩紀西遊者，皆僅至西域而止，實今新疆境內耳。其最盛者，爲第五、第七兩世紀，而第六世紀較爲衰頽。此種現象之原因，可從三方面推求之。其一：印度方面，五世紀爲無著、世親出現時代，七世紀爲陳那、護法、清辯、戒賢出現時代，佛教昌明，達於極點，其本身之力，自能吸引外國人之觀光願學。六世紀介在其間，成爲閏位。其二：西域方面，五世紀苻、姚二秦與涼州以西諸國，交涉極密，元魏益收西域之半以爲郡縣，故華、印間來往利便。六世紀則突厥驟強，交通路隔，諸求法者欲往末由，觀玄奘之行，必迂道以求保護於葉護，可窺此中消息。七世紀則唐既定天下，威稜遠播，如履戶庭也。其三：中國方面，四世紀以前，佛教殆爲無條理無意識的輸入，殊不能滿學者之欲望，故五世紀約百年間，相率爲直接自動的輸入運動。至六世紀時，所輸入者已甚豐富，當圖消化之以自建設，故其時爲國內諸宗創立時代，而國外活動力反稍減焉。及七世紀，則建設進行之結果，又感資料不足，於是向百尺竿頭再進，爲第二期之國外運動。此實三百年間留學事業消長之主要原因也。第八世紀後半，印度婆羅門教中興，佛教漸陵夷衰微矣，而中國內部亦藩鎮瘓噬，海宇鼎沸，國人無復餘裕以力於學，故義淨、悟空以後，求法之業，無復聞焉。

莫不冒萬險，歷百艱，而無所屈撓。

當時中印交通，多由西域。第一難關，厥爲流沙。法顯佛國記云：「沙河中多熱風，遇則無全。上無飛鳥，下無走獸，遍望極目，莫知所擬，惟以死人枯骨爲標幟。」慧立慈恩傳云：「莫賀延磧長八百里，四顧茫然，人馬俱絕。夜則妖魑舉火，爛若繁星。晝則驚風捲沙，散如時雨。心無所懼，但苦水盡。四夜五日，無一滴霑喉，口腹乾燥，幾將殞絕。」第二難關，則度嶺也。法顯傳云：「葱嶺冬夏積雪，有惡龍吐毒，風雨砂礫，山路艱危，壁立千仞，鑿石通路，傍施梯道，凡度七百餘所。又躡懸絙過河，數十餘處。」第三難關，則帕米爾東界之小雪山也。佛國記云：「南度小雪山，山冬夏積雪，由山北陰中過，大寒暴起，人皆噤戰，慧景口吐白沫。語法顯云：『我不復活，便可前去，勿俱死。』遂終。法顯悲號力前，得過嶺。」曇無竭傳云：「小雪山瘴氣千重，層冰萬里。下有大江流急若箭。於東西兩山之脅，繫索爲橋，十人一過；到彼岸已，舉煙爲幟，後人見煙，知前已度，方得更進。若久不見煙，則知暴風吹索，人墮江中。復過一雪山，懸崖壁立，無安足處。石壁有故杙孔，處處相對。人各執四杙，先拔下杙，右手攀上杙，展轉相攀，經三日方過。及到平地，料檢同侶，失十二人。」海路艱阻，差減於陸。然以當時舟船之小，駕駛之拙，則其險艱，亦正相頡頏。故法顯東歸，漂流數島，易船三度，歷時三年，海行亦逾二百日。中間船客遇風，謂載沙門不利，議投諸海（見佛國記）。求那跋陀羅絕淡水五日（見梁高僧傳本傳），不空遭黑風兼旬（見唐高僧傳本傳），道普船破傷足，負痛而亡（見梁高僧傳曇無讖傳）。常慜遇難不爭，隨波而沒（見求法高僧傳本傳）。故義淨之行，約侶數十，甫登舟而俱退也（見唐高僧傳本傳）。此猶就途中言之。既到彼國，風土不習，居停無所，其爲困苦，抑又可思。義淨總論之曰：「獨步鐵門之外，亘萬嶺而投身。孤漂銅柱之前，跨千江而遺命。或亡餐幾日，輟飲數晨，可謂思慮銷精神，憂勞排正色。致使去者數盈半百，存者僅有幾人。設令得到西國者，以大唐無寺，飄寄棲然，爲客遑遑，停託無所。」（求法高僧傳原序）固寫實之妙文，抑茹痛之苦語也。

其於學問力求眞是之欲望，與其於宗教悲憫眾生、犧牲一己之信心，其熱忱毅志，爲何如耶！（以上據梁啟超千五百年前之中國留學生篇）今將六朝、隋唐間有力諸宗派，列爲一表，示其系統如次：

宗名	開祖	印度遠祖	初起時	中盛時	後衰時
成實宗	鳩摩羅什	訶梨跋摩	晉安帝時	六朝間	中唐以後
三論宗	嘉祥大師	龍樹、提婆	同上	同上	同上
涅槃宗	曇無讖	世親	同上	宋齊	陳以後歸天台
律宗	南山律師	曇無德	梁武帝時	唐太宗時	元以後
地論宗	光統律師	世親	同上	梁陳間	唐以後歸華嚴
淨土宗	善導大師	馬鳴、龍樹、世親	同上	唐宋明時	明末以後
禪宗	達摩大師	馬鳴、龍樹、提婆、世親	同上	同上	同上
俱舍宗	眞諦三藏	世親	陳文帝時	中唐	晚唐以後
攝論宗	同上	無著、世親	同上	陳隋間	唐以後歸法相
天台宗	智者大師		陳隋間	隋唐間	晚唐以後
華嚴宗	杜順大師	馬鳴、堅慧、龍樹	陳	唐則天後	同上
法相宗	慈恩大師	無著、世親	唐太宗時	中唐	同上
眞言宗	不空三藏	龍樹、龍智	玄宗時	同上	同上

以上十三宗，惟俱舍、成實係小乘，餘均大乘。言其中印傳受，則如下表：

一、俱舍宗　印度有而不盛　中國極盛

二、成實宗	印度創之而未行	中國極盛
三、律宗	印度極盛	中國次盛
四、法相宗	印度極盛	中國亦極盛
五、三論宗	印度有而不盛	中國極盛
六、華嚴宗	印度無	中國特創，極盛
七、天台宗	印度無	中國特創，極盛
八、眞言宗	印度極盛	中國甚微
九、淨土宗	印度極盛	中國次盛
十、禪宗	印度無	中國特創，極盛

其間法相、天台、華嚴稱「教下三家」，禪宗稱「教外別傳」，四宗皆大乘上法，於佛學界最有勢力，餘則支孽附庸而已。而此四派者，惟其一曾盛於天竺，其三皆創自中國。故大乘佛學，雖發軔於印度，而實大成於隋唐也。（以上據梁啟超中國古代思潮）蓋佛教初來，正值季漢禍亂，三國分裂，人心厭世，趨慕虛無；小乘教義，既投時好，又與莊老清談，時有相合，播蒔聯絡，融和益利。逮夫譯事漸盛，其幽深邃密之論，潛移思想之進程，莊老清談一派淺薄空虛之個人主義，日就衰退，而大法之尋求，妙義之探檢，其熱烈嚮往之心，遂旋轉一時之

風氣。隋唐之世，大乘教義，遂握中國思想界之權威。王侯眾庶，莫不醉心。而盛極之後，衰象亦見。循至佛寺爲逃賦之地，僧衆爲避役之業，

趙翼二十二史劄記：「宋時凡賑荒興役，動請度牒數十百道濟用，其值價鈔一二百貫至三百貫不等，不知緇流何所利而買之。及觀李德裕傳而知唐以來度牒之足重也。徐州節度使王智興奏准在淮泗置壇度人爲僧，每人納二絹，即給牒令回。李德裕爲時浙西觀察使，奏言：『江淮之人聞之，戶有三丁者，必令一丁往落髮，意在規避徭役，影庇貲產，今蒜山渡日過百餘人，若不禁止，一年之內，即當失卻六十萬丁矣。』據此則一得度牒，即可免丁錢，庇家產，因而影射包攬可知。此民所以趨之若鶩也。」

今按：唐會要：「大歷十三年，劍南東川觀察使李叔明奏請澄汰佛、道二教，下尚書省集議。都官員外郎彭偃獻議曰：『天下僧道，不耕而食，不織而衣，一僧衣食，歲計約三萬有餘，五丁所出，不能致此。請僧道未滿五十者，每年輸絹四疋。尼及女道士未滿五十者，輸絹二疋。其雜色役，與百姓同。但令就役輸課，爲僧何傷？臣竊料其所出，不下今之租賦三分之一，然則陛下之國富矣。』」故韓愈闢佛，有「古之爲民者四，今之爲民者六，古之教者處其一，今之教者處其三，農之家一而食粟之家六，工之家一而用器之家六，賈之家一而資焉之家六，奈之何民不窮且盜」之論。蓋佛寺僧侶之盛，其影響於社會生計者甚大，即此一端，已足爲佛家疵病也。

則在上之士大夫，以明經掇青紫，在下之小民，以佞佛避徭課。面目猶是，精神已非。前所謂經學、佛教平分學術之天下者，終亦同不免於空虛萎縮之勢也。故自玄宗時，於佛教屢有裁抑，

唐會要：「開元二年正月，中書令姚崇奏言：『自神龍已來，主公及外戚，皆奏請度人，亦出私財造寺者。每一出勅，則因爲姦濫，富戶強丁，皆經營避役，遠近充滿，汚損精藍。』上乃令有司精加詮擇，天下僧尼僞濫還俗者三萬餘人。」

又：「開元二年二月，勅天下寺觀屋宇先成，自今已後更不得創造。十二年六月，勅有司試天下僧尼，落者還俗。十九年六月，勅朕先知僧徒至弊，故預塞其源，不度人來，向二十餘載；訪聞在外有二十以下小僧尼，宜令所司及府縣檢責處分。」

至武宗有廢佛令，而佛教遂不振。

唐會要：「會昌五年，制『其天下所拆寺四千六百餘所，還俗僧尼二十六萬餘人，收充兩稅戶。拆招提蘭若四萬餘所，收膏腴上田數千萬頃，收奴婢爲兩稅戶十五萬人。隸僧尼，屬主客，顯明外國之教，勅大秦穆護祆三千餘人還俗，不雜中華之風。於戲！前古未行，似將有待。及今盡去，豈謂

無時？驅遊惰不業之徒，已踰千萬，廢丹雘無用之屋，何啻億千？宣布中外，咸使知聞。』」

蓋五百年來之大乘教義，其發揮完全，組織圓密，逐步進展，以至於盛極而轉衰者，其情勢恰如人之壽而老，瓜之熟而落。而天台、華嚴諸宗，其所占社會勢力，迄於唐之末葉，均遽就消滅。甚深微妙之理，闃焉無聞。惟淨土之念佛修行，猶流傳於愚夫愚婦間。而禪宗以「不著語言，不立文字，直指本心，見性成佛」爲教義者，獨光昌盛大。隱遁之士，多好問津。衍及宋明，益滔滔披靡天下。理學諸儒，援以說經，而孕儒學之新生焉。

日本上野清原佛教哲學（張紱譯本）：「禪者，解脫之方式。所謂禪宗者，由小乘禪定所蛻化。小乘之禪定，根據於其教義而成。彼以爲人造業起惑，欲伐斷之，有入於靜坐無想境界之必要。此風尚由印度之厭世觀念，及沉思冥想之習慣，自然養成。蓋禪那之法，印度自古已存在也。至於大乘之禪，則在悟得積極的眞理，使精神與實在一致。所謂悟道覺道，乃指精神脫卻外界之羈束，而至於實在一致之自覺的境界者也。故禪宗之外，所云觀心、觀行、止觀、事相、瑜伽，實皆禪也。」如是則禪非禪宗所專有。

梁啟超中國古代思潮：「禪宗歷史，相傳靈山會上，釋尊拈花，迦葉微笑，正法眼藏，於茲授受。其後迦葉尊者以衣鉢授阿難，中間經歷馬鳴、龍樹、天親等二十七代，密密相傳，不著一家。直至達摩禪師是爲印度二十八祖，東度震旦，當梁武帝普通七年。始至廣東，後入嵩山，面壁十年，始得傳法之人。傳已，遂入滅。故達摩亦稱震旦禪宗初祖。二祖慧可，三祖僧璨，四祖道信，皆依印度祖師之例，不說法，不著書，惟求得傳鉢之人，即是圓寂。至五祖弘忍，號黄梅大師，始開山授徒，門下千五百人，玉泉神秀爲上座，竟不能傳法，而六祖大鑑慧能以不識一字之賃舂人，受衣鉢焉。於是禪宗有南北二派。南慧能北神秀也。六祖以後，鉢止不傳，而教外密傳，遂極光大，爾後遂衍爲雲門、法眼、曹洞、潙仰、臨濟五宗。」

故佛學之興，其先由於漢儒說經，支離繁委，乃返而爲内心之探求。接步莊老，體尙虛無。而機局轉動，不能自已，繙經求法，不懈益進。馴至經典粲備，教義紛敷，向外之伸展既盡，乃更轉而爲心源之直指。於是以禪宗之過渡，而宋明學者乃借以重新儒理。其循環往復轉接起落之致，誠研治學術思想者一至可玩味之事也。

下篇

第八章　宋明理學

言中國學術者，有一伏流焉，即陰陽五行家言是也。其說遠肇古初先民，迷信傳說，及六國鄒衍，推附之以儒、道精義，而其學乃大成。迄於秦漢，方士、經生，相爲結合，以迎媚時主，而其學乃大盛。東漢以降，儒術漸替，莊老代興，而陰陽家言之依附滋長如故也。其時乃有道教之創立。

後漢書劉焉傳：「張魯祖父陵，順帝時，客於蜀，學道鶴鳴山中，造作符書，以惑百姓。受其道者，輒出米五斗。陵傳子衡，衡傳子魯，魯自號師君。其來學者，初名鬼卒，後號祭酒。祭酒部領眾多者名理頭。皆教以誠信，不聽欺妄。有病，但令首過而已。」此爲後世言道教者所祖。三國志張魯傳、晉書何充傳、王羲之傳、孫恩傳並稱五斗米道。殷仲堪傳稱天師道。元史釋老志稱正一天師，始自後漢張道陵。則並一家之異名也。道陵之術，實同於黃巾張角。後漢書襄楷傳稱順帝時，琅邪宮崇上其師于吉神書，號太平清領書，其言以陰陽五行爲宗，而多巫覡雜說。有司奏崇所上妖妄不經，乃收藏之。而襄楷謂其書奉天地、順五行爲本，亦有興國廣嗣之術，其文易曉，參同經典。後張角頗有其書焉。則道教之源於陰陽五行，其理甚顯。其託之老子者，以先秦陰陽家本與道家相通也。章太炎檢論黃巾道士緣起說謂：「神仙家本出陰陽，所謂鄒子之徒，燕、齊怪迂之士，與老子縣遠矣。若夫專爲祈禱氣禁幻化諸術者，又與神仙異流。斯乃古之巫師，其術近出墨翟，既非老、莊，並非神仙之術也。」

今按：方士神仙，所以迷帝王，逮夫帝王之信既衰，乃一轉而爲道士之符鬼，則所以誑世俗。此亦學術隨時而變之一例。故西漢少君、文成、五利之流，皆出入禁闥，而東漢方術，如費長房、左慈、劉根之徒，多隱跡民間。此其證也。而推其本則皆源陰陽。章氏強爲分辨。屬之墨子明鬼，非其倫矣。

同時有魏伯陽，著周易參同契，因易以言養生，後世言修鍊者祖之。

神仙傳：「伯陽，會稽上虞人，通貫詩律，文辭贍博，修眞養志，約周易作此書，凡九十篇。桓帝時，以授同郡淳于叔通，因行於世。」

其後魏晉學者如管輅，

章炳麟檢論學變：「管輅論五行鬼神之情，多發自然，似陰陽家。」

如嵇康，

康著養生論，謂神仙雖不目見，然記籍所載，前史所傳，較而論之，其有必矣。似特受異氣，稟之自然，非積學所能致。至於導養得理，以盡性命，上獲千餘歲，下可數百年，可有之耳。

如郭璞，

晉書郭璞傳：「璞好經術，妙於陰陽歷算。有郭公者，客居河東，精於卜筮，璞從之受業。公以青囊中書九卷與之，於是遂洞五行天文卜筮之術。攘災轉禍，通致無方。雖京房、管輅不能過也。」

如葛洪，

晉書葛洪傳：「洪以儒學知名，尤好神仙導養之法，著抱朴子，其自序曰；『世儒徒知服膺周、孔，莫信神仙之書，不但大而笑之，又將謗毀眞正，故予所著子，言黃白之事名曰內篇，其餘駁難通釋名曰外篇。』」

學術淵源，雖不一派，而皆汲陰陽之流，緣飾以儒、道之言。亦一時風會之所趨也。至南北朝而有寇謙之，

隋書經籍志：「後魏之世，嵩山道士寇謙之，自云嘗遇眞人成公興，後遇太上老君，授謙之爲天師，賜之雲中音誦科誡二十卷，又使玉女授其服氣導引之法。其後又遇神人李譜，云是老君玄孫，授其圖籙眞經，勑召百神，六十餘卷。及銷鍊金丹雲英八石玉漿之法。太武始光之初，奉其書而獻之。帝於代都東南起壇宇，給道士百二十餘人，顯揚其法，宣布天下。太武親備法駕而受符籙焉。自是道業大行。」

有陶弘景，

隋書經籍志：「陶弘景者，隱於句容，好陰陽五行風角星算，修辟穀導引之法，受道經符籙。（梁）武帝素與之遊。及禪代之際，弘景取圖讖之文，合成景梁字以獻，由是恩遇甚厚。又撰登眞隱訣，以證古有神仙之事。又言神丹可成，服之則能長生，與天地永畢。帝令弘景試合神丹，竟不能就。乃言中原隔絕，藥物不精故也。帝以爲然，敬之尤甚。然武帝弱年好事，先受道法，及卽位，猶自上章，朝士受道者衆，三吳及邊海之際，信之踰甚。陳武世居吳興，故亦奉焉。」

均能上結帝王之知，而道教之傳遂大。至李唐之興，自謂與老子同氏，益見推尊。

陳鐘凡國學概論：「唐高祖武德三年，晉州人吉善行自言於羊角山見白衣老人，曰：『爲吾語唐天子，吾而祖也。』詔於其地立祠。蓋李唐與老子同氏，時天下未定，以此明天命，收人望，其意未嘗無取。迨高宗幸亳州，謁老子廟，上尊號曰太上玄元皇帝，詔王公以下皆習道德經，令明經舉人策試，以道士隸宗正寺，班在諸侯王之次。玄宗親爲道德經注疏。西京諸州各置玄元廟，依道法齋醮。置玄學博士，每歲依明經舉。尋尊玄元爲大聖祖，莊、文、列、庚桑子皆爲眞人，其書爲眞經，以道德經列羣經首。其崇奉之者無不至。而開元、天寶間，天子嚮意道家之說，朝野上下，多以老子降臨言符瑞神異之事。」

金石服餌，唐世諸帝以身試者相踵接。

唐代服丹藥死者有太、憲、穆、敬、武、宣六君，參讀趙甌北二十二史劄記唐諸帝多餌丹藥條。

士大夫間亦多服藥殺身者。是亦可見當時信心之一斑矣。五代亂離，迄於宋，隱士道流之風益甚。故自宋言之，當時所謂學術思想者，惟道院而已耳，惟禪林而已耳。蓋儒術衰歇，自晚漢而已然。雖以傳統尊嚴，制科所在，注疏詞章，僅爲利祿。粗足語夫學問之眞者，轉在彼而不在此也。惟長生久視之術，既渺茫而莫驗，涅槃出世之教，亦厭倦而思返，乃追尋之於孔孟六經，重振淑世之化，陰襲道院、禪林之緒餘，而開新儒學之機運者，則所謂宋明理學是也。

謝无量朱子學派論宋代儒學與釋氏之關係云：「達摩東來，禪宗遂盛。神秀、慧能立南頓北漸之別。南宗經唐、五代，分爲臨濟、潙仰、雲門、法眼、曹洞五宗。宋時臨濟宗方會出，開楊岐宗。又慧南出，立黃龍宗。前後共成五家七宗。宋初諸宗，雲門最盛。有契嵩者，著鐔津文集，頗論儒釋合一之旨。當時文人黃晞、李覯之徒，皆驚其才。雲門宗又有雪竇重顯，圓通居訥，佛印了元三人。圓通居訥與歐陽修善，佛印了元又周濂溪所契者也。有寒山臥雪記談載其事。當時臨濟派分黃龍、楊岐二宗，黃龍門下有大東林之常總，常總高弟有無盡居士張商英，著護法論，藏經收之。歸元直指記黃龍慧南禪師與周濂溪諸人之關係，有濂溪與張子厚同詣東林叩常總論性云云，及記黃龍派靈源性清禪師答程伊川書云云。朱子語類及伊洛淵源錄評程門高弟游、楊、謝諸子，皆從禪學入。楊岐宗有名者爲圓悟禪師，圓悟弟子有大慧禪師宗杲，與朱子早年頗有關。陳北溪答趙季仁書，謂象山曾問禪理於宗杲門下之育王德光禪師，宋元學案本之。蓋宋時佛學大行，頗與名流相接。儒者之徒，或所諱言，佛門紀述，又不免從而張大之也。」

理學初興，有濂溪（周敦頤），百源（邵雍），橫渠（張載）。此三人者，學風皆相似。濂溪之學，著者曰太極圖說。

太極圖（宋元學案卷十一濂溪學案上）

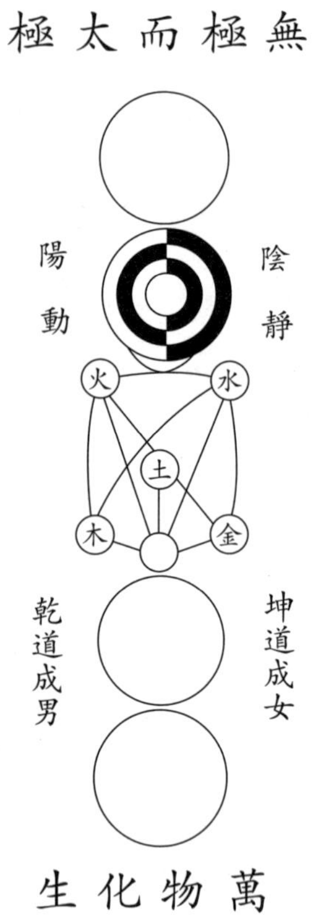

太極圖說：

「無極而太極。太極動而生陽，動極而靜，靜而生陰，靜極復動，一動一靜，互爲其根。分陰分陽，兩儀立焉。陽變陰合而生水、火、木、金、土。五氣順布，四時行焉。五行一陰陽也。陰陽一太極也。太極本無極也。五行之生也，各一其性。無極之眞，二五之精，妙合而凝，乾道成男，坤道成女。二氣交感，化生萬物。萬物生生，而變化無窮焉。惟人也，得其秀而最靈。形既生矣，神發知矣，五性感動而善惡分，萬事出矣。聖人定之以中正仁義而主靜，（自註：無欲故靜。）立人極焉。故聖人與天地合其德，日月合其明，四時合其序，鬼神合其吉凶。君子修之吉，小人悖之凶。故曰：『立天之道，曰陰與陽，立地之道，曰柔與剛，立人之道，曰仁與義。』又曰：『原始反終，故知死生之說。』大哉易也！斯其至矣！」

蓋先論宇宙本體，而推極之於人生之正道。其於宇宙，僅爲惟物的說明，以陰陽五行爲骨幹，而不取先古神帝創造之說。其於人生，則主與天地合德之大我。其立說根據，依藉於周易，而來源則實始於方外之道士。

黄宗炎太極圖辨（學案卷十二）：「周子太極圖，創自河上公，乃方士修鍊之術也。考河上公本圖，名無極圖，魏伯陽得之以著參同契，鍾離權得之以授呂洞賓，洞賓後與陳圖南同隱華山，而以授陳。陳刻之華山石壁。陳又得先天圖於麻衣道者，皆以授种放。放以授穆修與僧壽涯。修以先天圖授李挺之。挺之以授邵天叟。天叟以授子堯夫。修以無極圖授周子。周子又得先天圖之偈於壽涯。其圖自下而上，以明逆則成丹之法。其重在水火。火性炎上，逆之使下，則火不熛烈，惟溫養而和燠。水性潤下，逆之使上，則水不卑溼，惟滋養而光澤。其最下圈名爲『元牝之門』。元牝卽谷神。牝者，竅也，谷者，虛也。指人身命門兩腎空隙之處，氣之所由以生，是爲祖氣。凡人五官百骸之運用知覺，皆根於此。於是提其祖氣上升，爲稍上一圈，名爲『鍊精化氣』，化爲出入有無之神，使貫徹於五臟六腑，而爲中區之左木火、右金水、中土相聯絡之一圈，名爲『五氣朝元』。行之而得也，則水火交媾而爲孕。又其上之中分黑白而相間雜之一圈，名爲『取坎塡離』，乃成聖胎。又使復還於無始，而爲最上之一圈，名爲『鍊神還虛，復歸無極』，而功用至矣。蓋始於得竅，次於鍊己，次於和合，次於得藥，終於脫胎求仙，眞長生之秘訣也。周子得此圖而顛倒其序，更易其名，附於大易，以爲儒者之秘傳。蓋方士之訣，在逆而成丹，故從下而上；周子之意，以順而生人，故從上而下。就是圖詳審之，『易有太極』，夫子贊易而言也，不可云無極。『无方者神，无體者易』，不可圖圓相。次圈判左右爲陰陽，以陰陽推動靜，就其貫穿不淆亂之處指之爲理，此時氣尚未生，安得有此錯綜之狀？將附離於何所？五行始於洪範，其實木、火、土、金、水，萬物中之五物也，非能生人者也。此時人物未生，此五者之性於何而辨？易云『乾道成男，坤道成女』，亦謂乾之奇畫成男之象，坤之偶畫成女之象，非云生於天者爲男，生於地者爲女也。且天之生男女萬物，在一氣中無分先後，乃男女萬物亦分兩圈，恐屬重出矣。」

同時百源邵雍，亦喜研論宇宙本體，與濂溪並見推重。

學案卷十二：「伊川見康節，伊川指食桌而問曰：『此桌安在地上，不知天地安在何處？』康節爲之極論其理，以至六合之外。伊川歎曰：『平生惟見周茂叔論至此！』」

其學以圖書象數爲主，而尤精於數理。其書著者爲皇極經世，源亦出於方外。

陳振孫書錄解題：「其學出於李之才挺之，之才受之穆修伯長，修受之种放明逸，放受之陳摶，蓋數學也。曰『元會運世』，以『元』經會，以『運』經世，自帝堯至於五代，天下離合治亂興廢得失邪正之迹，以人事而驗天時，以陰陽剛柔窮聲音律呂，以窮萬物之數。末二卷論所以爲書之意，窮日月星辰飛走動植之數，以盡天地萬物之理。述皇帝王霸之事，以明大中至正之道。書謂之皇極經世，篇謂之觀物，凡六十二篇。」

亦先言宇宙本體，推而及於人生之大道。

觀物内篇（學案卷九）：「物之大者，無若天地，然而亦有所盡也。天之大，陰陽盡之矣。地之大，剛柔盡之矣。太陽爲日，太陰爲月，少陽爲星，少陰爲辰。（辰者，天之土，不見而屬陰。）日月星辰交而天之體盡之矣。太柔爲水，太剛爲火，少柔爲土，少剛爲石，水火土石交，而地之體盡之矣。」

今按：此論宇宙本體也。

又：「人之所以靈於萬物者，謂其目能收萬物之色，耳能收萬物之聲，鼻能收萬物之氣，口能收萬物之味。聲色氣味，萬物之體也。耳目口鼻，萬人之用也。體無定用，惟變是用。用無定體，惟化是體。體用交而人物之道於是乎備矣。然則人亦物也，聖亦人也，有一物之物，有十物之物，有百物之物，有千物萬物億物兆物之物。生一物之物，而當兆物之物者，非人乎？有一人之人，有十人之人，有百人之人，有千人萬人億人兆人之人。生一人之人，當兆人之人者，非聖乎？是知人也者，物之至者也。聖也者，人之至者也。人之至者，謂其能以一心觀萬心，一身觀萬身，一世觀萬世。能以心代天意，口代天言，手代天工，身代天事。能以上識天時，下盡地理，中盡物情，通照人事，能以彌綸天地，出入造化，進退古今，表裏人物焉。」　按：此論人生目的也。其以聖人爲大我之體現，則宋代學風之特徵，所當注意之點也。

至橫渠正蒙，以易理陰陽言本體，而推及夫人道，亦與濂溪、百源者大同。

正蒙太和篇（學案卷十七）：「太虛無形，氣之本體。其聚其散，變化之客形爾。至靜無感，性之淵源。有識有知，物交之客感爾。客感客形，與無感無形，惟盡性者一之。」　今按：橫渠言太虛爲氣之本體，猶濂溪謂「無極而太極」也。盡性者一之，即「小己」化爲「大我」之說也。又曰：「天地之氣，雖聚散攻取百塗，然其爲理也，順而不妄。氣之爲物，散入無形，適得吾體。聚爲有象，不失吾常。太虛不能無氣，氣不能不聚而爲萬物，萬物不能不散而爲太虛。循是出入，是皆不得已而然也。然則聖人盡道其間，兼體而不累者，存神其至矣。彼語寂滅者，往而不返；徇生執有者，物而不化；二者雖有間矣，以言乎失道則均焉。聚亦吾體，散亦吾體，知死之不亡者，可與言性矣。」

而橫渠之學，亦先泛濫於老、釋。

學案卷十七：「橫渠謁范文正公，遂翻然志於道，已求諸釋、老，乃反求之六經。」

今觀其書，於老、佛之說，闢之者精，則知其所受影響者深也。

正蒙太和篇（學案卷十七）：「知虛空卽氣，則有無隱顯神化性命，通一無二。顧聚散出入形不形，能推本所從來，則深於易者也。若謂虛能生氣，則虛無窮，氣有限，體用殊絕。老氏『有生於無』自然之論，不識所謂有無混一之常。若謂萬象爲太虛中所見之物，則物與虛不相資，形自形，性自性，形性天人不相待而有，陷於浮屠以山河大地爲見病之說。」今按：橫渠此辨極精。宋儒採佛、老之玄思，發揮爲儒家之實用，如此等處，可以尋其轉步之跡，與夫立腳之所在也。

故要而論之，此三人者，皆以惟物之觀念，說明宇宙之本體。皆以化小己爲大我，奉爲人道之正鵠。其思想淵源，皆受方外老、釋之影響，而研極陰陽五行，尤與道家爲近。又皆依藉易辭以成其說。雖相互之間，多有出入不同，要之一時學風如此，則皎乎不可誣也。

同時司馬溫公有潛虛，亦爲同樣之著作。晁公武讀書志謂：「此書以五行爲本，五行相乘爲二十五，兩之爲五十。首有氣、體、性、名、行、變、解七圖，然其辭有闕者，蓋未成也。」今按：潛虛云：「萬物皆祖虛，生於氣，氣以成體，體以受性，性以辨名，名以立行，行以俟命；故虛者物之府也，氣者生之戶也，體者質之具也，性者神之賦也，名者事之分也，行者人之務也，命者時之遇也。」此可見其書之大旨。「虛」與「氣」，即論宇宙之本體也。「體」「性」「名」「行」以下，則涉人生矣。

其後有二程（明道與伊川），而學風乃一變。二程之於周子，雖嘗早年受學，

宋元學案卷十一濂溪學案：「先生官南安時，二程先生父珦攝通守事，視其氣貌非常，因與爲友，使二子受學焉，即明道先生顥、伊川先生頤也。」

又卷十二明道曰：「昔受學於周茂叔，每令尋仲尼、顏子樂處，所樂何事。」又曰：「自再見周茂叔後，吟風弄月以歸，有『吾與點也』之意。」

然其後學成，於濂溪即不甚推重。

又卷十二呂榮陽曰：「二程初從濂溪遊，後青出於藍。」又呂紫微曰：「二程始從茂叔，後更自光大。」

又汪玉山與朱子書曰：「濂溪先生高明純正，然謂二程受學，恐未能盡。」

又卷十一全祖望案：「濂溪之門，二程子少嘗游焉，其後伊洛所得，實不由於濂溪，是在高弟榮陽呂公已明言之，其孫紫微又申言之，汪玉山亦云然。今觀二程子終身不甚推濂溪，並未得與馬（溫公）、邵（康節）之列，可見二呂之言不誣也。晦翁、南軒始確然以爲二程子所自出，後世宗之，而疑者亦踵相接焉。然雖疑之，而皆未嘗考及二呂之言以爲證，則終無據。予謂濂溪誠入聖人之室，而二程子未嘗傳其學。則必欲溝而合之，良無庸矣。」

朱彝尊太極圖授受考：「伊川撰明道行狀云：『先生爲學，自十五六時，聞汝南周茂叔論道，遂厭科舉之業，慨然有求道之志。未知其要，泛濫於諸家，出入於老、釋者幾十年，反求諸六經而後得之。』繹其文，若似乎未受業於元公者。潘興嗣志元公墓，亦不及二程子從遊事。明道之卒，其弟子友朋，若范淳夫、朱公掞、邢和叔、游定夫敍其行事，皆不言其以元公爲師。惟劉師立謂從周茂叔問學，蓋與受業有間。呂與叔東見錄則有『昔受學於周茂叔』之語。然弟子稱師，無直呼其字者，而遺書凡司馬君實、張子厚、邵堯夫皆目之曰先生，惟元公直呼其字，至以『窮禪客』目元公，尤非弟子義所當出。」　今按：據朱、全二氏之言，知二程學術，與濂溪自別。

至太極圖，則二程生平，更未一言道及。

又卷十二黄百家案語，引豐道生謂：「二程之稱胡安定，必曰胡先生，不敢曰翼之，於周一則曰茂叔，再則曰茂叔，雖有吟風弄月之遊，實非師事也。至於太極圖，兩人生平，俱未嘗一言道及。蓋明知爲異端，莫之齒也。」　今按：濂溪爲異端之語，梨洲父子均辨之。然二程論學，不好虚説宇宙本體，不多涉於陰陽五行怪迂之辨，其學風自與濂溪有異，則較然彰著之事也。

於康節圖數之學，亦致不滿。

又卷十百源學案下：「一日雷起，謂伊川曰：『子知雷起處乎？』伊川曰：『某知之，堯夫不知也。』先生愕然，曰：『何謂也？』曰：『既知之，安用數推之？以其不知，故待推而知。』先生曰：『子云知，以爲何處起？』曰：『起於起處。』先生咥然。」

又：「晁以道問先生之數於伊川，答曰：『某與堯夫同里巷居三十餘年，世間事無所不問，惟未嘗一字及數。』」

又：「明道云：『堯夫欲傳數學於某兄弟，某兄弟那得工夫？要學須是二十年工夫。堯夫初學於李挺之，師禮甚嚴，雖在野店，飯必襴，坐必拜。欲學堯夫，亦必須如此。』」

又：「謝上蔡曰：『堯夫精易，然二程不貴其術。』」

於橫渠亦多異同，

學案卷三十一：「呂與叔初學於橫渠，橫渠卒，乃東見二程。先生故深淳近道，而以防檢窮索爲學。明道語之以識仁，且以不須防檢不須窮索開之，先生默識心契，豁如也。」

又：「小程子曰：『呂與叔守橫渠說甚固，每橫渠無說處，皆相從，纔有說了，更不肯回。』」

今按：據此見程子與橫渠立說自多異。

謂正蒙立言有過，

學案卷十七：伊川曰：「橫渠立言，誠有過者，乃在正蒙。」

而極推其西銘。

學案卷十七橫渠學案：「先生嘗銘其書室之兩牖，東曰砭愚，西曰訂頑。伊川曰：『是起爭端，不若曰東銘、西銘。』」

西銘（學案卷十七）：

「乾稱父，坤稱母，予茲藐焉，乃渾然中處。故天地之塞吾其體，天地之帥吾其性。民吾同胞，物吾與也。大君者，吾父母宗子，其大臣，宗子之家相也。尊高年，所以長其長。慈孤弱，所以幼其幼。聖其合德，賢其秀也。凡天下疲癃殘疾，惸獨鰥寡，皆吾兄弟之顛連而無告者也。於時保之，子之翼也。樂且不憂，純乎孝者也。違曰悖德，害仁曰賊。濟惡者不才，其踐形，惟肖者也。知化則善述其事，窮神則善繼其志。不愧屋漏爲無忝，存心養性爲匪懈。惡旨酒，崇伯子之顧養。育英才，穎封人之錫類。不弛勞而底豫，舜其功也。無所逃而待烹，申生其恭也。體其受而歸全者，參乎。勇於從而順令者，伯奇也。富貴福澤，將厚吾之生也。貧賤憂戚，庸玉汝於成也。存吾順事，沒吾寧也。」

學案卷十七程子曰：「訂頑之言，極純無雜，秦漢以來，學者所未到，意極完備，乃仁之體也。」又曰：「訂頑立心，便可達天德。」

又卷十八橫渠學案明道曰：「西銘某得此意，只是須得子厚如此筆力，他人無緣做得。孟子以後，未有人及此。得此文字，省多少言語。要之仁孝之理備於此，須臾而不如此，便不仁不孝也。」又曰：「自孟子後，蓋未見此書。」

又：「楊龜山致書伊川，疑西銘言體而不及用，恐其流於兼愛，曰：『橫渠立言，誠有過者，乃在正蒙。若西銘明理以存義，擴前聖所未發，與孟子性善養氣之論同功，豈墨氏之比哉！西銘理一而分殊，墨氏則二本而無分，子比而同之，過矣！且謂言體而不及用，彼欲使人推而行之，本爲用也。反謂不及，不亦異乎？』」

又：「龜山曰：『西銘只是發明一個事天底道理，所謂事天者，循天理而已。』又曰：『西銘只是要學者求仁而已。』」

又：「尹和靖曰：『見伊川後半年，方得大學、西銘看。』」

又卷十七朱子曰：「程門專以西銘開示學者。」

蓋西銘亦言萬物一體，而與太極圖、皇極經世、正蒙諸書之極言宇宙本原者則別。二程愛言工夫，不喜講本體，又重內心之直證，而輕物理之研尋，較之濂溪、百源、横渠，彼則道家之氣息爲重，而此則禪味之功深也。此又宋學之一轉手也。故明道於西銘，雖許其識，而謂與「有德之言」猶有間。

又卷十八：「問西銘如何，明道曰：『此横渠文之粹者也。』曰：『充得盡時如何？』曰：『聖人也。』『横渠能充盡否？』曰：『言有兩端，有有德之言，有造道之言。有德之言，說自己事，如聖人言聖人事也。造道之言，則智足以知此，如賢人說聖人事也。横渠道儘高，言儘醇，自孟子後儒者都無他見識。』」

伊川之告橫渠，亦謂「吾叔之見，非明睿所照，而考索至此」。

又卷十八伊川答橫渠書曰：「觀吾叔之見，志正而謹嚴，深探遠賾，豈後世學者所嘗慮及？然以大概氣象言之，則有苦心極力之象，而無寬裕溫和之氣。非明睿所照，而考索至此。故慮屢偏而言多窒，小出入時有之。更望完養思慮，涵泳義理，他日當自條暢。」

則二程之勿尚玄言，專貴眞修，斷可識矣。

橫渠爲二程前輩，二程思想受其影響者實多，而後人顛倒其說，若橫渠成學，轉深受二程影響者。日人渡邊秀方中國哲學史概論辨之云：（下語據劉侃元譯本潤飾。）橫渠初見二程，在嘉祐元年，是時橫渠年三十七，明道年二十五，今行狀有「見二程，悉捨異學，淳如也」之語，恐不確。伊川爲明道行狀，明云：「明道二十五歲爲醇儒。」又云：「明道自十五六時，慨然有求道之志，泛濫於諸家，出入於老、釋者幾十年。」則明道是時，思想尚未達確定成熟之境。而尹和靖謂張子昔在京說易時，一夕聞二程子來問易，對弟子曰：「二程深明易道，吾不及也，汝等可師事之！」遂撤虎皮歸陝。此爲程門尊師造設無疑。故伊川見呂與叔行狀，有「見二程，盡棄其學」之語，謂和靖曰：「與叔生平議論，謂頤兄弟有同處則可，若謂學於頤兄弟，則無是事。頃年屬與叔刪去之，不謂尚存，幾於無忌憚矣。」可見橫渠與二程之關係，不外相互推尊、相互啟發之意味而止。至於自性說一面言之，則二程受橫渠之影響者正多也。今自學風之轉移爲言，橫渠亦當與濂溪、百源爲伍，而二程乃屬後起，故附引其說於此。

而二程論學，亦自有別。明道之學，首本「識仁」。

識仁篇（學案卷十三明道學案上）

「學者須先識仁。仁者，渾然與物同體，義、禮、智、信皆仁也。識得此理，以誠敬存之而已，不須防檢，不須窮索。若心懈則有防，心苟不懈，何防之有？理有未得，故須窮索，存久自明，安待窮索！此道與物無對，大不足以明之。天地之用，皆我之用。孟子言『萬物皆備於我』，須反身而誠，乃爲大樂。若反身未誠，則猶是二物有對，以己合彼，終未有之，又安得樂？訂頑意思，（橫渠西銘舊名訂頑）乃備言此體。以此意存之，更有何事？『必有事焉而勿正，心勿忘，勿助長』，未嘗致纖毫之力，此其存之之道。若存得，便合有得。蓋良知良能，元不喪失。以昔日習心未除，卻須存習此心，久則可奪舊習。此理至約，惟患不能守。既能體之而樂，亦不患不能守也。」

「仁者渾然與物同體」，則仍是體認大我之意。然只就此心當下識取，則不須遠索之於人物未生、宇宙未分以前，冥漠虛無之境，而必爲太極無極、陰陽五行之紛紛也。故曰：「識得此理，以誠敬存之而已，不須防檢，不須窮索。」蓋濂溪、百源、橫渠，皆不免懸空探索，造一宇宙緣起、人物本原之理，而以工夫爲湊合。明道則鞭辟近裏，謂心苟不懈，存久自明，卽以吾心爲宇宙，卽以本體屬工夫，而更不勞有勉此赴彼之迹也。故識仁而後可以「定性」。

定性書（學案卷十三）：「橫渠張子問於先生曰：『定性未能不動，猶累於外物，何如？』先生因作是篇。」

「所謂定者，動亦定，靜亦定，無將迎，無內外。苟以外物爲外，牽己而從之，是以己性爲有內外也。且以己性爲隨物於外，則當其在外時，何者爲在內？是有意於絕外誘，而不知性之無內外也。旣以內外爲二本，則又烏可遽語定哉？夫天地之常，以其心普萬物而無心。聖人之常，以其情順萬物而無情。故君子之學，莫若廓然而大公，物來而順應。易曰：『貞吉，悔亡，憧憧往來，朋從爾思。』苟規規於外誘之除，將見滅於東而生於西也。非惟日之不足，顧其端無窮，不可得而除也。人之情各有所蔽，故不能適道。大率患在於自私而用智。自私則不能以有爲爲應跡，用智則不能以明覺爲自然。今以惡外物之心，而求照無物之地，是反鑑而索照也。易曰：『艮其背，不獲其身；行其庭，不見其人。』孟氏亦曰：『所惡於智者，爲其鑿也。』與其非外而是內，不若內外之兩忘也。兩忘則澄然無事矣。無事則定，定則明，明則尚何應物之爲累哉？聖人之喜，以物之當喜，聖人之怒，以物之當怒，是聖人之喜怒，不繫於心而繫於物也。是則聖人豈不應於物哉？烏得以從外者爲非，而更求在內者爲是也？今以自私用智之喜怒，而視聖人喜怒之正爲何如哉？夫人之情，易發而難制者，惟怒爲甚。第能於怒時遽忘其怒，而觀理之是非，亦可見外誘之不足惡，而於道亦思過半矣。」

「性無內外」，則物我一體也。「心普萬物而無心，情順萬物而無情」，即工夫即本體，重心情之體合，而無取乎知識之窮索，亦不必私意爲迎合。此明道之所以異夫太極圖、皇極經世、正蒙諸書者也。故曰：「當處便認取，更不可外求。」

學案卷十三：「嘗論以心知天，猶居京師往長安，但知出西門便可到長安，此猶是言作兩處。若要至誠，只在京師便是到長安，更不可別求長安。只心便是天，盡心便知性，知性便知天。當處便認取，更不可外求。」

是程子之意，不徒弗貴別尋本體，亦無須另立工夫也。其曰「誠敬存之」，誠敬已是吾心自然之體段，亦卽天理自然之功能，更無著力處矣。卽不得已而必言工夫，則亦惟有一

「敬」字。

又：「學只要鞭辟近裏，著己而已。故『博學而篤志，切問而近思，仁則在其中矣。』『言忠信，行篤敬，雖蠻貊之邦行矣。言不忠信，行不篤敬，雖州里行乎哉？立則見其參於前也，在輿則見其倚於衡也，夫然後行。』只此是學，質美者明得盡，渣滓便渾化。卻與天地同體。其次惟在莊敬持養。及其至則一也。」

又：「學者須敬守此心，不可急迫。當栽培深厚，涵泳於其間，然後可以自得。但急迫求之，終是私己，終不足以達道。」

又：「學者不必遠求，近取諸身，只明人理，敬而已矣，便是約處。」

然「敬」只是持守之事，其人苟一無所知，亦復何以爲守？故明道又言須先在「致知」。

又：「問『不知如何持守？』曰：『且未說到持守，持守甚事？須先在致知。』」

故曰：「學在知其所有，又在養其所有。」此即「致知」與「敬」之二語，亦即「識得此理，以誠敬存之」之意也。大程子之學，率具如是。至於伊川，亦主反求心性，而不尚外索，則與伯子同途。

學案卷十五伊川學案：「性卽理也。」

又：「性卽是理。」

又：「稱性之善謂之道，道與性一也。以性之善如此，故謂之性善。性之本謂之命，性之自然謂之天，性之有形者謂之心，性之有動者謂之情。凡此數者，皆一也。」

又：「心，道之所在。心與道，渾然一也。」

又：「問『心之妙用有限量否？』曰：『心卽道也，在天爲命，在人爲性，論其所主爲心，其實只是一個。能通之以道，又豈有限量？天下更無性外之物，若曰有限量，除是性外有物始得。』」

又：「語及太虛，先生曰：『亦無太虛。』遂指虛，曰：『皆是理。安得謂之虛？天下無實於理也。』」

其曰「性卽是理，心卽是道」，曰「性外無物」，又曰「太虛皆是理」，要皆以宇宙之大，消納於我之一心。顯與明道相似，而視濂溪、康節、橫渠，則不同也。其論工夫，則曰：「涵養須用敬，進學則在致知。」亦仍是大程「敬」與「致知」之二語。惟明道偏於敬，而伊川則重在致知。故同一言工夫，而一主存養，一主理解，遂多與明道異趨。

學案卷十五伊川語錄：「問：『必有事焉，當用敬否？』曰：『敬只是涵養一事，必有事焉，須當集義。只知用敬，不知集義，卻是都無事也。』」

又：「問：『敬、義何別？』曰：『敬只是持己之道，義便知有是有非。順理而行，是爲義也。若只守一個敬，不知集義，卻是都無事也。且如欲爲孝，不成只守一個孝字？須是知所以爲孝之道。又須是識在所行之先。譬如行路，須是光照。』」

又：「問：『忠信敬德之事，固可勉強，然致知甚難。』曰：『子以誠敬爲可勉強，且恁地說，到底須是知了方能行事。若不知，只是覷了堯學他行事，無堯許多聰明睿知，怎生得如他動容周旋中禮？有諸中必形諸外，德容安可妄學？』」

故曰：「只知用敬，不知集義，卻是都無事。」又曰：「誠敬不可勉強，有諸中必形諸外，德容安可妄學？」則已側入致知一路。而其言致知，亦與明道「識得此理，當處認取」之意不同。

又：「今人欲致知，須要格物。物不必謂事物然後謂之物也。自一身之中，至萬物之理，但理會得多，相次自然豁然有覺處。」

又：「問：『觀物察己，還因見物反求諸身否？』曰：『不必如此說。物我一理，纔明彼卽曉此，合內外之道也。語其大，至天地之高厚，語其小，至一物之所以然，學者皆當理會。』又問：『致知先求之四端如何？』曰：『求之性情，固是切於身，然一草一木皆有理，須是察。』」

蓋伊川既主「性卽是理」，故以窮理爲盡性。既主「性外無物」，故謂一草一木皆有理，須是察。於是又自致知一轉而爲「格物窮理」焉。蓋同一合內外之道也，伯子向其內，而叔子向其外。故明道則曰「物來順應，以明覺爲自然」者，而伊川則曰「學者先要會疑，學莫貴於思，不深思則不能造於道」也。然伊川雖主窮理深思，理會及於天地之大，草木之細，而終自與濂溪、百源、橫渠諸人爲不一道者；蓋濂溪、百源、橫渠，皆先懸空窮得一宇宙萬物之理，而後以我之心合之，宇宙萬物在我心之外，而其言宇宙萬物之理者爲無驗。伊川則以窮天地草木之理爲盡心知性之功，卽以天地草木爲我心之體，不俟再爲湊合，而其言天地草木之理者爲有驗。何驗之？曰：卽驗之於吾心。

學案卷十五伊川語錄：「欲知得與不得，於心氣上驗之。思慮有得，中心悅豫，沛然有裕者，實得也。思慮有得，心氣勞耗者，實未得也，強揣度耳。」

又：「聞見之知，非德性之知，物交物則知之，非內也，今之所謂博物多聞者是也。德性之知，不假見聞。」　今按：不假見聞，語須善看。苟能明得合內外之道，以格物窮理，則格物窮理皆我心體內事，自不假聞見也。假聞見卽內外判隔，心物各別矣。

故曰：「入道莫如敬，未有能致知而不在敬者。」此伊川之學，所由同於明道，而二程之與濂溪、百源、橫渠所由絕然判迹者也。而伊川之說，尤爲開展而精闢。理學家之壁壘，至是遂大定。然伊川資性嚴重，自謂不及其兄。

學案卷十六伊川學案下：「二程隨侍太中知漢州，宿一僧寺，明道入門而右，從者皆隨之，先生入門而左，獨行至法堂上相會。先生自謂此是某不及家兄處。蓋明道和易，人皆親近。先生嚴重，人不敢近也。」

且二程之學，以天地萬物歸之一心，轉不免視心太尊，視己太高，有狹隘孤立之弊。明道已言之曰：「不得以天下萬物撓己，己立後自能了當得天下萬物。」在明道和易溫厚，其言尚不爲病。

學案卷十四：「明道終日坐如泥塑人，然接人渾是一團和氣，所謂望之儼然，卽之也溫。」

至於伊川，峻厲之氣，嚴毅之守，足以尊師道，而亦足以招物怨。

學案卷十五：「伊川接學者以嚴毅，嘗瞑目靜坐，游定夫、楊龜山立侍，不敢去。久之，乃顧曰：『日暮矣，姑就舍！』二子者退，則門外雪深尺餘矣。明道嘗謂曰：『異日能使人尊嚴師道者，吾弟也。若接引後學，隨人才而成就之，則予不得讓焉。』」

又卷十六：「韓公維與二先生善，屈致於潁昌。暇日，同游西湖，命諸子侍。行次，有言貌不莊敬者，伊川回視，厲聲叱之曰：『汝輩從長者行，敢笑語如此，韓氏孝謹之風衰矣！』韓遂皆逐去之。」

今按：此等處，明道決不爾。故明道言敬，只如泥塑人，而伊川則必曰：「嚴威儼恪，非持敬之道，然敬須自此入」也。此自因兩人氣質之異，亦緣洛學重身踐，重心證，又以天地一切之理都歸入一己身上，故有此狹隘嚴苛之態度也。

循至有洛、蜀之黨爭。

學案卷十五：「伊川在經筵，士人歸其門者甚盛，而先生亦以天下自任，議論褒貶，無所顧避。方是時，蘇子瞻軾爲翰林，有重名，一時文士多歸之。文士不樂拘檢，迂先生所爲。兩家門下迭起標榜，遂分黨爲洛、蜀。」　今按：伊川、東坡，皆宋世所稱賢者，在朝相疾，各分黨類，一時乃有洛、蜀之名。其後朱子推尊程氏，而極詆東坡父子兄弟，以謂小人之尤。其所爲伊川先生年譜序及當時交惡之由，殊爲可符。其一云：「侍御史呂陶言明堂降赦，臣僚稱賀訖，而兩省官卽往奠司馬光。是時，程頤言曰：『子於是日哭，則不歌，豈可賀赦纔了，卻往弔喪？』坐客有難之曰：『子於是日哭，則不歌，卽不言歌則不哭。今已賀赦了，卻往弔喪，於禮無害。』蘇軾遂以鄙語戲程頤，衆皆大笑。結怨之端，蓋自此始。」其二云：「語錄：國忌行香，伊川令供素饌。子瞻詰之曰：『正叔不好佛，胡爲食素？』先生曰：『禮居喪不飲酒，不食肉。忌日，喪之餘也。』子瞻令具肉食，曰：『爲劉氏者左袒。』於是范醇夫輩食素，秦、黃輩食肉。」其三云：「鮮于綽傳信錄云：舊例行香齋筵，兩制以上及臺諫官設蔬饌。然以麤糲，遂輪爲食會，皆用肉食矣。元祐初，崇政殿說書程正叔以食肉爲非是，議爲素食，衆多不從。一日，門人范醇夫當排食，遂具蔬饌。內翰蘇子瞻因以鄙語戲正叔，正叔門人朱公掞輩銜之，遂立敵矣。是後蔬饌亦不行。」洛、蜀釁隙，其原雖不盡此，而大率當類此也。伊川以聖賢之道自居，乃欲以飲食細節，強人從同，已爲不廣。又其視言語動作，皆嚴重異於常情。彼所謂以鄙語相戲者，今亦不知爲何等語。然觀其游、楊侍立，伊川瞑坐，門外雪深尺餘，則其平日師弟子相處，恭敬尊嚴，固謂當然；而或人以戲笑相向，雖在彼爲常事，而在此則爲奇辱，爲非禮不敬之尤，爲小人無忌憚。或人見其然，自謂我特聊相戲，豈便爲無禮小人者。於是不足以生其慚，而乃至於招其恨，而仇隙乃由此起。自後人平心而觀，固非一爲君子，一爲小人，若冰炭之異其性也。又按：朱子引蘇軾奏狀，有「臣素疾程某之姦，未嘗加以辭色」云云，則此以彼爲小人者，彼乃以此爲姦。出爾反爾，殆亦成意氣之爭也。又引語錄云：「時呂申公爲相，凡事有疑，必質於伊川。進退人才，二蘇疑伊川有力，故極詆之。」則又周納之辭。故盡歸過於一造，而證成其爲小人，片言固未足信矣。嘗讀尹和靖師說：「先生曰：『聖人之量，有甚窮盡？』某曰：『何以見其無窮盡？』師曰：『於孔子見之。事君盡禮，人以爲諂也，若他人須著一個小人字。賢且看聖人之量如何大！』余謂程、朱誠學孔子，亦不必以小人看東坡。」又全書六十七記康節臨歿，伊川往視，問道。邵子戲之曰：「正叔可謂生於生薑樹上的，將來必死於生薑樹頭。」伊川復問，康節舉兩手張而示之。伊川不解，康節乃曰：「面前路徑須令寬，路窄時自身且無所著，何能使人行？」面前路窄，誠爲理學家之通病哉！朱子與唐仲友交涉，亦洛、蜀相爭之類矣。

理學家精神，本在求萬物一體之仁者，而其弊至於「面前路窄」，有「容不得人行」之概，則亦自伊川始之也。程門諸子，率承二程之風，而多流於禪悅，亦二程之學脈則然。學案卷二十五：「伊川自涪歸，見學者彫落，多從佛學，獨龜山與上蔡不變。因歎曰：『學者皆流於夷狄矣！惟有楊、謝長進！』」

又：全謝山案語：「明道善龜山，伊川喜上蔡，蓋其氣象相似也。龜山獨邀耆壽，遂爲南渡洛學大宗。晦翁、南軒、東萊，皆其所自出。然龜山之夾雜異學，亦不下於上蔡。」據是，則二程門下，殆無不走入禪家耳。

南渡以下，挺生朱子，而宋學乃臻極盛。朱子學於延平李侗，號爲得洛學正傳。

延平師豫章羅從彥，豫章師龜山，故後人稱龜山三傳而得朱子也。學案三十九謝山案語云：「朱子師有四，而其所推以爲得統者稱延平，故因延平以推豫章，謂龜山門下千餘，獨豫章能任道。後世又以朱子故共推之。然讀豫章之書，醇正則有之，其精警則未見也。恐其所造，亦衹在善人、有恆之間。若因其有出藍之弟子，而必並其自出而推之，是門戶之見，非公論也。」　今按：道統之說，自宋儒始，實爲陋見。謝山此論平實，故附引之。

論其學風，則於伊川尤近。大要亦主「涵養須用敬，進學則在致知」二語，而側重致知一邊。

朱子答陳師德云：「嘗聞之程夫子之言曰：『涵養須用敬，進學則在致知。』此二言者，實學者立身進步之要，而二者之功，蓋未嘗不交相發也。」今按：此爲雙提之言。又答項平父云：「聖人提示爲學之方，周徧詳密，不靠一邊，故曰：『敬義立而德不孤。』若只恃一個敬字，更不做集義功夫，其德亦孤立而易窮。又曰：『此心固是聖賢本領。』然學未講，理未明，亦有錯認人欲作天理處，不可不察。」今按：此論居敬之不能無待於集義，便近側注。又答曾無疑云：「孝、悌、忠、信，雖只是此一事，然須見得天下義理表裏通透，則此孝悌忠信方是活物。如其不然，便是個死底孝悌忠信。雖能持守終身，不致失墜，亦不免但爲鄉曲之常人，婦女之檢柙而已，何足道哉？」今按：朱子此論，極戒孤陋守心之弊，其側重致知一面之意可見。

此其所由與伊川尤似者也。然朱子辨析益精，推衍益詳，自致知之說，進而爲格物，轉而爲窮理，

朱子答江德功云：「格物之說，程子論之詳矣，而其所謂『格，至也，格物而至於物，則物理盡』者，意句俱到，不可移易。夫『天生蒸民，有物有則。』物者，形也；則者，理也。形者，所謂形而下者也；理者，所謂形而上者也。人之生也，固不能無是物矣，而不明其物之理，則無以順性命

之正，而處事物之當，故必卽是物以求之。知求其理矣，而不至夫物之極，則物之理有未窮，而吾之知亦未盡，故必至其極而後已。此所謂『格物而至於物，則物理盡』者也。物理皆盡，則吾之知識廓然貫通，無有蔽礙，而意無不誠，心無不正矣。此大學本經之意，而程子之說然也。今不深考，而必訓致知以窮理，則於主賓之分，有所未安。（自注：知者吾心之知，理者事物之理。以此知彼，自有主賓之辨，不當以此字訓彼字也。）訓格物以接物，則於究極之功，有所未明。（自注：人莫不與物接，但或徒接而不求其理，或粗求而不究其極，是以雖與物接而理無不窮，則亦太輕易矣。蓋特出於聞聲悟道、見色明心之餘論，而非吾之所謂窮理者，固未可同年而語也。）竊意聖人之言，必不如是之差殊疎略，以病後世之學者也。又謂佛、老之學，乃致知而離於物者，此尤非是。夫格物可以致知，猶食所以爲飽也。今不格物而自謂有知，則其知者妄也。不食而自以爲飽，則其飽者病也。若曰佛、老之學，欲致其知，而不知格物所以致其知，故所知者，不免於蔽隔離窮之失，而不足爲知，則庶乎其可矣。」

雖一本小程之意，而開展精闢，面目又變。其最著者爲大學補傳，

四書集註：「所謂致知在格物者，言欲致吾之知，在卽物而窮其理也。蓋人心之靈，莫不有知，而天下之物，莫不有理。惟於理有未窮，故其知有不盡也。是以大學始教，必使學者卽凡天下之物，莫不因其已知之理而益窮之，以求至乎其極。至於用力之久，而一旦豁然貫通焉，則衆物之表裏精

粗無不到，而吾心之全體大用無不明矣。」

以吾心與物理判別而言，與伊川「性卽是理」之說實已迥殊。蓋伊川之言致知，尚徘徊於內外心物之間，至考亭乃始斷然主向外之尋索也。此又宋學一大轉步也。然考亭謂：「卽凡天下之物，莫不因其已知之理而益窮之，以求至乎其極。」其願宏矣，其志偉矣，而未可以驟幾也。於是又自格物窮理一轉而爲信古人、讀古書焉，又歸其要於學、語、庸、孟之四書焉，

朱子答曹元可：「夫天下之物，莫不有理，而其精蘊，則已具於聖賢之書，故必由是以求之。然欲其簡而易知，易而易守，則莫若大學、論語、中庸、孟子之篇也。」

蓋朱子信心甚強，於四子書尤畢心盡力，遂以信古者爲自信，鎔鑄眾說，滙爲一罏。言其氣魄之遠大，議論之高廣，組織之圓密，不徒上掩北宋，蓋自孔子以來，好古博學，殆無其比。而又能以平實淺近之塗轍，開示來學，使人日孳孳若爲可幾及。於是天下嚮風，而宋學遂達登峯造極之點。然同時學者，遂乃於考亭並致辨難，多樹異同。蓋一學派極盛之日，卽

伏其向衰之機，此已爲學術史上一常例；而宋學自朱子而組織大備，亦自朱子而分裂遂顯，盛衰之徵，即同時見於一人之身。則尤一至可玩味之事也。其與朱樹異者，以象山爲最著。象山之言曰：「心即理也。此心此理，不容有二。」又曰：「堯舜曾讀何書來？若某則不識一個字，亦須還我堂堂地做個人。」鵝湖之會，異同在此。

象山年譜：「鵝湖之會，論及教人，元晦之意，欲令人泛觀博覽，而後歸之約；二陸之意，欲先發明人之本心而後使之博覽。朱以陸之教人爲太簡，陸以朱之教人爲支離；此頗不合。先生更欲與元晦辨，以爲堯舜之前何書可讀，復齋止之。」

蓋象山之說，近於明道，晦庵則近伊川。當二程時，「識」「存」、「敬」「義」，已成兩端，而乖張未顯；至是引申推極，各走一路，遂至如東西之不可合也。象山又與朱子辨濂溪太極圖說，朱子躋濂溪圖說於義、孔；象山則謂疑非周子所爲，或是其學未成時所作。蓋象山猶守二程遺意，朱子則兼羅幷包，乃融濂溪、康節與二程而一之焉。

張栻寄呂伯恭書：「濂溪自得處渾全，誠爲二先生發源所自，然元晦持其說，句句而論，字字而解，故未免反流於牽強，而亦非濂溪本意也。覺二先生遺書中，與學者講論多矣，若西銘則再四言之，至太極圖則未嘗拈出，此意更當研究也。」今按：太極圖程門不道，而朱子始極尊之。南軒之言，亦猶是洛學遺教。至云句句而論，字字而解，正朱子窮理精神所寄，不徒於濂溪爲然。

「太極」之辨，本始於梭山，而同時又及西銘。

象山與朱子辨太極，其初本由梭山。梭山與朱子往還各兩書，其後乃謂「求勝不求益」，遂不復致辨。而象山繼之。今梭山兩書皆失，然觀朱子答書，則初辨尚及西銘。大抵梭山以西銘不當謂乾坤實爲父母；謂之爲膠固。朱子答之曰：「至於西銘之說，猶更分明。今亦且以首句論之。人之一身，固是父母所生，然父母之所以爲父母者，即是乾坤。若以父母而言，則一物各一父母；若以乾坤而言，則萬物同一父母矣。萬物同一父母，則吾體之所以爲體者，豈非天地之塞？吾性之所以爲性者，豈非天地之帥哉？古之君子，惟其見得道理眞實如此，所以親親而仁民，仁民而愛物，推其所爲，以至於能以天下爲一家，中國爲一人，而非意之也。今若必謂人物只是父母所生，更與乾坤都無干涉，其所以有取於西銘者，但取其姑爲宏闊廣大之言，以形容仁體，而破有我之私而已；則是所謂仁體者，全是虛名，初無實體。而小己之私，卻是實理，合有分別。聖賢於此，卻初不見義理，只見利害，而妄以己意造作言語，以增飾其所無，破壞其所有也。若果如此，則其立言之失，膠固二字，豈足以盡之？而又何足以破人之梏於一己之私哉？」此爲朱子第一書。其第二書又曰：

「熹所論西銘之意，正謂長者以橫渠之言，不當謂乾坤實爲父母，而以膠固斥之，故竊疑之，以爲若如長者之意，則是謂人物實無所資於天地，恐有所未安耳。非熹本説固欲如此也。今詳來誨，猶以橫渠只是假借之言，而未察父母之與乾坤，雖其分之有殊，而初未嘗有二體。但其分之殊，則又不得而不辨也。」此爲朱子第二書。今梭山之書雖不可見，而可自朱子書中推見其意。蓋西銘所論「天地萬物一體之仁」者，梭山祇認之於吾心，而朱子則認之於外實。此自是朱、陸根本異點。其後象山繼辨，於西銘卽置不論，或者將暫以後及；而太極之往復，既無定論，因亦更不及之耶？宋元學案鈔朱、陸辨太極諸書，卻將朱子最先兩書辨及西銘處刪去，後人或不知太極以外，尚有此一番異議矣。

蓋西銘言「萬物一體」，爲宋學命脈所寄。然此萬物一體者，將體之以吾心乎？抑求之於外物之實理乎？明道雖取西銘，而不以謂「有德之言」，此主體之以吾心者也。二陸承明道而益進，故疑「乾坤父母」之説爲膠固；伊川謂「物我一理，纔明彼卽曉此」，此已開向外一路，而猶不取濂溪太極；至朱子推申伊川致知之意，乃并周子太極而尊之也。故朱、陸之爭，實已孕於北宋諸賢之間，特至是而顯豁呈露，無可躲免耳。然朱、陸之爭猶是一家之爭也。外是而有陳龍川、葉水心，則駸駸乎敵國矣。龍川之評儒，曰：「不著實，不適用。」

學案卷五十六龍川學案陳同甫集：「人只是這個人，氣只是這個氣，才只是這個才。譬之金銀銅鐵，鍊有多少，則器有精粗。豈其於本質之外，換出一般，以爲絕世之美器哉？故浩然之氣，百鍊之血氣也，使世人爭騖高遠以求之，東扶西倒，而卒不著實而適用，則諸儒之所以引之者亦過矣。」又：「爲士以文章行義自名，居官以政事書判自顯，各務其實，而極其所至，各有能有不能，卒亦不敢強也。道德性命之說一興，而尋常爛熟無所能解之人，自託於其間，以端慤靜深爲體，以徐行緩語爲用，務爲不可測，以蓋其所無。一藝一能，皆以爲不足自通於聖人之道。於是天下之士，始喪其所有而不知適從。爲士者恥言文章行義，而曰盡心知性。居官者恥言政事書判，而曰學道愛人。相蒙相欺，以盡廢天下之實，終於百事不理而已。」

曰：「義利王霸，一頭自如此說，一頭自如彼做。說得雖甚好，做得亦不惡。」

又：「自孟、荀論義利王霸，漢、唐諸儒，未能深明其說。本朝伊、洛諸公，辨析『天理』『人欲』，而王霸義利之說，於是大明。諸儒自處者曰『義』，曰『王』，漢、唐做得成者曰『利』，曰『霸』。一頭自如此說，一頭自如彼做。說得雖甚好，做得亦不惡。如此卻是義利雙行，王霸並用。如亮之說，卻是直上直下，只有一個頭顱做得成耳。」

而謂：「儒不足以盡成人之道。」

又：「孟子終日言仁義，而與公孫丑論勇如此之詳，蓋擔當開廓不去，則亦何有於仁義？氣不足以充其所知，才不足以發其所能，守規矩準繩而不敢有一毫走作，傳先民之說，而後學有所持循，此子夏所以分出一門而謂之儒也。成人之道，宜未盡於此。故後世所謂有才而無德，有知勇而無仁義者，皆出於儒者之口。亮以爲學者學爲成人，而儒者亦一門戶中之大者耳。秘書（稱朱子）不教以成人之道，而教以醇儒自律，豈揣其分量止於此乎？不然，亮猶有遺恨也。」

然龍川尚僅主於事功，而水心則精辨於學術。於曾子、子思、孟子皆有譏。

學案卷五十四水心學案總述講學大旨：「曾子之學，以身爲本，容色辭氣之外不暇問，於大道多遺略，未可謂至。子思作中庸，高者極高，深者極深，非上世所傳。世以孟子傳孔子，殆或庶幾。然開德廣，語治驟，處己過，涉世疏，學者趨新逐奇，忽亡本統，使道不完而有迹。」

謂：「以心爲官，以性爲善，非內外相成之道。」

又習學記言：「洪範耳目之官不思，而爲聰明，自外入以成其內也。思曰睿，自內出以成其外也。古人未有不內外交相成而至於聖賢。堯、舜皆備諸德，而以聰明爲首。夫古人之耳目，豈盡不官而蔽於物？而思有是非邪正，心有人危道微，後人安能常官而得之？舍四從一，是謂不知天之所與，而非天之與此而禁彼也。蓋以心爲官，出孔子之後，以性爲義，自孟子始。然後學者盡廢古人之條目，而專以心爲宗主。致虛意多，實力少，測知廣，凝聚狹，而堯、舜以來內外相成之道廢矣。」

謂：「一世之人，常區區乎求免於喜怒是非之內而不獲，如搰泥而揚其波。」

又：「不遷怒，不貳過，以是爲顏子之所獨能，而凡孔氏之門皆輕慍頻復之流與？是孔子誣天下以無人也。蓋置身於喜怒是非之外者，始可以言好學。而一世之人，常區區乎求免於喜怒是非之內而不獲，如搰泥而揚其波也。嗚呼！必若是，則惟顏子耳。」

謂：「周、孔以建德爲本，以勞謙爲用，故其所立能與天地相終始，而吾身之區區不預焉。」

又：「程氏答張氏論定性書，皆老、佛語也。子思雖漸失古人體統，然猶未至此。孟子稍萌芽，其後儒者則無不然矣。老、佛之學，所以不可入周、孔之道者，周、孔以建德爲本，以勞謙爲用，故其所立能與天地相終始，而吾身之區區不與焉。老、佛則處身過高，而以德業爲應世，其偶可爲者則爲之。所立未毫髮，而自夸甚於邱山。至於壞敗喪失，使中國胥爲夷狄，淪亡而不能救，而不以爲己責也。」

此二人者，凡其所排擊，皆中肯要，可謂宋學之諍友也。然言其氣魄之遠大，議論之高廣，組織之圓密，與夫開示之平實淺近，則並時諸賢，皆無以踰乎朱子，而宋學之一尊以定。經滄海者難爲水，自是以降，理學向衰，而宋亦垂亡矣。明初學者，不出考亭範圍。自陽明出，而理學之天地乃一新。陽明早歲，曾以格物致病。乃謂「物無可格，格物工夫，只在身心上做」。

傳習錄下：先生曰：「衆人只說格物要依晦翁，何曾把他的說去用？我著實用來。初年與錢友同論做聖賢要格天下之物，如今安得這大力量。因指庭前竹子，令去格看。錢子早夜去窮格竹子的道理，三日便勞神致疾。當初說他是精力不足，某因自去窮格，早夜不得其理，到七日，亦以勞思致疾。遂相與歎聖賢是做不得的，無他大力量去格物了。及在庚申三年，頗見得此意思，乃知天下之物，本無可格者。其格物之功，只在身心上做。決然以聖人爲人人可到，便自有擔當了。」

居夷處困，而悟良知。

年譜：「先生至龍場，始悟格物致知。龍場在貴州西北萬山叢棘中，蛇虺魍魎，蠱毒瘴癘。與居夷人，鴃舌難語。可通語者，皆中土亡命。舊無居，始教之範土架木以居。時（劉）瑾憾未已，自計得失榮辱，皆能超脫，惟生死一念，尚覺未化。乃爲石槨，自誓曰：『吾惟俟命而已。』日夜端居澄默，以求靜一。久之，胸中灑灑。而從者皆病，自析薪取水，作糜飼之。又恐其懷抑鬱，則與歌詩。又不悅，復調越曲，雜以詼笑。始能忘其爲疾病夷狄患難也。因念聖人處此，更有何道？忽中夜大悟格物致知之旨，寤寐中若有人語之者，不覺呼躍，從者皆驚。始知聖人之道，吾性自足，向之求理於事物者，誤也。」

更不言宇宙萬物，而以感應是非爲心體。

傳習錄下：「目無體，以萬物之色爲體。耳無體，以萬物之聲爲體。鼻無體，以萬物之臭爲體。口無體，以萬物之味爲體。心無體，以天地萬物感應之是非爲體。」

是非之驗，在於好惡。

傳習錄下：「良知只是個是非之心，是非只是個好惡。只好惡就盡了是非，只是非就盡了萬事萬變。」

故陽明言工夫，要在「事上磨練」，

傳習錄上：「人須在事上磨，方立得住。」

傳習錄中：「我此間講學，只說個必有事焉，不說勿忘勿助。必有事焉者，只是時時去集義。若時時去用必有事的工夫，而或有時間斷，此便是忘了，即須勿忘。時時去用必有事的工夫，而或有時欲速求效，此便是助了，即須勿助。其工夫全在必有事焉上用。勿忘勿助，只就其間提撕警覺而已。」

而主於「誠意」。

文集與王純甫：「僕近時與朋友論學，惟說立誠二字。殺人須就咽喉上著刀，吾人爲學，當從心髓入微處用力。」

傳習錄中：「誠意之說，自是聖人教人用功第一義。」

傳習錄下：「工夫到誠意，始有著落處。」

又：「先生嘗謂人但得好善如好好色，惡惡如惡惡臭，便是聖人。（黃）直初時聞之，覺甚易，後體會得來，此個工夫著實是難。如一念雖知好善惡惡，然不知不覺又夾雜去了。才有夾雜，便不是好善如好好色、惡惡如惡惡臭的心。善能實實的好，是無念不善矣。惡能實實的惡，是無念及惡矣。如何不是聖人？故聖人之學，只是一誠而已。」

亦曰「謹獨」。

傳習錄上：「（陸）澄嘗問象山在人情事變上做工夫之說，先生曰：『除了人情事變，則無事矣。喜怒哀樂非人情乎？自視聽言動以至富貴貧賤患難死生，皆事變也。事變亦只在人情裏。其要只在致中和。致中和則在謹獨。』」

又：「正之問：『戒懼是己所不知時工夫，愼獨是己所獨知時工夫，此說如何？』先生曰：『只是一個工夫。無事時固是獨知，有事時亦是獨知。人若不知於此獨知之地用力，只在人所共知處用功，便是作僞。便是見君子而後揜然。此獨知處便是誠的萌芽。此處不論善念惡念，更無虛假。一是百是。一錯百錯。正是王霸、義利、誠僞、善惡界頭。於此一立立定，便是端本澄源。便是立誠。古人許多誠身的工夫，精神命脈，全體只在此處。』」

亦曰「立志」。

傳習錄中：「大抵吾人爲學，緊要大頭腦只是立志。所謂困忘之病，亦只是志欠眞切。今好色之人，未嘗病於困忘，只是一眞切耳。自家痛癢，自家須會知得，自家須會搔摩得。既自知得痛癢，自家須不能不搔摩得。」

傳習錄下：「汝輩學問不得長進，只是未立志。眞有聖人之志，良知上更無不盡。良知上留得些子別念掛帶，便非必爲聖人之志矣。」

其實皆求能「誠意」耳。誠意之極，卽是「知行合一」。

傳習錄上：「（徐）愛因未會先生知行合一之訓，與宗賢、維賢往復辨論，未能決，以問於先生。先生曰：『試舉看！』愛曰：『如今人儘有知得父當孝、兄當弟者，卻不能孝，不能弟，便是知與行分明是兩件。』先生曰：『此已被私欲隔斷，不是知行本體了。未有知而不行者。知而不行，只是未知。聖賢教人知行，正是要復那本體，不是著你只恁的便罷。故大學指個眞知行與人看，說如好好色，如惡惡臭，見好色屬知，好好色屬行。只見那好色時，已自好了，不是見了後又立個心去好。聞惡臭屬知，惡惡臭屬行。只聞那惡臭時，已自惡了，不是聞了後別立個心去惡。如鼻塞人雖見惡臭在前，鼻中不曾聞得，便亦不甚惡，亦只是不曾知臭。就如稱某人知孝，某人知弟，必是其人已曾行孝行弟，方可稱他知孝知弟。不成只是曉得說些孝弟話，便可稱爲知孝弟。又如知痛，必已自痛了方知痛。知寒，必已自寒了。知饑，必已自饑了。知行如何分得開？此便是知行的本體，不曾有私意隔斷的。聖人教人必要是如此方可謂之知，不然只是不曾知。此卻是何等緊切著實的工夫！如今苦苦定要說知行做兩個，是甚麼意？某要說做一個，是甚麼意？若不知立言宗旨，只管說一個兩個，亦有甚用？』」

「致良知」則卽是「誠意」也。

傳習錄中：「著實去致良知，便是誠意。」

又：「良知只是一個天理自然明覺發見處。只是一個眞誠惻怛，便是他本體。故致此良知之眞誠惻怛以事親，便是孝。致此良知之眞誠惻怛以從兄，便是弟。致此良知之眞誠惻怛以事君，便是忠。只是一個良知，一個眞誠惻怛。」

故「格物」「致知」「誠意」三者，一以貫之。

傳習錄中：「意欲溫清，意欲奉養者，所謂意也。而未可謂之『誠意』。必實行其溫清奉養之意，務求自慊而無自欺，然後謂之誠意。知如何而爲溫清之節，知如何而爲奉養之宜者，所謂知也。而未可謂之『致知』。必致其知如何爲溫清之節者之知，而實以之溫清，致其知如何爲奉養之宜者之知，而實以之奉養，然後謂之致知。溫清之事，奉養之事，所謂物也。而未可謂之格物。必其於溫清之事也，一如其良知之所知當如何爲溫清之節者而爲之，無一毫之不盡；於奉養之事也，一如其良知之所知當如何爲奉養之宜者而爲之，無一毫之不盡；然後謂之格物。溫清之物格，然後知溫清之良知始致。奉養之物格，然後知奉養之良知始致。故曰『物格而後知至』。致其溫清之良知，而後溫清之意始誠。致其知奉養之良知，而後奉養之意始誠。故曰『知至而後意誠』。誠意致知格物之說蓋如此。」

卽心卽理，卽知卽行，易簡直捷，無他道也。而推其極，亦歸於「以天地萬物爲一體」。

大學問：「大人者，以天地萬物爲一體者也。其視天下猶一家，中國猶一人也。若夫間形骸而分爾我者，小人矣。大人之能以天地萬物爲一體也，非意之也，其心之仁本若是，其與天地萬物而爲一也。豈惟大人，雖小人之心亦莫不然。彼顧自小之耳。苟無私欲之蔽，則雖小人之心，而其一體之仁，猶大人也。故夫爲大人之學者，亦惟去其私欲之蔽，以自明其明德，復其天地萬物一體之本然而已。」

夫「以天地萬物爲一體」者，此北宋以來理學家精神命脈之所寄也。濂溪、橫渠求之外，明道識之心，伊川爲明道補偏而言致知格物，晦菴承之，推極其說，乃復通於濂溪、橫渠。然以讀書格物窮理之功，而返之於當身，則終不脫明道「居敬」之意。

謝无量朱子學派論宋儒重氣象云：「爲學之法，在先諷誦語、孟、學、庸四書，體認其言外之意，以求聖賢之眞氣象。近思錄至特設聖賢氣象一門。程明道曰：『仲尼元氣也，顏子春氣也，孟子則秋殺盡見。仲尼天地也，顏子和風慶雲也，孟子泰山巖巖之氣象也。觀其言皆可知之矣。仲尼無迹，顏子微有迹，孟子其迹著。以求之於氣象也。』又論語集註：『巧言令色』，朱註曰：『聖人辭氣不迫切。』『子夏賢賢易色』，集註：吳才老曰：『詞氣之間，抑揚過甚。』孟懿子問孝章朱註：『詞氣渾然，又若不專爲三家發者，所以爲聖人之言也。』又溫良恭檢讓章朱註：『聖人過化存神之妙，未易窺測；然即此以觀，則其德盛禮恭，而不願乎其外，亦可見矣。學者所當潛心而勉學也。』此等亦是於氣象求之，實爲宋儒解經之特色。自是以來，學者皆以窺見聖賢氣象爲亟。如論語『回也不改其樂』，『曾點舞雩』，『回也屢空』等章，及中庸鳶飛章之類，幾成禪家中一種公案，恆爲辨論所集矣。」今按：宋儒言氣象，與言主敬一脈，皆主吾心之體認。朱子雖極論格物之義，到底走在明道路下，卽此可證。

象山主「先立乎其大者」，而曰：「格物者，格此者也。」然提挈有餘，闡發未邉，亦無以奪晦菴讀書窮理之守。

明儒學案師說：「陽明所極力表章者，乃在陸象山，遂疑其或出於禪。禪則先生固嘗逃之，後乃覺其非而去之矣。夫一者誠也，天之道也。誠之者明也，人之道也。致良知是也。因明至誠、以人合天之爲聖，禪有乎哉？卽象山本心之說，疑其爲良知之所自來，而求本心於良知，指點更爲親切。合致知於格物，工夫確有循持。較之象山混人道一心，卽本心而求悟者，不猶有毫釐之辨乎？」今按：此節辨陸、王極細。故象山不足以奪晦菴之說，必俟夫陽明而後足以代興也。

及陽明出，單提「致良知」一語，從行事着眼，而後「吾心」之與「外物」，「居敬」之與「窮理」，皆可以溝貫而無閡。蓋明道、象山偏於內，其失也涵養持守而無進學，不免於空疏。伊川、晦菴偏於外，其失也記誦博覽而無湊泊，不免於支離。惟陽明卽本吾心之眞誠發露，而一見之於行事，卽知卽行，相尋而長，乃可以超乎居敬窮理之上，而收心物兼濟、內外交盡之功也。故言宋明理學者，濂溪、橫渠究極宇宙萬物本原一派，終不免爲斷港絕潢。雖朱子格物補傳之說，汪洋恣肆，匯爲大觀，亦復非朝宗所極。而明道「識仁」之意，至姚江出而言「致良知」，乃然後心物兼賅，體用一源，爲可以無遺憾也。故理學之有姚江，如百川之赴海，所謂不達而不止者也。

姚江之學，一傳而爲泰州，遂有淮南格物之說，以「反己」爲格物工夫。

學案卷三十二泰州學案王心齋傳：「先生以格物卽物有本末之物，身與天下國家一物也。格知身之爲本，而家國天下之爲末，行有不得者皆反求諸己。反己是格物底工夫。故欲齊治平在於安身。易曰：『身安而天下國家可保也。』身未安，本不立也。知身安者必愛身敬身。愛身敬身者，必不敢不愛人不敬人。能愛人敬人，則人必愛我敬我，而我身安矣。一家愛我敬我，則家齊。一國愛我敬我，則國治。天下愛我敬我，則天下平。故人不愛我，非特人之不仁，己之不仁可知矣。人不敬我，非特人之不敬，己之不敬可知矣。此所謂淮南格物也。」

謂「知得身是天下國家之本，則以天地萬物依於己，不以己依於天地萬物」，則卽明道「不得以天地萬物撓己」之說也。故宋明儒者，雖一面熱忱追求天地萬物一體之「我」，轉辭言之，特本「我」而謂之天地萬物之一體在是焉。姚江言「致良知」，而泰州言「反己安身」，心齋不得不謂陽明之肖子矣。然其終失陽明之傳者，亦在泰州。

學案卷三十二泰州學案：「陽明先生之學，有泰州、龍谿而風行天下，亦因泰州、龍谿而漸失其傳。泰州、龍谿，時時不滿其師說，益啟瞿曇之秘而歸之師。蓋躋陽明而爲禪矣。然龍谿之後，力量無過於龍谿者，又得江右爲之救正，故不至十分決裂。泰州之後，其人多能以赤手搏龍蛇，傳至顏山農、何心隱一派，遂非復名教之所能羈絡矣。」

蓋陽明良知之說，本自生死中悟得，而後人欲平易承當。

羅洪先龍場陽明祠記：「予嘗考龍場之事，於先生之學，有大辨焉。夫所謂良知云者，本之孩童固有，乃先生自敍，則謂困於龍場三年而後得之，固有不易者。今夫發育之功，天地之所固有也。然天地不常有其功，一氣之斂閉而成冬，風露之撼薄，霜霰之嚴凝，隕穫摧敗，生意蕭然，可謂寂寞而枯槁矣。鬱極而軋，雷霆奮焉，百蟄啟焉，草茁氤氳，動蕩於宇宙者，則向之風霰爲之也。是故藏不深則化不速，蓄不固則致不遠。屈伸剝復之際，天地且不違，而況於人乎！先生以豪傑之才，脫屣故常，一變而爲文章，再變而爲氣節。當其昌言於逆瑾蠱政之時，意氣激烈，議論鏗訇，眞足以淩駕一時。及其擯斥流離於萬里絕域，荒煙深箐狸鼯豺虎之區，形影孑立，朝夕惴惴，既無一可騁者。而且疾病之與居，瘴癘之與親。情迫於中，忘之有不能。勢限於外，去之有不可。輾轉煩瞀以需動忍之益。蓋吾之一身已非吾有，而又何有於吾身之外？至是而後如大夢之醒，強者柔，浮者實，凡平日所挾以自快者，不惟不可以常恃，而實足以增吾之機械，盜吾之聰明。其塊然而生，塊然而死，與吾獨存而未始加損者，則固有之良知也。然則先生之學，鼓舞天下之人，至於今日而不怠者，非雷霆之震，前日之龍場，其風霰也哉？今之言良知者，莫不曰固有固有；問其致知之功，任其固有焉耳。亦嘗於枯槁寂寞而求之乎？所謂盜聰明增機械者，亦嘗有辨於中否乎？生於憂患，死於安樂，豈有待於人乎？」　今按：念菴論良知，最有精義。而龍場一記，尤爲扼要之論。實探陽明良知本源。學者果識此意，又何有後來「當下即是，一悟便了」之論哉？

陽明言致良知，本自「立誠」下手，而後人欲以見解傳述。

羅洪先答何善山云：「弟之取諸人者，但能於自性自命喫緊用力。不知向此用功，即在話頭上拈弄，至於自性自命既已傷損，尚不能知。當下動氣處，自以爲發強剛毅。纏黏處，自以爲文理密察。加意奉陪，卻謂恭敬。明白依阿，卻謂寬仁。非眞知痛癢，與所謂能知言也。此等處非是各人自悟，縱終日爭辨，未有出頭時。陽明云：『聖人之學，只是一誠。』良知亦誠而已，豈容言說爭耶？」

又寧國府學門記：「各得其本心者謂之仁，凡聖人教人入德之門也。然能自識其心之所以爲心，與卽其資之所近以各得其本心，非徒師不能授弟子，弟子不能得之師，卽吾一人之身，自少至壯，自壯至老，亦有不可得而必者。卽吾一日之間，自朝至昃，自昃至夕，亦有不可得而必者。而況於人人哉？故經嘗不周，則改過不密。踐履不久，則實際不純。非忘成心，去故智，絕多歧而歸一原，則吾之本心必不可復，其亦可謂艱厲矣。」

今按：念菴之論良知，本之於反己之自知，一念之眞誠。而要之於經嘗踐履，絕之於語言文飾，而始終之以艱厲。可謂得陽明之眞傳。

於是而末流病痛，遂有不可勝言者。明之季世，東林、蕺山，於姚江流弊皆有諍救，然景逸格物之說，謂「反身卽格物，心明卽天理」，則猶是陽明一派。

明儒學案卷五十八東林學案梨洲論高景逸云：「先生之學，一本程、朱，故以格物爲要。但程、朱格物，以心主乎一身，理散在萬物，存心窮理，相須並進。先生謂『纔知反求諸身，是眞能格物者也』，與程、朱之旨異矣。先生又曰：『人心明卽是天理，窮至無妄處方是理。』深有助乎陽明致良知之說。必以外窮事物之理爲格物，則可言陽明之致知不在於格物。若如先生言，人心明卽是天理，則陽明之致知卽是格物明矣。先生之格物，本無可議。特欲自別於陽明，反覺多所扞格耳。」

蕺山「愼獨」，推本於濂溪，意在將北宋以來，程、朱、陸、王，歧教異趨，一壁打通，然亦不出居敬舊路。

明儒學案卷六十二蕺山學案天命章說：「獨之外別無本體，愼獨之外別無工夫。性只是氣質之性，而義理者氣質之本然，乃所以爲性也。性只是人心，而道者人之所當然，乃所以爲心也。人心、道心，只是一心。氣質、義理，只是一性。識得心一、性一，則工夫亦可一。靜存之外更無動察。主敬之外更無窮理。其究也，工夫與本體亦一。此愼獨之說也。昔周元公著太極圖說，實本之中庸，至『主靜立人極』一語，尤爲愼獨傳神。其後龜山門下一派，羅、李二先生，相傳口訣，專教人『看喜怒哀樂未發時作何氣象』。朱子親受業於延平，固嘗聞此。而程子則以靜字稍偏，不若專主於敬。又以敬字未盡，益之以窮理之說。又曰：『涵養須用敬，進學在致知。』朱子從而信之，所學爲之少變，遂謂愼獨之外另有窮理工夫，以合於格致誠正之說。近日陽明先生始目之爲支離，專提『致良知』三字爲教法，而曰『良知只是獨知之時』，可謂心學獨窺一源。至他日答門人『愼獨是致知工夫』，而以『中爲本體，無可著力』，此卻是權教。天下未有大本之不立，而可徒事乎道生者。大抵諸儒之見，或同或異，多係轉相偏矯，因病立方，盡是權教。至於反身力踐之間，未嘗不同歸一路，不謬於愼獨之旨。學者但知卽物窮理爲支離，而不知同一心耳，舍淵淵靜深之地，而從事思慮紛起之後，泛應曲當之間，正是尋枝摘葉之大者，其爲支離之病，亦一而已。恃此爲學，又何成乎？」　今按：蕺山此說，亦所以矯王學末流之弊。然陽明初悟，本以默坐澄心爲學的。又謂：「學者以收斂爲主，發散是不得已。」本近主靜立極之意。後覺其有流弊，乃專提致良知三字。蕺山鑒於末學失眞，而重提獨體。專走明道「誠敬存之」一語，雖理論較濂溪、明道爲密，實亦偏主一面，仍不如陽明致良知一語，爲著實而周到矣。

惟論理氣心性，足破宋人義理、氣質兩橛之病。其體認親切法所論身，亦天地萬物一體之意。

學案卷六十二體認親切法：「身在天地萬物之中，非有我之得私。心在天地萬物之外，非一膜之能囿。通天地萬物爲一心，更無中外可言。體天地萬物爲一本，更無本心可覓。」

而較淮南格物說，若爲展廓。

學案卷三十二子劉子曰：「後儒格物之說，當以淮南爲正，第少一註腳。格知誠意之爲本，而正修治平之爲末，則備矣。然所謂安身者，亦是安其心耳，非區區保此形骸之爲安也。」　蓋蕺山仍是認天地萬物之一體於吾心，所謂愼獨者，獨體即天地萬物一體之體也。

蓋自蕺山「心在天地萬物之外」與夫「通天地萬物爲一心」之語觀之，庶可免夫水心「吾身區區」之譏。自此又一轉手，遂開清初諸儒之學。而理學風流，亦從此而歇矣。今要以言之，則宋明六百年理學，自濂溪太極圖說，康節皇極經世，橫渠正蒙，下至陽明之「致良知」，心齋之「安身」，蕺山之「愼獨」，皆不出尋求「天地萬物一體」之意，惟漸尋漸細，漸求漸近，乃捨本體而專論工夫，捨外物而專重我心，乃歸結於即以我心獨知之獨體，爲天地萬物一體之體焉。此則六百年理學趨勢之大要也。余論先秦子學，爲「階級之覺醒」，魏晉清談，爲「個人之發見」，則此六百年之理學，亦可以一語括之曰：「大我之尋證」是已。蓋自魏晉以降，虛無淺薄之個人主義既不足以饜人心，乃遁而求之於佛理。而佛之爲道，雖有閎大幽眇之境，而其所持戒律，與其生活之方式，又與我先民歷古相傳社會家族所以維繫永久之道格不相入，則終亦何以推行而無阻？亦復何以據守而自安？於是繙經求法，所孜孜兀兀以得之者，僅亦以爲參考之一說；而修齊治平相生相養以善吾之生者，終且反求之於古籍。遂以心性說儒書，亦復時參陰陽莊老之言以自廣。要其宗旨血脈所在，則與夫老、釋者不同也。後世或專以迹涉老、釋爲理學家病，亦豈爲知理學之眞哉？

第九章　清代考證學

言清代學術者，率盛誇其經學考證。固也。然此在乾、嘉以下則然耳。若夫清初諸儒，雖已啟考證之漸，其學術中心，固不在是，不得以經學考證限也。蓋當其時，正值國家顛覆，中原陸沈，斯民塗炭，淪於夷狄，創鉅痛深，莫可控訴。一時魁儒畸士，遺民逸老，抱故國之感，堅長遯之志，心思氣力，無所放洩，乃一注於學問，以寄其守先待後之想。其精神意氣，自與夫乾、嘉諸儒，優遊於太平祿食之境者不同也。又況夫宋、明以來，相傳六百年理學之空氣，既已日醲日厚，使人呼吸沈浸於其中，而莫能解脫。而既病痛百出，罅漏日甚，正心誠意之辨，無救於國亡種淪之慘。則學者怵目驚心，又將何途之出，以爲我安身立命之地，而期康濟斯民之實？此又當時諸儒一切已之問題也。於是而推極吾心以言博學者，有黃梨洲。

黄宗羲明儒學案序：「盈天地皆心也。變化不測，不能不萬殊。心無本體，工夫所至，即其本體。故窮理者，窮此心之萬殊，非窮萬物之萬殊也。是以古之君子，寧鑿五丁之間道，不假邯鄲之野馬，故其途亦不得不殊。奈何今之君子，必欲出於一途，使美厥靈根者，化爲焦芽絶港。夫先儒之語錄，人人不同，只是叩我之心體，變動不居。若執定成局，終是受用不得。此無他，修德而後可講學。今講學而不修德，何怪其舉一而廢百乎？」

今按：梨洲從學蕺山，其「盈天地皆心」之語，即本蕺山「心在天地萬物之外，不限於一膜」之意。於是重於心體引申出博學宗旨，以藥晚明心學空疏褊狹之弊，而曰「只是叩我之心體」，「窮此心之萬殊」。蓋陽明言致良知，尚側重行事一邊。今梨洲之言「修德而後可講學」，雖仍是陽明致良知宗旨，而已自行事復推之於學問。從此姚江良知，乃容得博學精神，實爲蕺山證人以後學術一大轉手。有志姚江良知之學者，於梨洲此意不可不知也。故梨洲嘗謂：「讀書不多，無以證斯理之變化。多而不求於心，則爲俗學。」拔趙幟，立漢幟，以多讀書證斯心，精神猶是，體貌全非，此是學術思想之轉步處也。

辨體用，辨理氣，而求致之於實功實事者，有陳乾初。

黄宗羲陳乾初墓志銘：「人性無不善，於擴充盡才後見之也。如五穀之性，不藝植，不耘耔，何以知其種之美？是故藨衰勤而後嘉穀之性全，涵養熟而後君子之性全。今老農收種，必待受霜之後，以爲非經霜則穀性不全。此物理也，可以推人理。故資始流行之時，性非不具也，而必於各正保合見生物之性之全。孩提少長之時，性非不良也，而必於仁至義盡見生人之性之全。」　今按：乾初亦蕺山門人，於擴充盡才後見性善，已非蕺山愼獨宗旨，而頗似梨洲「心無本體，工夫所至卽其本體」之說。輕本體而重工夫，爲清初言理學者一特徵。後來戴東原出，力攻宋明反本復初以爲性善之論，其端緒已遠肇於此矣。又云：「由性之流露而言謂之情，由性之運用而言謂之才，由性之充周而言謂之氣。性之善不可見，分見於氣、情、才。情、才與氣，皆性之良能也。舍情、才之善，又何以明性善耶？」　今按：此卽蕺山「性只是氣質之性」之說也。又曰：「人心本無所謂天理，天理正從人欲中見。人欲恰好處卽天理也。向無人欲，則亦並無天理可言矣。」

今按：此卽蕺山「就氣中參出理來」之意，而言之益徹。梨洲亦言之：「喜怒哀樂，不論已發未發，皆情也，其中和則性也。」（明儒學案卷四十七評羅整庵。）與乾初此論正合。又曰：「氣質卽是情、才，由情、才之善而見性善，不可言因性善而後情、才善也。」（學案卷四十一評馮少墟。）　今按：以義理爲虛，以氣質爲實，又清初言理學者一特徵也。其後顏習齋、戴東原於此等處皆竭力發揮，以爲攻擊理學之根據。然陽明以吾心之好惡是非爲良知，又以實致吾心之好惡是非於事事物物爲致良知，實已走入此一路。故蕺山、梨洲、乾初皆先言之。明眼人必能看透此中消息也。

不偏立宗主，左右采獲以爲調和者，有孫夏峯、李二曲，陸桴亭。

全祖望二曲先生窆石文：「當是時，北方則孫先生夏峯，南方則黄先生梨洲，西方則先生，時論以爲三大儒。」　今按：二曲、夏峯論學，大本皆宗陽明，與梨洲略同。皆能博綜切實，推廓良知功能，力矯晚明心學空疏放蕩之弊，亦略同。而於前人學説，不偏立宗旨，各采所長以爲調和之意，則夏峯、二曲爲顯。門人問夏峯朱、王得失，夏峯曰：「門宗分裂，使人知反而求諸事物之際，晦翁之功也。然晦翁没而天下之實病不可不洩。詞章繁興，使人知反而求諸心性之中，陽明之功也。然陽明没而天下之虚病不可不補。」（夏峯語録）二曲教學者入手先觀象山、慈湖、陽明、白沙之書，以洞斯道大原。而云：「先覺倡道，皆隨時補救，如人患病不同，投藥亦異。晦菴之後，墮於支離葛藤，故陽明出而救之以致良知，令人當下有得。及其久也，易至於談本體而略工夫。今日吾人通病在於昧義命，鮮羞惡，苟有大君子志切拯救，惟宜力扶廉恥。」（二曲集南行述）此可見二人論學之態度矣。而夏峯著述有理學宗傳二十六卷，記述宋明學術源流，書在梨洲學案之前。又有畿輔人物考、中州人物考、兩大案録、甲申大難録、孫文正公年譜、蘇門紀事等書，注重文獻，尤爲與梨洲學風相近。

全祖望陸先生世儀傳：「先生不喜陳（白沙）、王（陽明）之學，顧能洞見其得失之故，而平心以論之。其論陽明曰：『陽明之學，原自窮理讀書中來。不然，龍場一悟安得六經皆湊泊。』又曰：『良知固可入聖，然切莫打破敬字，乃是壞良知也。其致之亦豈能廢窮理讀書？然陽明之意主於簡易直捷，以救支離之失，故聰明者喜從之。而一聞簡易直捷之說，則每厭窮理讀書之繁，動云一切放下，直下承當，心粗膽大，祇爲斷送一敬字。不知卽此簡易直捷之一念，便已放鬆腳根也。故陽明在聖門，狂者之流。門人昧其苦心以負之耳。』又嘗謂學者曰：『世有大儒，決不別立宗旨。譬之大醫國手，無科不精，無方不備，無藥不用，豈有執一海上方，而沾沾語人曰，舍此更無科無方無藥也？近之談宗旨者，皆海上方也。』」　今按：先生不喜陽明，與夏峯、二曲不同。然其不偏立宗旨而爲調和之說則同。梨洲則曰：「大凡學有宗旨，是其人得力處，亦是學者入門處。講學而無宗旨，卽有嘉言，是無頭緒之亂絲也。學者而不能得其人之宗旨，卽讀其書，亦猶張騫初至大夏，不能得月支要領。」（明儒學案發凡）與夏峯、二曲、桴亭自別。

絕口不言心性，而標「知恥博文」爲學的者，有顧亭林。

亭林文集與友人論學書：「竊歎夫百餘年來之學者，往往言心言性，而茫乎不得其解也。命與仁，孔子所罕言也。性與天道，子貢所未得聞也。其答問士也，則曰：『行己有恥。』其爲學，則曰：『好古敏求。』何其平易而可尋也！今之君子，聚學者數十百人，譬之草木，區以別矣，而一一皆與之言心言性。舍多學而識以求一貫之方，置四海困窮不言，而終日講危微精一，是必道高於孔子，而門弟子賢於子貢也。我弗敢知。孟子一書，言心言性，亦諄諄矣。乃至萬章、公孫丑、陳代、陳臻、周霄、彭更之所問，與孟子之所答者，常在乎出處去就辭受取與之間。是故性也命也，孔子所罕言，而今之君子所恆言也。出處去就辭受取與之辨，孔、孟之所恆言，而今君子所罕言也。我弗敢知也。愚所謂聖人之道者，曰『博學於文』，曰『行己有恥』。士而不言恥，則爲無本之人。非好古而多聞，則爲空虛之學。以無本之人，講空虛之學，吾見其去聖彌遠也。」今按：亭林此書，乃與濟南張嵩菴。嵩菴答書云：「論學書特拈博學、行己二事，眞足砭好高無實之病。愚見又有欲質者，性命之理，騰說不可也，未始不可默喻。侈於人不可也，未始不可驗之己。強探力索於一日不可也，未始不可優裕漸漬以俟自悟。如謂於學人分上，了無交涉，是將格盡天下之理，而反遺身以內之理也。」於亭林原書所論，頗持異同。蓋亭林主知恥同於二曲，主博文同於梨洲，而絕不談心性，則於當時爲獨異。然其後乃成乾、嘉學風，專走考證一路，則眞絕不談心性矣。學風之轉移，以漸而至，率如此。

黜陽明而復之橫渠、程、朱，尊事物德行之實，以糾心知覺念之虛妄者，有王船山。

船山遺書大學補傳衍：「何以謂之德？行焉而得之謂也。何以謂之善？處焉而宜之謂也。不行胡得？不處胡宜？則君子之所謂知者，吾心喜怒哀樂之節，萬物是非得失之幾，誠明於心而不昧之謂耳。人之所以爲人，不能離君民親友以爲道，則亦不能舍人官物曲以盡道，其固然也。今使絕物而始靜焉，舍天下之惡而不取天下之善，墮其志，息其意，外其身，於是而洞洞焉，晃晃焉，若有一澄澈之境，置吾心而偷以安。又使解析萬物，求物之始而不可得，窮測意念，求吾心之所據而不可得，於是棄其本有，疑其本無，則有如去重而輕，去拘而曠，將與無形之虛同體，而可以自矜其大。斯二者，乍若有所覩而可謂之覺，則莊周、瞿曇氏之所謂知，盡此矣。然而求之於身，身無當也。求之於天下，天下無當也。行焉而不得，處焉而不宜，則固然矣。於是曰：『吾將不行，奚不得？不處，奚不宜？』乃勢不容已，而抑必與物接，則又洸洋自恣，未有不蹶而狂者也。有儒之駁者起焉，有志於聖人之道，而憚至善之難止也，於是取大學之教，疾趨以附二氏之塗，以其恍惚空明之見，名之曰此明德也，此良知也，此致良知而明明德也。體用一，知行合，善惡泯，介然有覺，頹然任之，而德明於天下矣。乃羅織朱子之過，而以窮理格物爲其大罪。天下之畏難苟安以希冀不勞無所忌憚而坐致聖賢者，翕然起而從之。」　今按：船山此論，排擊心學末流空疏放縱之弊極爲深切。然並時梨洲、夏峯、二曲諸人則庶乎免此。無論其尊王斥王，要之同趨於尚實，則一時學風轉移之不可掩也。

幷宋明六百年理學而徹底反對之者，有顏習齋。

習齋年譜卷下：「予未南遊時，尚有將就程、朱，附之聖門之意。自一南遊，見人人禪子，家家虛文，直與孔門敵對。必破一分程、朱，始入一分孔、孟。乃定以爲孔、孟與程、朱判然兩途，不願作道統中鄉愿矣。」

今按：清初攻擊程、朱以來理學，惟此語最決絕。

明氣質之非惡，

顏元存性編：「大約孔、孟以前責之習，使人去其所本無。程、朱以後責之氣，使人憎其所本有。是以人多以氣質自諉，竟有『山河易改，本性難移』之諺矣。其誤世豈淺哉？」又：「非氣質無以爲性，非氣質無以見性也。今乃以本來之氣質而惡之，其勢不並本來之性而惡之不已也。以作聖之氣質，而視爲汚性、害性、壞性之物，明是禪家六賊之說。」又：「若謂氣惡則理亦惡，若謂理善則氣亦善。譬之目矣，眶皰睛，氣質也，其中光明能見物者，性也。將謂光明之理專視正色，眶皰睛乃視邪色乎？若歸咎於氣質，是必無此目而後可全目之性矣。」又與太倉陸道威書：「元著存性篇，明離質無以見性。天之生人，氣質雖殊，無惡也。惡也者，蔽也，習也。纖微之惡，皆自玷其體，神聖之極，皆自踐其形也。」　今按：此辨程、朱理氣二元之論也。然陽明已無此弊。自羅整菴以來，蕺山、梨洲、乾初皆辨之。同時船山、桴亭等亦辨之。梨洲謂：「氣質之偏，大略從習來，非氣質之本然。」（明儒學案四十一評馮少墟。）謂氣質非惡，惡原於習，尤與顏氏說合。今特舉顏說以爲例，學說愈後而愈明也。

明「靜」「敬」之不可恃，

存學編：「靜極生覺，是釋氏所謂至精至妙者，而其實洞照萬象處，皆是鏡花水月，只可虛中玩弄光景。吾聞一管姓者，學仙泰山中，止語三年，能預知。其兄呼還，則與鄉人同。吾遊燕京，遇一僧敬軒，不識字。坐禪數月，能作詩。出關仍一無知人。蓋鏡中月，水中花。去鏡水，則花月無有也。即使其靜功緜延，一生不息，其光景愈妙，虛幻愈深，正如人終日不離鏡水，玩弄花月一生，徒自欺一生而已，何與於存心養性之功哉？有宋諸先生，以靜極有覺爲孔子學宗，斷不敢隨聲相和也。」又：「論語曰：『執事敬。』曰：『敬事而信。』曰：『敬其事。』曰：『行篤敬。』皆身心一致加功，無往非敬也。若將古人成法皆舍置，專向靜坐收攝徐行緩語處言敬，則是儒其名而釋其實，去道遠矣。」　今按：敬靜之不可恃，陽明亦先言之。致良知爲「事上磨練」之教，本與顏、李習行之學可以溝貫。特當陽明時，理學路子尚未走盡，故用思說話，皆不能如顏、李之透闢。學者當參徹其間消息，勿徒爭是非，求勝負，爲古人鬭閒氣也。

明章句誦讀之不足以爲學，

存學編：「以讀經史，訂羣書，爲窮理處事以求道之功，則相隔千里。以讀經史，訂羣書，爲即窮理處事，而曰道在是焉，則相隔萬里矣。譬之學琴，手不彈，心不會。但以講讀琴譜爲學琴，是渡河而望江也。故曰千里也。今目不覩，耳不聞，但以譜爲琴，是指薊北而談滇南也。故曰萬里也。」又年譜：「宋儒如得一路程本，觀一處又觀一處，自喜爲通天下路程，人人亦以曉路稱之。其實一步未行，一處未到。」又存學編：「人之歲月精神有限，誦說中度一日，便習行中錯一日。紙墨上多一分，便身世上少一分。」又朱子語類評：「千餘年來，率天下人入故紙堆中，耗盡身心氣力，作弱人、病人、無用人者，皆晦庵爲之也。」又與太倉陸道威書：「元著存學編，申明堯、舜、周、孔三事六德六府六行六藝之道，明道不在章句，學不在誦讀，期如孔門博文約禮實學實習實用之天下。」　今按：章句誦讀以爲學，陸、王已譏之。陽明提出致良知，在行事上磨練，即顏氏重習行身世之意。惟陽明尙講良知講心體，則終不免於時代之色彩耳。

而要之以理學之無益於人國。

存學編：「宋之居汴也，生三四堯、孔，六七禹、顔。後之南渡也，又生三四堯、孔，六七禹、顔。而乃前有數聖賢，上不見一扶危濟難之功，下不見一可相可將之才。拱手以二帝畀金，以汴京與豫矣。後有數聖賢，上不見一扶危濟難之功，下不見一可相可將之才。推手以少帝赴海，以玉璽與元矣。多聖多賢之世，乃如此乎？」又曰：「吾讀甲申殉難録，至『愧無半策匡時難，惟餘一死報君恩』，未嘗不泣下也。至覽尹和靖祭程伊川文『不背其師有之，有益於世則未』二語，又不覺廢卷浩歎，爲生民愴惶久之。」

又：「宋、元來儒者，卻習成婦女態，甚可羞。『無事袖手談心性，臨危一死報君王』，即爲上品矣。」李恕谷年譜：「宋儒内外精粗，皆與聖道相反。養心必養爲無用之心，致虛守寂。修身必修爲無用之身，徐言緩步。爲學必爲爲無用之學，閉門誦讀。不盡去其病，世道不可問矣。」

而後六百年相傳之理學，乃痛擊無完膚。夫學術猶果實也，成熟則爛而落，而新生之機，亦於是焉茁。清初諸儒，正值宋明理學爛敗之餘而茁其新生，凡此皆其萌蘖之可見者也。故梨洲、乾初尚承蕺山之緒，不失王學傳統，夏峯、二曲、桴亭則折衷朱、王之間，亭林則深擯理學於不論不議之列，船山則黜明而崇宋，習齋乃并宋而斥之也。然其於六百年之理學爲窮而思變則一也。言夫其所建樹，則梨洲、亭林、船山、習齋四家爲尤大。船山善言玄理，獨出諸儒。

其遺書有老子衍、莊子解、莊子通、呂覽釋、淮南子注及相宗絡索、三藏法師八十規矩論贊等，於經史外旁治諸子、佛經，故於哲理方面，較同時諸家爲深。惟於以後學風，則少所影響耳。

而學風湮沉，少所影響。

鄧湘皐船山遺書目錄序：「當是時，海內碩儒，北有容城（孫），西有盩厔（李），東南則有崑山（顧）、餘姚（黃）。先生刻苦似二曲，貞晦過夏峯，多聞博學，志節皎然，不愧顧、黃兩先生。顧諸君子肥遯自甘，聲名益炳。雖隱逸之薦，鴻博之徵，皆以死拒，而公卿交口，天子動容，其志易白，其書易行。先生竄身猺峒，絕跡人間。席棘飴荼，聲影不出林莽。門人故舊，又無一有氣力者爲之推挽。歿後遺書散佚，後生小子，至不能舉其名姓。可哀也已！」

梨洲尤長史學，

全祖望梨洲先生神道碑：「忠端公之被逮也，謂公曰：『學者不可不通知史事，可讀獻徵錄！』公遂自明十三朝實錄，上溯二十一史，靡不究心。又公謂明人講學，襲語錄之糟粕，不以六經爲根柢，束書而遊談，故受業者必先窮經。經術所以經世，方不爲迂儒之學，故兼令讀史。」

一傳而爲四明萬氏，再傳而爲鄞之全氏，所謂「浙東學術」者也。

章學誠文史通義論浙東學術云：「梨洲黃氏，出蕺山劉氏之門，而開萬氏弟兄經史之學。以至全氏祖望輩，尚存其意。世推顧亭林氏爲開國儒宗，然自是浙西之學。同時梨洲出於浙東，與顧氏並峙，而上宗王、劉，下開二萬，較之顧氏，源遠而流長矣。顧氏宗朱，而黃氏宗陸，浙東貴專家，浙西尚博雅，各因其習而習也。」又曰：「性命之學，不可以空言講也。儒者欲尊德性，而空言義理以爲功，此宋學之所以譏。浙東之學，言性命者，必究於史，此其卓也。」　今按：章氏「言性命者必究於史」一語，道出梨洲以下浙學精神。「孟子道性善，言必稱堯舜」即是此意，與亭林「經學卽理學」一語絕不同。乾、嘉以後，走入亭林「經學卽理學」一路，而浙東精神未能大顯，此亦清代學術一至可惋惜之事也。

習齋論學，深斥紙墨誦讀之業。然其弟子李恕谷，已不能盡守師說。

顏氏學記李恕谷答三弟益溪書：「好讀作，損精神，此顏先生之言。蓋後世學習事少，繙閱事多，坐讀久則體漸柔，漸畏事，將蹈宋明書生覆轍。先生之誨甚是。但吾之繙閱，亦爲學也。與先生所見，微有不同。吾人行習六藝，必考古準今。且禮之冠婚喪祭，非學習不能熟其儀，非考訂不能得其儀之當，二者兼用也。宗廟、郊社、禘祫、朝會，則但可考究以待君相之求，不便自吾定禮以爲習行者也。矧今古不同，殷輅周冕舜樂，孔子且以考究爲事。今世率遵朱子家禮，多杜撰無憑，行之傎躓，其考議之當急爲何如者？海內惟毛河右知禮樂，萬季野明於禮文，向問之不厭反覆。今季野長逝，河右遠離，吾道之孤，復將誰質？故上問之古人耳，豈得已哉！」

蓋顏、李所倡，雖曰六府、三事、三物、四教，

六府：水、火、金、木、土、穀。三事：正德、利用、厚生。見左傳文七年，及僞古文尚書大禹謨。三物：一、六德：知、仁、聖、義、忠、和；二、六行：孝、友、睦、婣、任、卹；三、六藝：禮、樂、射、御、書、數；見周禮地官大司徒。四教：文、行、忠、信，見論語。

而要括言之，惟在一「禮」。

顏氏學記習齋二：「宋儒胡子外，惟橫渠爲近孔門學教，謝氏偏與說壞，譏其門人下梢頭低，溺於刑名度數，以爲橫渠以禮教人之流弊。然則教人，不當以禮乎？『民可使由之，不可使知之。』『道之以德，齊之以禮。』此聖賢百世不易之成法，雖周公、孔子亦只能使人行，不能使人有所見。孟子曰：『行之而不著焉，習矣而不察焉，終身由之而不知道者，衆也。』此固歎知道之少，而吾正於此服周、孔流澤之遠也。橫渠門人，卽使皆以刑名度數爲道，何害？朱子既見謝氏之偏，而知橫渠之是，卽當考古稽今，與門人講而習之，使人按節文，家行典禮。奈何盡力太極、河、洛諸書，誤此歲月？」　今按：戴望顏先生傳：「先生居喪，守朱氏家禮惟謹，古禮：『初喪，朝一溢米，夕一溢米，食之無算。』家禮刪去『無算』句，先生遵之過，朝夕不敢食，當朝夕遇哀至，又不能食，病幾殆。又喪服傳曰：『既練，舍外寢，始食菜果，飯素食，哭無時。』家禮改爲：『練後，止朝夕哭，惟朔望未除服者會哭。』凡哀至，皆制不哭。先生亦遵之，既覺其過抑情，校以古喪禮，非是。因歎先王制禮，盡人之性，後儒無德無位，不可作也。自是始悟堯、舜之道，在六府三事，周公教士以三物，孔子以四教，非主靜專誦讀流爲禪宗俗學者所可託。於是著存學、存性、存治、存人四編，以立教。名其居曰『習齋』。」據此傳文，習齋守喪，正與陽明格庭前竹子，同一得悟。余故謂習齋徹始徹終，惟重習行，重一「禮」字。言禮而不能本諸性情，以爲創設，必有依據，則考核之事不能廢。無怪習齋雖力詆書册害人，繙閱害事，而傳其學之唯一門徒，卽與之持異同也。

又學記恕谷一：「聖道惟禮可以盡之。發育峻極之功用，亦不越一禮。故曰『約之以禮』，『復禮爲仁』。周禮無所不舉，統名周禮。大學言明親，中庸言性教，小戴皆列於禮記，可見也。顏先生謂禮卽道也，惟至德之人凝之。尊德性，道問學，致廣大，盡精微，極高明，道中庸，溫故知新，皆敦厚以崇禮也。所謂德至而道凝也。旨哉言乎！」又云：「按禮有專就儀文言者。有統天下之理而言者。大司徒三物，禮居六藝之一，專指五禮儀文言也。魯論：『約之以禮。』中庸：『非禮不動。』則三物皆該其中矣。」恕谷二：「孔子言：『博學於文，約之以禮。』約之卽約所博之文也。則聖學惟一禮矣。內外合，知行盡矣。宗程、朱者以天理二字混之，宗陸、王者又直指良知，曰禮者吾心之大規矩也，而禮入空虛矣。晉人之於禮也明廢之，宋明之於禮也陰棄之，此世道人心之憂也。豈解經之失而已哉！」今按：顏、李學之專重「禮」字，雖顏學精神原自如此，然其說至恕谷而大定，卽據上引諸節可見也。

禮貴酌古準今，則不能不有事於考覈，亦勢之所必至也。恕谷至京師，與季野極相得，學記李恕谷先生傳：「時三藩平後，朝廷向文學，四方名士競集京師，無不樂交先生者。而鄞萬處士斯同尤篤服先生，爲特序大學辨業，以爲學之指歸在是。他日與先生考論禮制，握先生手，曰：『天下學者，唯君與下走耳。太原閻生，未足多也。』萬有講會，每會皆達官主供張，翰林部郎處士數十人列坐而聽。一日，會講於紹寧會館，先生亦往。衆請問郊社，萬君向衆揖先生，曰：『此蠡李先生也。負聖學正傳，非予敢望。今且後郊社，請先言李先生學，以爲求道者路。』因將辨業之旨，歷歷敷陳，曰：『此質之聖人而不惑者，諸君有志，無自外矣！』

於是北方顏、李之學，遂與南方浙學相合。蓋梨洲本多方，其言心性者，承理學之傳統。其經世致用，則爲言史論政。其矯明人語錄空疏之病，而以考古爲根柢者，則爲經學。季野不喜言心性。乃遁而窮經。

學記恕谷四：「將刊大學辨業，念萬君季野負重名，必須一質，合則歸一，不合則當面剖辨，以定是非。乃持往求正。踰數日復晤，季野下拜曰：『先生負聖學正傳，某少受學於黃梨洲先生，講宋明儒者緒言，後聞一潘先生（潘平格有求仁錄）論學，謂陸釋，朱老，憬然於心。既而同學競起攻之，某遂置學不講。曰：予惟窮經而已。以故忽忽誦讀者，五六十年。今得見先生，乃知聖道自有正途也。』乃爲辨業作序。」

其學自明史而外，尤長於古禮。

全祖望萬貞文先生傳：「先生之初至京也，時議意其專長在史。及崑山徐侍郎乾學居憂，先生與之語喪禮，侍郎因請先生纂讀禮通考一書，上自國卹以及家禮，十四經之箋疏，二十一史之志傳，漢、唐、宋諸儒之文集說部，無或遺者。又以其餘編成五禮之書二百餘卷。」今按：據此則徐書全出季野。至秦氏五禮通考，或說出戴東原，無確據。近人梁啟超疑即此續成五禮之書二百餘卷者，則秦書亦出季野之手也。

一旦聞恕谷之說，即以窮經考禮爲性命根源，宜乎其訢合而無間也。當是時，先輩遺民經世興復之志，既不得一施設，而言政制者漸以荒失。

梨洲經世之志，略見於明夷待訪錄一書。其自序云：「昔王冕仿周禮著書一卷，自謂吾未即死，持此以遇明主，伊、呂事業不難致，終不得少試以死。冕書未得見，其可致治與否，固未可知。吾雖老矣，如箕子之見試，或庶幾焉。」亭林讀其書，云：「百王之弊，可以復起；三代之盛，可以徐還。」全謝山跋云：「原本不止於此，以多嫌諱勿盡出。」亭林經世之志，見於日知錄，自謂：「意在撥亂滌汙，法古用夏，啟多聞於來學，待一治於後王。」又謂：「平生志業，皆在其中，有王者起，得以酌取焉。」船山經世之志略見於噩夢、黃書諸書。其他二曲、桴亭諸人，於政制皆有論及。

兵農錢穀水火工虞之類，又未可率爾而談。時獨有一劉繼莊爲能實治其事。

章炳麟檢論正顏：「顏元長於射、御，禮本粗疏，樂、書、數非其所知。其徒李塨言數則祇記珠算之乘除，言書則粗陳今隸之正俗，市儈之學，學究之書，而自謂明六藝，可鄙孰甚？至所謂兵農水火錢穀工虞無不嫻習者，則矜夸之辭耳。」今按：顏、李特有意治之，至於實能其事，固猶未也。繼莊之學，今亦無傳，然讀全祖望氏一傳，知其所詣，蓋非顏、李比矣。

其言西北水利，尤爲千古偉論，足以發明中國民族二千年盛衰消長之機。

全祖望劉繼莊傳：「其論水利，謂西北乃二帝三王之舊都，二千餘年，未聞仰給於東南。何則？溝洫通而水利修也。自劉、石雲擾，以迄金、元，千百餘年，人皆草草偷生，不暇遠慮，相習成風，不知水利爲何事。故西北非無水也，有水而不能用也。不爲民利，乃爲民害。旱則赤地千里，潦則漂沒民居。無地可瀦，無道可行。人固無如水何，水亦無如人何。有聖人出，經理天下，必自西北水利始。水利興而後足食，教化可施也。」今按：中國民族本起西北，自六朝而下，文物漸移於東南。南方柔脆，其學術思想亦專事莊老、佛教、理學一途。中國既成偏枯之局，而民族之內力亦漸衰。繼莊此論，殆爲中國民族復興之機捩所在，未可輕忽視也。

然言無可驗，其勢不長，終亦淪爲絕學。而異族猜忌，文字之獄屢興。

康熙初年，有莊氏史案，後又有南山集案，而雍、乾間尤夥。若查嗣庭、呂留良、胡中藻、王錫侯、徐述夔等之案，不可勝數。可參讀柳翼謀中國文化史。

凡及前代史實，尤觸忌諱。

章炳麟檢論哀焚書：「滿洲乾隆三十九年，既開四庫館，下詔求書，命有觸忌諱者毀之。四十一年，江西巡撫海成，獻應毀禁書八千餘通，傳旨褒美。督他省摧燒益急。自爾獻媚者蜂起。初下詔時，切齒於明季野史。其後四庫館議，雖宋人言遼、金、元，明人言元，其議論偏謬尤甚者，一切擬毀。及明隆慶以後，諸將相獻臣所著奏議文錄，絲帙寸札，靡不然爇。厥在晚明，當弘光、隆武，則袁繼咸、黃道周、金聲。當永歷及魯王監國，則錢肅樂、張肯堂、國維、煌言。自明之亡，一二大儒，孫氏則夏峯集，顧氏則亭林集、日知錄，黃氏則行朝錄、南雷文定，及諸文士侯（方域）、魏（禧）、邱（維屏）、彭（士望）所撰述，皆以詆觸見爇。其後紀昀等作提要，孫、顧諸家稍復入錄，而頗去其貶文。或曰：『朱（筠）、邵（晉涵）數君子實左右之。』然隆慶以後，至於晚明，將相獻臣所著，僅有孑遺矣。」

於是諸儒結舌，乃不敢治近史，性理之學又不可振，然後學人之心思氣力，乃一迸於窮經考禮之途，而乾、嘉以下所謂「漢學」者以興。故清初諸儒，博綜經世多方之學，一轉而爲乾、嘉之窮經考禮者，蓋非無故而然也。時惟亭林，倡「經學即理學」之語，乃若與季野、恕谷之說合。

全祖望顧先生炎武神道表：「晚益篤志六經，謂古今安得別有所謂理學者，經學即理學也。自有舍經學以言理學者，而邪說以起。不知舍經學，則其所謂理學者，禪學也。」　今按：亭林不喜言心性，遂爲此語。不知宋明理學自有立場，不待經學。經乃古代官書，亦惟訓詁名物考禮考史而止，亦豈得謂「經學即理學」。亭林此言，實爲兩無所據，遠不如浙東「言性命者必究於史」，語之精卓矣。實齋爲梨洲、亭林二人辨析學術異同，可謂特具隻眼。顧謂亭林原於朱子，則似矣而尚有辨也。朱子言格物窮理，仍不忘吾心之全體大用，不脫理學家面貌。亭林則只以知恥立行，而別標博學於文，將學、行分兩概說，博學遂與心性不涉。自與朱子分途。顏、李說「博學於文」，常連及「約之以禮」，則仍不脫習行上事，習行又自心性上來；故顏、李與浙東爲近，而與崑山則遠。季野之語恕谷曰：「天下學人，惟君與我，太原閻生未足多也。」若璩治經，亦未可輕，正以脫卻心性爲人，專意考據，故爲季野所少耳。方苞與劉拙修書，力尊宋五子，而曰：「學之廢久矣，浙以東則黃君梨洲壞之，燕趙間則顏君習齋壞之。二君以高名耆舊，立程、朱爲鵠的，同心於破之；浮夸之士，皆醉心焉。」亦復以浙東與顏、李並譏。望溪交恕谷、季野，宜其知之深而見之切也。時清廷方尊程、朱以牢籠一世，季野、恕谷雖名高，而不足以敵天下之滔滔；學者既不敢爲程、朱之叛徒，又傾動於季野、恕谷諸人之實論，則惟亭林之判心性與學問爲二途者，爲可以安身而藏跡。故自乾、嘉以下，惟徽州一派，其間大師尚多不失浙東及顏、李精神者。至於氣魄較小，眼光較狹之流，則專借亭林「經學即理學」一語爲話柄，於名物訓詁證禮考史外，不復知有學術矣。此中界限，不可不細剖也。

又其學尚蒐討，銖積寸累，陋者可以自藏，於是遂受一世推崇。

亭林自記少受祖父之教，謂著書不如鈔書。（文集鈔書自序）其天下郡國利病書及肇域志等，皆成於抄摘。日知錄亦大半由纂鈔而成。嘗與人書自言成書之意云：「今人纂輯之書，正如今人之鑄錢。古人采銅於山，今人則買舊錢名之曰廢銅以充鑄而已。所鑄之錢既已粗惡，又將古人傳世之寶舂剉碎散，不存於後，豈不兩失之乎？承問日知錄又成幾卷，蓋期之以廢銅；而某自別來一載，早夜誦讀，反復尋究，僅得十餘條，然庶幾採山之銅也。」今按：亭林日知錄自爲精心結撰之作，可謂體大思精，憂深慮遠。後人無其精神，就書讀書，綴比掇拾，剳記得數十條，支離割裂，自附於通博，此莊生所云：「不幸不見天地之純，古人之大體，而道術將爲天下裂」者也。章實齋謂：「浙東貴專家，浙西尚博雅。」然貌爲博雅而不至焉者，其弊亦不可不知耳。實齋又謂：「漢學家襞積補苴，爲誤學王伯厚之流弊。」又謂顧、王同原朱子。其間消息，亦可知矣。

後人因羣目以謂漢學開山。閻、胡諸人，亦同見推尊。

章炳麟檢論清儒：「始崑山顧炎武爲唐韻正、易、詩本音，古韻始明。其後言聲音訓詁者尊焉。太原閻若璩，撰古文尚書疏證，定東晉晚書爲作僞，學者宗之。濟陽張爾岐始明儀禮，而德清胡渭審察地望，系之禹貢，皆爲碩儒。然草創未精博，時糅雜元、明讕言。其成學著系統者，自乾隆朝始。」

梁啟超清代學術概論：「汪中嘗擬爲國朝六儒頌，其人則崑山顧炎武，德清胡渭，宣城梅文鼎，太原閻若璩，元和惠棟，休寧戴震也。其言曰：『古學之興也，顧氏始開其端。河、洛矯誣，至胡氏而絀。中西推步，至梅氏而精。力攻古文者，閻氏也。專言漢儒易者，惠氏也。凡此皆千餘年不傳之絕學，及戴氏出而集其成焉。』（凌廷堪汪容甫墓志銘）其所推挹甚當。六君者洵清儒之魁也。然語思想界影響之巨，則吾於顧、戴而外，獨推閻、胡。閻之所以大，在其尚書古文疏證，胡之所以大，在其易圖明辨，汪中則既言之矣。」今按：梨洲有易學象數論六卷，力辨河、洛方位圖說之非，爲後來胡書先導。有授書隨筆一卷，則閻氏問尚書而以此告之，實閻氏古文疏證之先導。又其究歷算之學，多所發明，亦在梅氏之前。梨洲矯晚明王學空疏，而主窮經以爲根柢；此等處其影響後學，豈在亭林之下？而後之漢學家不復數說及之者，正以亭林「經學即理學」一語，截斷衆流，有合於後來漢學家之脾胃；而梨洲則以經史證性命，多言義理，不盡於考證一途，故不爲漢學家所推也。然因此遂謂漢學開山，皆顧氏一人之力，則終不免爲失眞之論耳。

而於當時各家學術異同離合之故，不復深考，則亦不足以語夫其遞邅轉變之眞也。漢學之興，蓋分二派：一自吳之蘇州，一自皖之徽州。

章炳麟檢論清儒：「清世理學之言竭而無餘華，多忌故歌詩文史楛，愚民故經世先王之志衰。家有智慧，大湊於說經，亦以紓死。其成學著系統者，自乾隆朝始。一自吳，一自皖南。吳始惠棟，其學好博而尊聞。皖南始江永、戴震，綜形名，任裁斷。此其所異也。」

蘇州之學，成於惠棟。

梁啟超清代學術概論：「元和惠棟，世傳經學，祖父周惕，父士奇，咸有著述，稱儒宗焉。棟受家學，益弘其業。所著有九經古義、易漢學、周易述、明堂大道錄、古文尚書考、後漢書補注諸書。其弟子則沈彤、江聲、余蕭客最著。蕭客弟子江藩，著漢學師承記，推棟爲斯學正統。實則棟未能完全代表一代之學術，不過門戶壁壘，由彼而立耳。」

其爲學也，尊古而守家法。

惠棟九經古義首述：「漢人通經有家法，故有五經師。訓詁之學，皆師所口授，其後乃著竹帛。所以漢經師之說，立於學官，與經並行。古字古言，非經師不能辨。是故古訓不可改也，經師不可廢也。余家四世傳經，咸通古義，因述家學作九經古義一書。」然吳學尊古宗漢，乃由反宋，實當時之革命派也。

繼先天圖象之辨而言漢易，

易自北宋濂溪、康節諸家，以道士之說附會，至朱子而特加尊信。清初梨洲出，倡以六經爲根柢之論，遠承二陸之意，力辨先天圖象之妄（有易學象數論）。其弟宗炎晦木（有周易象辭及圖書辨惑），及浙人朱彝尊（見經義考）、毛奇齡（河圖原舛篇、太極圖說遺議）、胡渭（易圖明辨）遞相闡發，恕谷亦聞風相應（周易傳注）。爲宋人圖書發覆，亦當時學派中一大潮流。惠氏則本此而推進之，乃以研尋漢儒說易爲宗旨也。江藩漢學師承記稱棟專心經術，尤邃於易，乃撰周易述一編，漢易之絕者千五百餘年，至是而粲然復章。又經師經義目錄論之云：「易自王輔嗣、韓康伯之書行，二千餘年，無人發明漢時師說。及東吳惠氏起，而導其源，疏其流，於是三聖之易昌明於世。國初老儒如黃宗義之易學象數論，雖闢陳摶、康節之學，而以納甲動爻爲僞象，又稱王輔嗣注簡當無浮義；黃宗炎之周易象辭、圖書辨惑亦力闢宋人圖書之說；然不宗漢學，皆非篤信之士也。」其專信漢人，於此可見矣。

又因易而言明堂陰陽，

江藩漢學師承記稱棟因學易而悟明堂之法，撰明堂大道錄八卷，禘說二卷。

故蘇州學派多信緯術。

劉師培南北考證學不同論：「謂吳中學派傳播越中，咸信緯書。惠棟治易雜引緯書，且信納甲、爻辰之說。張惠言治虞氏易，亦信緯學。王昶孔廟禮器碑跋謂緯書足以證經。孫星衍作歲陰歲陽考諸篇，雜引緯書。王鳴盛引緯書以申鄭學。嘉興沈濤以五緯配五經，且多引緯書證經，皆其例。北方學者則鮮信緯書，惟旌德姚配中作周易姚氏學，頗信之。」

蓋其學風惟漢是尚，宜有此也。

江藩國朝經師經義目錄論胡朏明洪範正論謂：「雖力攻圖書之謬，而闢漢學五行災異之說，是不知夏侯始昌之洪範五行傳亦出伏生也。」吳派學者往往不辨是非，惟漢儒之說則信，有如此者。梁啟超清代學術概論謂：「清代學術，論者多稱爲漢學。其實純粹的漢學，惟惠氏一派，洵足當之。夫不問眞不眞，惟問漢不漢，以此治學，安能通方？」

徽州之學，成於江永、戴震。江之治學自禮入。

戴震江先生永事略狀：「先生少就外傳，與里中童子治世俗學。一日，見明邱氏大學衍義補內引周禮，奇之，求諸積書家，得寫周禮正文，朝夕諷誦。自是遂精心於前人所集十三經注疏者，而於三禮尤功深。先生以朱子晚年治禮，爲儀禮經傳通解，書未就，乃爲之廣摭博討，一從周官經大宗伯吉、凶、軍、賓、嘉五禮舊次，使三代禮儀之盛，大綱細目，井然可觀，題曰禮經綱目，凡數易稿而後定。」

其先徽、歙之間，多講紫陽之學，遠與梁谿、東林相通，

清初徽、歙間治朱學者，始休寧汪佑，講學紫陽書院，歙人吳慎亦預焉。（詳唐鑑學案）慎又與金城汪璲、休寧施璜遊梁谿、東林，從高世泰講學。已而歸歙，會講紫陽、還古兩書院，興起者甚眾。（詳彭紹升歙縣吳先生傳及江藩宋學淵源記）

永蓋承其緒風。

江永禮書綱目序云：「蓋欲卒朱子之志，成禮樂之完書，雖僭妄有不辭。」又其朱子原訂近思錄集註序云：「道在天下，亙古長存，自孟子後，一線勿墜，有宋諸大儒起而昌之，所謂爲天地立心，爲生民立命，爲去聖繼絕學，爲萬世開太平，其功偉矣。永自蚤歲，先人授以朱子遺書原本，沈潛反覆有年；今已垂暮，所學無成，日置是書案頭，默自省察，以當嚴師。幸生朱子之鄉，取其遺編輯而釋之，或亦先儒之志。」云云，可見其崇仰宋學之心矣。汪佑輯五子近思錄，施璜有五子近思

錄發明，江書卽本汪意。同時有婺源汪紱，朱筠爲作墓表，云：「爲學以宋五子爲歸，六經皆有成書，下逮樂律、天文、地輿、陣法、術數，無所不究暢。」學風亦與永近似。蓋吳學自攻宋起腳，皖學自紹宋入手，此亦其一異。

東原出而徽學遂大，一時學者多以治禮見稱。

劉師培南北考證學不同論：「徽州學派傳播揚州，咸精禮學。如江永禮經綱目、周禮疑義舉要、禮記訓義擇言、釋宮補，戴震作考工記圖，而金（榜）、胡（匡衷、承珙、培翬）、程（瑤田）、凌（廷堪）於禮經咸有著述；此徽州學者通三禮之證也。任大椿作釋繒、弁服釋例，阮元作車制考、朱彬作禮記訓纂；此江北學者通三禮之證也。南方學者，則鮮精禮學。惠棟明堂大道錄、禘說，皆信緯書。惠士奇禮說，亦多空論。沈彤儀禮小疏，褚寅亮儀禮管見，齊召南周官祿田考、王鳴盛周禮軍賦說，咸擇言短促，秦蕙田五禮通考，亦多江、戴之緒言。惟張惠言儀禮圖頗精。然張氏之學，亦受金榜之傳，仍徽州學派也。」

皆能條理密栗，識斷精審，上溯古義而斷以己之律令，與蘇學殊焉。

章炳麟檢論清儒：「凡戴學數家，分析條理，皆縝密嚴栗，上溯古義，而斷以己之律令，與蘇州講學殊矣。」梁啟超清代學術概論：「震之言曰：『學有三難。淹博難，識斷難，精審難。』戴學所以異於惠學者，惠僅淹博，而戴則識斷且精審也。」余謂吳學務反宋，而轉陷尊古。皖學初本閩宋，後乃爲諍宋。吳以革命始而得承統，皖以承統始而達革命，學風遷變，誠非先導者所得逆覩也。

而東原之學，尤爲博大精深，幾幾乎非復考禮窮經之所能限。

段玉裁戴東原先生年譜：「先生言爲學須先讀禮，讀禮要知得聖人禮意。」又東原集答鄭丈用牧書：「君子務在聞道也。今之博雅能文章善考覈者，皆未志乎聞道，徒株守先儒而信之篤，如南北朝人所譏：『寧言周、孔誤，莫道鄭、服非。』亦未志乎聞道者也。」又與某書：「治經先考字義，次通文理。志存聞道，必空所依傍。」又年譜：「先生初謂天下有義理之原，有考覈之原，有文章之原，吾於三者皆庶得其原。後數年又曰：『義理即考覈、文章二者之原也，義理又何原哉？』」東原之學，不徒在知禮，又貴能知得禮意，以明道爲考覈之原，不株守考覈而止，皆承皖學紹宋精神，與吳派不同。

其先尚守宋儒義理，

年譜：「乾隆乙亥，先生三十三歲，入都，有與方希原書謂：『聖人之道在六經，漢儒得其制數，宋儒得其義理。』又有與姚姬傳書謂：『先儒之學，如漢鄭氏、宋程子、張子、朱子，其爲書至詳博，然猶得失中判。』」胡適戴震的哲學，謂：「此尙承認宋儒義理，爲壯年未定之見，與其後孟子字義疏證主張絕殊。戴望作顏氏學記，謂戴震本顏、李言性而暢發其旨，其思想變遷，當在乙亥入京之後。」

後乃自出己見，別標新說，乃時與浙東顏、李之論相出入。

梁啟超東原哲學：「我深信東原思想，有一部分受顏、李學派影響而成。試略尋其線索：一、方望溪子方用安爲李恕谷門生，望溪、恕谷論學不合，用安常私袒恕谷，是桐城方家有能傳顏、李學者。東原與方家人素有往來，方希原即其一，他可以從方家子弟中，間接聽到顏、李的緒論。二、恕谷很出力在南方宣傳他的學派，當時贊成、反對兩派人，當都不少。即如是仲明，據恕谷年譜，曾和他往復論學。據東原集，又知他曾和東原往復論學。仲明年譜中，也有批評顏、李的話。或者東原從他或他的門下可以有所聞。三、程綿莊是當時江南顏、李學派的大師，他和程魚門是摯友，魚門、東原交情也不淺，東原可以從二程的關係上得聞顏、李學說，乃至得見顏、李的書。」胡適戴震的哲學謂：「戴學與顏學的媒介，似乎是程廷祚（卽程綿莊）。他是徽州人，寄居江寧。戴震二十多歲時，曾到江寧，後來戴震入京之後，曾屢次到揚州，都有和程廷祚相見的機會。他中式舉人，在乾隆二十七年，（在入京後八年。）屢次在江寧鄉試，也都可以見著程廷祚。」今按：梁、胡所言皆無確證。必謂東原思想淵源顏、李者，爲東原攻擊宋儒言理及氣質之性諸端，顏、李皆已先及。然顏、李同時尚有浙東一派，其持論亦多與顏、李相通，何嘗不足爲戴學啟先？東原論性本與陽明相近，梨洲爲陳乾初一傳，尤不啻戴學之縮影。時尚有西河毛奇齡，恕谷從之問樂、問易，而奇齡亦推恕谷爲蓋世儒者。其著書好詆朱子，而尊陽明，有四書改錯，於朱子攻擊無所不至。其論重習行，尚事功，皆襲取顏、李之意。而極辨理字，屢出疊見。謂：「宋人動輒言理，大抵宋儒拘滯，總過執理字，實是大錯。如中庸『天命之謂性』，性註作理，而天又註理，將『理命之謂理』，自然難通。」（又見四書賸言補。）又：「知及之章此本論爲政以及之民者，凡十一『之』字，俱是一義，乃動輒以『理』字當之；則『仁能守理』，已爲難通，仁是何物而使守理？況『莊以涖理』，『動理不以禮』，則大無理矣。」又謂：「聖學所分，只是善惡，並無理、欲對待語。理、欲對待，起於樂記，爲西漢學人之言，前古無是也。」（又見聖門釋非錄。）「春秋以前自堯、舜、禹、湯至夫子口中，並無有言理、欲者。從來理字作條理解，（中庸說又詳徵之云：「中庸文理，溫而理，皆是。卽繫辭窮理，理於義，亦是窮著數之理，理者數之義。」）惟孟子始加稱理義，然未嘗與欲對。」（見釋非錄）「理者禮也，理者義之則，禮者事之則也。道心不主道，猶人心不主欲，耳順者以小體爲大體，從心者以人心爲道心。」凡此所言，皆已與戴學相似。其論語稽求篇敍，謂：「宣尼所言，與七十子之所編記，其意旨本不如是，而解者以己意强行之。」亦即東原以意見斥宋儒之説。其他類此者尚多，不能盡引。毛氏以博辨見稱，其著述傳播既廣，東原烏得弗見？則梨洲、西河書，亦烏知其不爲戴學淵源者？望溪已以浙東與顔、李並詆。其後徽學發揮「理者禮也」一語，西河固已先及。西河論學極崇忠恕，戴學一傳而爲焦理堂，乃專以忠恕標學的。阮元亦戴學健者，又極推毛氏書。朱一新無邪堂答問卷四論大學在明明德謂：「毛西河大學問實用李恕谷説，而段懋堂又暗襲西河。漢學家如此類者不少。」所言亦足證明此中消息。則皖南、浙東兩派，其學術之染涉，較之顔、李不益爲明顯耶？西河雖不純爲學者，然不能謂其書之無足影響。梁、胡言戴學淵源，專注顔、李著想，恐未得當時情實。且毛氏逸講箋辨、恕谷大學辨業於顔、李著述亦皆有提及，東原知有顔、李，何必定從二程？余兹所論，雖亦同爲推測之辭，然浙東學派與顔、李相通，此爲論清初學術派别者所不可不知。戴學近顔、李，尤近浙東，又爲梁、胡諸人所未道，故爲發之，以備一説。

其著述最大者爲孟子字義疏證一書。

段玉裁戴先生年譜：「先生原善三篇，論性二篇已成。又以宋儒言性、言理、言道、言才、言誠、言明、言權、言仁義禮智、言智仁勇，皆非六經孔孟之言，而以異學之言糅之，故就孟子字義開示，使人知『人欲淨盡，天理流行』之語病。所謂理者，必求諸人情之無憾而後卽安，不得謂性爲理。」又經韻樓集七答程易田丈書，稱先生與玉裁書云：「僕生平著述之大，以孟子字義疏證爲第一，此正人心之要。今人無論邪正，盡以意見名之曰理，而禍斯民，故疏證不得不作。」

其大要在抨擊宋儒之言理，

疏證：「宋儒合仁、義、禮而統謂之理，視之如有物焉，得於天而具於心，因以此爲形而上，爲沖漠無朕，以人倫日用爲形而下，爲萬象紛羅。蓋因老、莊、釋氏之舍人倫日用而別有所貴道，遂轉之以言夫理。在天地則以陰陽不得謂之道，在人物則以氣稟不得謂之性，以人倫日用之事不得謂之道，六經孔孟之言，無與之合者也。」

謂其理、欲之辨，乃以意見禍天下。

疏證：「宋儒程子、朱子易老、莊、釋氏之所私者而貴理，易彼之外形體者而咎氣質。其所謂理，依然如有物焉宅於心。於是辨乎理、欲之分，謂不出於理，則出於欲，不出於欲，則出於理。雖視人之饑寒號呼，男女哀怨，以至垂死冀生，無非人欲。空指一絕情欲之感者爲天理之本然，存之於心。及其應事，幸而偶中，非曲體事情，求如此以安之也。不幸而事情未明，執其意見，方自信天理非人欲。而小之一人受其禍，大之天下國家受其禍。徒以不出於欲，遂莫之或寤也。凡以爲理宅於心，不出於欲則出於理者，未有不以意見爲理，而禍天下者也。」

謂：「古之言理者，就人之情欲求之，使之無疵之謂理。」

疏證：「今既截然分理、欲爲二，以不出於欲爲理，舉凡民之饑寒愁怨，飲食男女，常情隱曲之感，咸視爲人欲之甚輕者矣。古之言理也，就人之情欲求之，使之無疵之謂理。今之言理也，離人之情欲求之，使之忍而不顧之謂理。此理、欲之辨，適以窮天下之人，盡轉移爲欺僞，爲禍可勝言哉！」

「通天下之情，遂天下之欲，權之而分理不爽之謂理。」

疏證：「人倫日用，聖人以通天下之情，遂天下之欲，權之而分理不爽是謂理。」又：「理者，情之不爽失者也。」又與某書：「情之至於纖微無憾是謂理。」

「有爲而歸於至當不可易之謂理。」

疏證：「天下必無舍生養之道而得存者，凡事爲皆有於欲，無欲則無爲矣。有欲而後有爲，有爲而歸於至當不可易之謂理。無欲無爲，又焉有理？」

人之大患在於私與蔽。

疏證：「欲之失爲私，不爲蔽。自以爲得理而所執之實謬，乃蔽而不明。天下古今之人，其大患私與蔽二端而已。私生於欲之失，蔽生於知之失。欲生於血氣，知生於心。因私而咎欲，因欲而咎血氣。因蔽而咎知，因知而咎心。老氏所以言『常使民無知無欲』。後之釋氏，其論說似異而實同。宋儒出入於老、釋，故雜乎老、釋之言以爲言。」

以情絜情，則可以祛我私。

疏證：「理者情之不爽失者也。未有情不得而理得者也。凡有所施於人，反躬而靜思之，人以此施於我，能受之乎？凡有所責於人，反躬而靜思之，人以此責於我，能盡之乎？以我絜之人則理明。

天理云者，言乎自然之分理也。自然之分理，以我之情絜人之情，而無不得其平是也。」

反躬強恕，則可以祛我私。

疏證：「好惡既形，遂己之好惡，忘人之好惡，往往賊人以逞欲。反躬者，以人之逞其欲，思身受之之情也。情得其平，是爲好惡之節，是爲依乎天理。」

疏證：「中庸曰：『忠恕違道不遠。』孟子曰：『強恕而行，求仁莫近焉。』蓋人能出於己者必忠，施於人者以恕，行事如此，雖有差失，亦少矣。凡未至乎聖人，未可語於仁，未能無憾於禮義；如其才質所及，心知所明，謂之忠恕可也。聖人仁且智，其見之行事，無非仁，無非禮義，忠恕不足以名之。然而非有他也，忠恕至斯而極也。」

區分裁斷，所以解我蔽。

疏證：「孟子云：『心之所同然者，謂理也，義也。』心之所同然者，始謂之理，謂之義，則未至於同然，存乎其人之意見者，非理也，非義也。凡一人以爲然，天下萬世皆曰是不可易也，此之謂同然。舉理以見心能區分，舉義以見心能裁斷。分之各有其不易之則，名曰理。如斯而宜，名曰義。

是故明理者，明其區分也。精義者，精其裁斷也。不明，往往界於疑似而生惑；不精，往往雜於偏私而害道；求理義而智不足者也。故不可謂之理義。自非聖人，鮮能無蔽。有蔽之深，有蔽之淺者。人莫患乎蔽而自智，任其意見，執之爲理義。吾懼求理義者以意見當之，孰知民受其禍之所終極哉！」

照察神明，所以解我蔽。

疏證：「凡血氣之屬，皆有精爽。其心之精爽，鉅細不同。如火光之照物，光小者其照也近，所照者不謬也，所不照者斯疑謬承之。不謬之謂得理。其光大者其照也遠，得理多而失理少。且不特遠、近也。光之及又有明、闇，故於物有察有不察。察者盡其實，不察斯疑謬承之。疑謬之謂失理。失理者限於質之昧，所謂愚也。惟學可以增益其不足，而進於智。益之不已，至乎其極，如日月有明，容光必照，則聖人矣。此中庸『雖愚必明』，孟子『擴而充之』之謂。聖人神明之盛也，其於事靡不得理，斯仁、義、禮、智全矣。故禮、義非他，所照所察者之不謬也。何以不謬，心之神明也。」

故曰：「人之不盡其材，患二：曰『私』，曰『蔽』。」「去私莫如強恕，解蔽莫如學。」

文集原善下：「人之不盡其材，患二：曰『私』，曰『蔽』。私也者，其生於心爲溺，發於政爲黨，成於行爲慝，見於事爲悖，爲欺；其究爲私已。蔽也者，其生於心爲惑，發於政爲偏，成於行爲謬，見於事爲鑿，爲愚；其究爲蔽已。鑿者其失爲誣，愚者其失爲固，誣而罔省，施之事亦爲固。悖者在事爲寇虐，在心爲不畏天明。欺者在事爲詭隨，在心爲無良。去私莫如強恕，解蔽莫如學。」

而先務則重知。

疏證：「聖人之言，無非使人求其至當以見之行。求其至當，卽先務於知也。凡去私不求去蔽，重行不先重知，非聖學也。」

此戴學之大要也。自是以往，漢學遂臻於大盛。

江藩漢學師承記：「三惠之學盛於吳中，江永、戴震諸君繼起於歙，從此漢學昌明，千載沈霾，一朝復旦。」蓋至惠棟、戴震而吳、皖之反宋尊漢，匯爲同流矣。

然其精神所注，卒均不脫於其所謂聖人之遺經，而惟日孳孳於故訓與典章制度之間，則不徒吳派爲然，雖皖派、戴學亦莫弗然也。

戴東原集題惠定宇先生授經圖：「言者輒曰：『有漢儒經學，有宋儒經學。一主於故訓，一主於理義。』此誠震之大不解者也。夫所謂理義，苟可以舍經而空凭胸臆，將人人鑿空得之，奚有於經學之云乎哉？惟空凭胸臆之卒無當於賢人聖人之理義，然後求之古經。而遺文垂絕，今古懸隔也，然後求之故訓。故訓明則古經明，古經明則賢人聖人之理義明，而我心之所同然者，乃因之而明。賢人聖人之理義非他，存乎典章制度者是也。松崖先生之爲經也，欲學者事於漢經師之故訓，以博稽三古典章制度，由是推求理義，確有據依。彼歧故訓、理義二之，是故訓非以明經義，而故訓胡爲？理義不存乎典章制度，勢必流入異學曲說而不自知。其亦遠乎先生之教矣！」　今按：東原此文，據年譜作於四十三歲。明年，在京語段玉裁云：「近日做得講理學一書。」謂孟子字義疏證也。後凌廷堪爲東原作事略狀，謂於揚州見元和惠棟，論學有合，卽刪節此文，以見其爲學大要。（阮元作傳亦採此文。）則知戴氏爲學，其根本上與吳派非有歧趨。又據年譜：「東原卒前四月，致書段玉裁曰：『僕自十七歲時，有志聞道，謂非求之六經孔孟不得。非從事於字義制度名物，無由以通其語言。爲之三十餘年，灼然知古今治亂之源在是。古人曰『理解』者，卽尋其腠理而析之也。曰『天理』者，如莊周言『依乎天理』，卽所謂『彼節者有間』也。古賢人聖人，以體民之情、遂民之欲爲得理，今人以己之意見不出於私爲理，是以意見殺人，咸自信爲理矣。此猶舍字義制度名物，去語言訓詁，而欲得聖人之道於遺經也。』」是尤戴氏始終主張「自字義制度名物以求道於遺經」之證。故洪榜爲東原行狀，亦云：「以理爲學，以道爲統，以心爲宗，探之茫茫，索之冥冥，不若反求諸六經。此原善之書所以作也。」又與朱筠書（見漢學師承記）曰：「戴氏論性道，莫備於其論孟子之書，而其所以名其書者，曰孟子字義疏證；然則非言性命之旨也，訓故而已矣，度數而已矣。」洪氏此言，實堪爲東原卒前與段氏書作發明，非姑爲引避迴護而已也。故凌廷堪亦云：「原善、疏證，皆標舉古義以刊正宋儒，所謂由故訓而明義理者。」（事略狀）王鳴盛嘗言：「方今學者，斷推（惠）（戴）兩先生；惠君之治經求其古，戴君求其是。究之舍古亦無以爲是。」（見洪榜行狀）雖當時治戴學者，不盡首肯其言，然戴派之未能舍古以成學，卽其不能舍古以尋是者，要爲不可掩之事實。則惠、戴之爲學，其根本非異趨，亦端可識矣。

故戴氏弟子之傳其學者，皆治字義、名物制度而不敢及於義理。

凌廷堪東原先生事略狀：「先生之學，無所不通；而其所由以至道者，則有三：曰小學，曰測算，曰典章制度。至於原善、孟子字義疏證，由古訓而明義理，蓋先生至道之書也。先生卒後，其小學之學，則有高郵王念孫、金壇段玉裁傳之；測算之學，則有曲阜孔廣森傳之；典章制度之學，則有興化任大椿傳之；皆其弟子也。昔河間獻王實事求是，夫實事在前，吾所謂是者，人不能強辭而非之，吾所謂非者，人不能強辭而是之也。如六書九數及典章制度之學是也。虛理在前，吾所謂是者，人既可別持一說以爲非，吾所謂非者，人亦可別持一說以爲是也。如義理之學是也。故於先生之實學，詮列如右，而義理固先生晚年極精之詣，非造其境者，亦無由知其是非也。其書具在，俟後人之定論云爾。」今按：凌氏此文，發明戴學傳授，至有關係。蓋東原一生精力所萃，及其著書成就，本在考古窮經一路。其晚年發揮義理，又深詆宋儒之意見臆說，而一本於古訓。故傳其學者，亦更不敢憑空說理，而惟益盡力於考古窮經之途。蓋不敢遽希其師之所至，而惟依循其師之所由至者以爲學，此亦當時學者謹愼忠實之一端也。段玉裁戴先生年譜，記先生初謂天下有義理之源，有考覈之源，有文章之源。後數年，又曰：「義理卽考覈、文章二者之源也，義理又何源哉？」其後段氏重刻戴東原集，作序云：「玉裁竊以謂義理、文章，未有不由考覈而得者。自古聖人制作之大，皆精審乎天地民物之理，得其情實，綜其終始，舉其綱以俟其目，與以利而防其弊，故能奠安萬世。先生之治經，凡故訓、音聲、算數、天文、地理、制度、名物、人事之是非善惡，以及陰陽氣化、道德性命，莫不究乎其實。蓋由考覈以通乎性與天道。既通乎性與天道，而考覈益精，文章益盛。用則施政利民，舍則垂世立教而無弊。淺者乃求先生於一名一物一字一句之間，惑矣。」胡適戴震的哲學謂：「段氏既親聞戴震義理爲文章、考覈之源之說，卻又以爲考覈乃義理、文章之源，可見得一解人，眞非易事。」不知段氏之意，以戴震所謂義理爲考覈、文章之源者，乃既通乎性與天道以後事，非下學所能妄希。至於所以求通乎性與天道者，則仍本諸考覈。故段氏非明背師說，乃正所以善會師說也。戴學之所以卒不出於考覈之途者，其故在此，不得盡歸罪於戴派後學之無解人也。蓋皖派本以承統走入革命，重自革命返歸承統，其流變之迹如此。

而段、王小學，尤推絕業。

梁啟超清代學術概論：「戴門後學，名家甚眾，而最能光大其業者，莫如金壇段玉裁、高郵王念孫，及其子引之。故世稱戴、段、二王焉。段氏書最著者，曰說文解字注、六書音韻表。念孫書最著者，曰讀書雜志、廣雅疏證。引之書最著者，曰經義述聞、經傳釋詞。戴、段、二王之學，所以特異於惠派者，惠派治經，如不通歐語之人讀歐書，視譯人爲神聖，漢儒則其譯人也，故信憑之不敢有所出入。戴派不然。對於譯人不輕信，必求原文之正確，然後即安。惠派所得，斷章零句，援古正後而已。戴派每發明一義例，則通羣書而皆得其讀。故惠派可名漢學，戴派則確爲清學而非漢學。以爻辰納甲說易，以陰陽災異說書，以五際六情說詩，其他諸經義，無不雜引讖緯，此漢儒通習也。戴派之清學，則芟汰此等，不稍涉其藩，惟於訓詁名物制度注全力焉。」　今按：梁氏辨惠、戴學派異處，亦與王鳴盛說相合。惠派惟求其古，戴派則於古求是，然亦不能舍古以成學也。

此承東原「由聲音文字以求訓詁，由訓詁以尋義理」之教者也。其私淑有凌廷堪，著復禮三篇，以「禮」字代「理」字。

校禮堂文集復禮下：「論語記孔子之言備矣，但恆言禮，未嘗一言及理也。顏淵問仁，孔子告之者惟禮，仁不能舍禮但求諸理也。蓋求諸理必至於師心，求諸禮乃可以復性也。」

謂禮者，所以節情而復性。

復禮上：「夫性具於生初，而情則緣性而有。性本至中，而情則不能無過不及。非禮以節之，則何以復其性焉？」　今按：此戴氏疏證已言之，曰：「禮者，天地之條理也。言乎條理之極，非知天不足以盡之。即儀文度數，亦聖人見於天地之條理，定之以爲萬世法。禮之設，所以治天下之情，或裁其過，或勉其不及，俾知天地之中而已矣。」此即凌氏之所本。

同時如焦循，

雕菰樓文集理說（又見論語通釋）：「先王立政之要，因人情以制禮。後世不言禮而言理。九流之原，名家出於禮官，法家出於理官。齊之以刑，則民無恥。齊之以禮，則民且格。禮與刑相去遠矣。惟先王恐刑罰之不中，於罪辟之中求其輕重，析及豪芒，無有差謬，故謂理官。而治天下則以禮，不以理也。禮論辭讓，理辨是非。知有禮者，雖仇隙之地，不難以辭讓處之。知有理者，雖父兄之前，不難以口舌爭之。今之訟者，彼告此訴，各持一理，嘵嘵不已。爲之解者，若直論是非，彼此必皆不服。說以名分，勸以孫順，置酒相揖，往往和解。可知理足以啟爭，禮足以止爭也。」

阮元，

《揅經室集·書學蔀通辨後》：「理必出於禮也。古今所以治天下者，禮也。五倫皆禮，故宜忠宜孝卽理也。然三代文質損益甚多，且如殷尙白，周尙赤，禮也。使居周而有尙白者，若以非禮折之，則人不能爭。以非理折之，則不能無爭矣。故理必附乎禮以行。空言理，則可彼可此之邪說起矣。」

今按：阮氏稱凌廷堪復禮篇爲「唐、宋以來儒者所未有」，（見《揅經室集·次仲凌君傳》）又極推焦循，故所論亦如出一轍。方植之爲《漢學商兌》，引此辨之云（見卷中之上）：「按顧亭林在關中論學曰：『横渠藍田之教，以禮爲先。孔子教顏子博文約禮。君子爲學，舍禮何由？』又曰：『某年過五十，始知不學禮無以立。』然顧論主率履之禮，此主注疏訓詁名物之禮。顧以孔門執禮約禮斥明儒心學縱恣之失，此以注疏名物制度破宋儒格物窮理之學。宗旨各有在也。此論出之最後，最巧，最近實，幾於最後轉法華。新學小生，信之彌篤，惑之彌衆，爭之彌力，主之彌堅，以爲此論出，而宋儒窮理之説可以摧敗掃蕩，萬無可復置喙矣。」今按：據方氏此言，知戴派學者以禮代理之主張，其在當時所佔之勢力矣。方氏又辨顧氏言禮與戴派不同，則不知顧氏言禮雖主率履，而既主「經學卽理學」，一切以尊古爲歸，則求明所以爲率履之禮，自不得不取徑於考覈。戴派學者盡力於考覈工夫，亦非不重率履，特不經考覈，卽率履無由耳。此則貌異實同。且戴派本自以亭林爲宗，亦不必過爲剖分也。

皆主其說。則稍稍縱言及於義理，卽戴氏「聖人理義存乎典章制度」之意也。蓋凡戴氏之斥宋儒以意見言理者，而其後學乃拘拘於考覈古訓。凡戴氏所謂「去私莫如強恕，解蔽莫如學」者，而其後學乃拘拘於考覈古禮。明其字義卽得其理。通其禮而守之，卽足以去私而解蔽。此戴派學者之所孜孜以赴之者也。雖吳派學者，亦不出於古訓、古禮之考覈。故彼輩之所謂「實事求是」者，實未能實事以求是，乃考古以求是也。故吳、皖之學，推其極，終不出亭林「經學卽理學」之一語，而與浙東之以文獻證性命，顏、李之以習行修身心者，皆無當也。當漢學盛時，出而樹反漢學之幟者，則有章實齋、方植之。實齋猶及與東原同時，正漢學全盛之日。

東原卒，實齋年四十。實齋卒在東原後二十四年。

其所著文史通義，於當時漢學頗爲深刻之攻擊。曰：「六經皆史也。」

文史通義易教上：「六經皆史也。六經皆先王之政典也。六經皆先王得位行道，經緯世宙之迹，而非託於空言。」

又經解上：「古之所謂經，乃三代盛時典章法度，見於政教行事之實，而非聖人有意作爲文字以傳後世也。」

「古人之學不遺事物，未嘗離事而言理。」

又原學中：「古人之學，不遺事物。」

又易教上：「古人不著書。古人未嘗離事而言理。」

又經解中：「事有實據，而理無定形。故夫子之述六經，皆取先王典章，未嘗離事而著理。」

「舍天下事物人倫日用而守六籍，不足與言道。」

又原道中：「道不離器，猶影不離形。後世服夫子之教者，自六籍，以謂六經載道之書也，而不知六經皆器也。舍天下事物人倫日用，而守六籍以言道，則固不可與言夫道矣。」

又原道下：「訓詁章句，疏解義理，考求名物，皆不足以言道也。取三者而兼用之，則以萃聚之方，補遙溯之功，或可庶幾耳。而經師先已不能無牴牾，傳其學者又復各分門戶，不啻儒、墨之辨也。則因賓定主，而又有主中之賓。因非立是，而又有是中之非。門徑愈歧，而大道愈隱矣。」

又同上：「道備於六經，義蘊之匿於前者，章句訓詁，足以發明之。事變之出於後者，六經不能言。固貴約六經之旨，而隨時撰述，以究大道也。」

「搜羅遺逸，襞績補苴，不足與言學。」

又博約中：「王氏（應麟）諸書，謂之纂輯可也，謂之著述則不可也。謂之學者求知之功力可也，謂之成家之學術則未可也。今之博雅君子，疲精勞神於經傳子史，而終身無得於學者，正坐宗仰王氏，而誤執求知之功力以爲學卽在是爾。學與功力，實相似而不同。學不可以驟幾，人當致攻乎功力則可耳。指功力以爲學，是猶指秫黍以謂酒也。今之俗儒，且憾不見夫子未修之春秋，又憾戴公得商頌而不存七篇之闕，充其僻見，且似夫子刪修，不如王伯厚之善搜遺逸焉。蓋逐於時趨，而誤以襞績補苴謂足盡天地之能事也。幸而生後世也，如生秦火未燬以前，典籍具存，無事補輯，彼將無所用其學矣。」

故學務當今而貴實用。

又史釋：「傳曰：『禮時爲大。』又曰：『書同文。』蓋言貴時王之制度也。學者但誦先聖遺言，而不達時王之制度，是以文爲鞶帨絺繡之玩，而學爲鬭奇射覆之資，不復計其實用也。故道隱而難知，士大夫之學問文章，未必足備國家之用也。法顯而易守，書吏所存之掌故，實國家之制度所存，亦即堯、舜以來因革損益之實迹也。故無志於學則已，君子苟有志於學，則必求當代典章，以切於人倫日用。必求官司掌故，而通於經術精微。則學爲實事，而文非空言，所謂有體必有用也。不知當代而言好古，不通掌故而言經術，則鞶帨之文，射覆之學，雖極精能，其無當於實用也審矣。」

又同上：「學者昧今而博古，荒掌故而通經術，是能勝周官卿士之所難，而不知府史之所易也。故舍器而求道，舍今而求古，舍人倫日用而求學問精微，皆不知府史之學通於五史之義者也。」

又同上：「不知禮時爲大，而動言好古，必非眞知古制者也。是不守法之亂民也。故當代典章，官司掌故，未有不可通於詩書六藝之所垂。而學者昧於知時，動矜博古，譬如考西陵之蠶桑，講神農之樹藝，以謂可禦饑寒，而不須衣食也。」又原學下：「學博者長於考索，豈非道中之實積。而務事於博者，終身敝精勞神以徇之，不思博之何所取也。才雄者健於屬文，豈非道體之發揮。而擅於文者，終身苦心焦思以構之，不思文之何所用也。言義理者，似能思矣，而不知義理虛懸而無薄，則義理亦無當於道矣。」

因謂聖人學於眾人，大成集於周公。

又原道上：「學於聖人，斯爲賢人。學於賢人，斯爲君子。學於眾人，斯爲聖人。非眾可學也，求道必於一陰一陽之迹也。自有天地而至唐、虞、夏、商，迹既多而窮變通久之理亦大備。周公經綸制作，集千古之大成。孔子有德無位，即無從得制作之權。不得列於一成，安有大成可集乎？孔子雖大，可以一言盡之，曰：『學周公而已矣。』」又同上：「周公集治統之成，而孔子明立教之極。宰我、子貢，有若三子，皆舍周公獨尊孔子。朱子以謂事功有異，是也。然而治見實事，教則垂空言矣。後人因三子之言，而盛推孔子過於堯、舜，因之崇性命而薄事功，於是千聖之經綸，不足當儒生之坐論矣。」

而卒歸宗於浙東之學，言史，言經世，言性命，言行事，言學問，一以貫之，而溯源於陽明之教。

又浙東學術：「善言天人性命，未有不切於人事者。三代學術，知有史而不知有經，切人事也。後人貴經術，以其卽三代之史耳。近儒談經，似於人事之外，別有所謂義理矣。浙東之學，言性命者必究於史，此其所以卓也。」

又同上：「史學所以經世，固非空言著述也。且如六經出於孔子，先儒以爲其功莫大於春秋，正以切合當時事耳。後之言著述者，舍今而求古，舍人事而言性天，則吾不得而知矣。」

又原學中：「夫子曰：『學而不思則罔，思而不學則殆。』又曰：『吾嘗終日不食，終夜不寢，以思，無益，不如學也。』夫思亦學者之事也，而別思於學，若謂思不可以言學者，蓋謂必習於事而後可以言學，此則夫子誨人知行合一之道也。極思而未習於事，雖持之有故，言之成理，而不能知其行之有敝也。夫異端之起，皆思之過而不習於事者也。」

又博約下：「言學術功力，必兼性情。爲學之方，不立規矩，令學者自認資之所近，與力能勉者，而施其功力，卽王氏良知之遺意。」

蓋戴派學者，其持論本與浙東王學相通，

東原學說與浙東關係已見上論。其論性語，尤多與陽明爲近。凌廷堪主以禮爲節情復性之具，而曰：「好惡者，先王制禮之大原也。性者，好惡二端而已。」（見校禮堂集好惡說）亦與陽明「良知只是好惡」之說合。焦循子廷琥爲其父事略，稱：「府君於陽明之學，闡發極精。」今焦氏孟子正義及文集中語，依據良知立說者，極多。阮元說一貫、說格物皆重習行，即實齋「必習於事而後可以言學」之意。又極推毛奇齡書。實齋亦謂「西河毛氏發明良知之學，頗有所得。而門戶之見，不免攻之太過。雖浙東人亦不甚以爲然。」蓋專指其攻擊朱子一端而言。

而其學問從入，則爲亭林博雅一途。

文史通義朱陸：「性命之說，易入虛無。朱子求一貫於多學而識，寓約禮於博文，其事繁而密，其功實而難。沿其學者，一傳而爲勉齋（黃榦）、九峯（蔡沈），再傳而爲西山（眞德秀）、鶴山（魏了翁）、東發（黃震）、厚齋（王應麟），三傳而爲仁山（金履祥）、白雲（許謙），四傳而爲潛溪（宋濂）、義烏（王褘），五傳而爲寧人（顧炎武）、百詩（閻若璩），則皆服古通經，學求其是，而非專已守殘，空言性命之流也。生乎今世，因聞寧人、百詩之風，上溯古今作述，有以心知其意，此則通經服古之緒，又嗣其音矣。無如其人慧過於識，而氣蕩乎志，反爲朱子詬病焉，則亦忘其所自矣。」今按：此章氏謂戴學原於顧，實卽原於朱也。然戴則攻宋，而章則以爲「宋儒有朱、陸，千古不可合之同異，亦千古不可無之同異也。」故章氏論學，雖以浙東爲歸，而又曰：「浙東貴專家，浙西貴博雅，各因其習而習。學者不可無宗主，而必不可有門戶。浙東、浙西，道並行而不悖焉。」又曰：「師儒釋理以示後學，惟著之於事物，則無門戶之爭矣。」蓋戴氏力斥宋儒以意見言理，一時學者感於其說，往往不願虛爲門戶彼此之爭，如章氏與焦循皆是也。

故於亭林「經學卽理學」之語，終不免受其牢籠。自章氏之論出，則顧氏之說自破，而吳、皖學者考覈古訓、古禮之精神，亦且廢然而知返也。其後今文學派繼起，乃於章氏之說，時有采獲焉。

道光末，龔自珍、魏源皆今文學之健者，喜以經術作政論，譏漢學錮天下智慧爲無用，皆與章氏說近。而龔集議論蹈襲章書尤顯。

蓋嘗論之：當兩漢經學極盛之際，而有王仲任；當兩宋理學極盛之際，而有葉水心；當清代漢學極盛之際，而有章實齋。三人者，其爲學之徑途不必同，而其反經學尚實際之意味則同。是亦足見浙學精神之一端也。方植之著漢學商兌，成於道光時，較章氏書爲晚出。

漢學商兌序例成於道光丙戌（六年）四月，又有重序一篇，不著年月，當尙在丙戌後。儀衛軒文集附錄其門人蘇惇元所爲傳，亦謂：「道光初，漢學之燄尤熾，先生乃著漢學商兌辨析其非」云云。梁啟超清代學術概論謂方書成於嘉慶間，誤也。

其論訓詁之不得眞，

漢學商兌卷中之下：「夫謂義理卽存乎訓詁，是也。然訓詁多有不得眞者，非義理何以審之？夫古今先師相傳，音有楚、夏，文有脫誤，出有先後，傳本各有專祖；不明乎此，而強執異本異文，以訓詁齊之，其可乎？又古人一字異訓，言各有當，漢學家說經，不顧當處上下文義，第執一以通之，乖違悖戾，而曰義理本於訓詁，其可信乎？言不問是非，人惟論時代，以爲去聖未遠，自有所受，不知漢儒所說，違誤害理者甚眾。如康成解草蟲『覯止』爲交媾，此可謂求義理於古經中乎？史記引書『在治忽』爲『來始滑』，伏生今文作『采政忽』，此明爲音字相亂，今人猶曲爲解之，此可謂明道者詞乎？堯典稽古，鄭氏訓爲『同天』，解者以說文稽从禾（古兮切），禾木曲頭，止，不能上極於天而止，是上同之義；此等訓詁，可謂成詞者未有能外於小學文字乎？漢學諸人，釋經解字，謂本之古義者，大率祖述漢儒之誤，傅會左驗，堅執穿鑿，以爲確不可易。如以箕子爲『荄滋』，『枯楊』爲『姑楊』，『蕃庶』爲『蕃遮』，數百千條，迂晦難通。何義門云：『但通其訓詁而不辨義理，漢儒之說詩，皆高子也。』信乎！」　今按：同卷又有論專恃說文十五謬，文長不錄。

古制之不足追，

漢學商兌卷下：「漢學諸人，堅稱義理存乎訓詁典章制度，而如考工車制，江氏有考，戴氏有圖，阮氏、金氏、程氏、錢氏皆言車制，同時著述，言人人殊，訖不知誰爲定論。他如蔡氏賦役，沈氏祿田，任氏、江氏、盛氏、張氏宮室，黃氏、江氏、任氏、戴氏衣冠冕弁，各自專門，亦互相駁斥，不知誰爲眞知定見。莊子所謂有待而定者耶？竊以此等明之固佳，卽未能明，亦無關於身心性命，國計民生，學術之大。物有本末，是何足臧也？以荀子法後王之語推之，則冕服、車制、祿田、賦役等，雖古聖之制，亦塵飯木胾耳。何者？三統之建，忠質之尙，井田、禮樂諸大端，三代聖人，已不沿襲，又何論後世，而欲追古制乎？」

與夫義理之不必存乎典章制度，

漢學商兌卷中之下：「至謂古聖義理，卽存乎典章制度，則試詰以經典所載欽、明、安、恭、讓、愼、誠、忠、恕、仁、孝、義、信、慈、儉、懲忿、窒慾、遷善、改過、賤利、重義、殺身成仁，反而言之，曰驕、泰、奢、肆、苟、妄、自欺、讒諂、貪鄙，凡諸義理，皆關修齊治平之大，實不必存乎典章制度，豈皆爲異端邪說與？而如戴氏七經小記學禮篇中所記冠弁諸制，將謂卽以盡天下之義理與？」又卷中之上：「禮者爲迹，在外居後；理是禮之所以然，在內居先。而凡事凡物之所以然處皆有理，不盡屬禮也。夫言禮而理在，是就禮而言理。言理不盡於禮，禮外尚有衆理也。卽如今人讀書作文學百藝，以及天文、算數、兵謀、訟獄、河防、地利一切庶務，謂曰須明其理，則人心皆喻。謂曰此皆是禮之意，則雖學士亦惶惑矣。」

皆亦言之有理。雖所見不能如章書之大，要亦當時漢學一有力之反響也。蓋乾、嘉諸儒古訓、古禮之探究，其終將路窮而思變，亦觀於二氏之言而可知矣。於是繼吳、皖而起者，有公羊今文之學。

梁啟超清代學術概論：「兩漢時今古文鬭爭一大公案，南北朝以降，經說學派，只爭鄭、王。唐陸德明著釋文，孔穎達著正義，皆雜宗鄭、王，今所傳十三經注疏，皆汲晚漢古文家之流。西漢所謂十四博士，其學說僅存者，惟春秋公羊傳之何（休）注而已。自宋以來，程、朱等亦徧注諸經，而漢、唐注疏廢。入清代，則節節復古。顧炎武、惠士奇輩，專提倡注疏學，則復於六朝、唐。自閻若璩攻僞古文尚書後，證明作僞者爲王肅，學者乃重提南北朝鄭、王公案，絀王申鄭，則復於東漢。乾隆以來，家家許、鄭，人人賈、馬，東漢學爛然如日中天矣。懸崖轉石，非達於地不止，則西漢今古文舊案，終必須翻騰一度，勢則然矣。」

治公羊者，始於常州。刊落訓詁名物，而專求其所謂「微言大義」者，顯與皖派戴、段之徒，取徑不同。

梁啟超清代學術概論：「清代分裂之導火線，則經學今古文之爭也。今文學之中心在公羊，清儒既偏治古經，戴震弟子孔廣森始著公羊通義，然不明家法，治今文者不宗之。今文學啟蒙大師，則武進莊存與也。存與著春秋正辭，刊落訓詁名物之末，專求其所謂微言大義者，與戴、段一派所取途徑全然不同。其同縣後進劉逢祿繼之，著春秋公羊經傳何氏釋例，凡何氏（休）所謂非常異義可怪之論，如『張三世』，『通三統』，『絀周王魯』，『受命改制』諸義，次第發明。其書亦用科學的歸納研究法，有條貫，有斷制，在清人著述中，實最有價值之創作。」　今按：漢學貴實事求是，公羊家捨名物訓詁而求微言大義，已失漢學精神。公羊家以「惟王者後然後改元立號，春秋託新王受命於魯，故因以錄即位」，孔穎達辨之曰：「諸侯於其封內，各得改元，傳說鄭國之事云：僖之元年，朝於晉；簡之元年，士子孔卒。是諸侯皆改元，非獨魯也。」公羊家以「王二月、王三月謂存夏、殷」，程子辨之曰：「事在二月，則書王二月。在三月，則書王三月。無事則書時，書首月。」是也。公羊家以「荆者州名，州不若國」，家鉉翁辨之曰：「荆者，楚本號。宣王之詩曰：『蠢爾蠻荆。』當時固以荆目之。東遷後革號爲楚。春秋先書荆，後書楚，因魯史舊文耳。」推此類言之，公羊「張三世」「通三統」，「絀周王魯」「受命改制」之說，皆虛。其他深文曲解，後人明白辨正者，無慮數百條。劉氏之書，一不之審，徒知株守何氏一家之說，而梁氏稱之謂「亦用科學的歸納研究法，在清人著述中爲最有價值之創作」者，是亦未脱經生門戶之見者也。

蓋其淵源所自，亦蘇州惠氏尊古而守家法之遺，而又不甘爲名物訓詁，遂遁而至此也。

劉逢祿公羊春秋何氏解詁箋敍：「余嘗以爲經之可以條例求者，惟禮喪服及春秋而已。經之有師傳者，惟禮喪服有子夏氏，春秋有公羊氏而已。漢人治經，首辨家法。然易施、孟、梁邱，書歐陽、大、小夏侯，詩齊、魯、韓，師說今皆散佚，十亡二三。世之言經者，於先漢則古詩毛氏，於後漢則今易虞氏，文辭稍爲完具。然毛公詳故訓而略微言，虞君精象變而罕大義。求其知類通達，顯微闡幽，則公羊傳在先漢有董仲舒氏，後漢有何邵公氏；子夏傳有鄭康成氏而已。先漢之學，務乎大體，故董生所傳，非章句訓詁之學也。後漢條理精密，要以何邵公、鄭康成二氏爲宗。喪服之於五禮，一端而已。春秋始元終麟，天道浹，人事備，以之綱羅眾經，若數一二，辨白黑也。」今按：劉氏此敍，自述專治公羊來歷，最爲明白。其篤信師傳，守家法，爲吳學嫡傳。其以條例求經，則帶皖學色彩。其不願爲章句訓詁而務大體，則章、方諸人攻擊漢學之影響也。蓋吳派本自革命走入承統，又自承統復歸革命，則爲今文學之淵源耳。

其後以信公羊而信今文，

梁啟超清代學術概論：「今文學之初期，則專言公羊而已，未及他經。然因此知漢代經師家法，今古兩派截然不同，知賈（逵）、馬（融）、許（慎）、鄭（玄）殊不足以盡漢學。時輯佚之學正極盛，古經說片語隻字，搜集不遺餘力。於是研究今文遺說者漸多，然皆不過言家法同異而已，未及眞僞問題也。」

又以信今文而疑及古文，

梁啟超清代學術概論：「道光末，魏源著詩古微，始大攻毛傳及大小序，謂爲晚出僞作。其言博辨，比於閻氏之書疏證。同時邵懿辰亦著禮經通論，謂儀禮十七篇爲足本，所謂古文逸禮三十九篇者，出劉歆僞造。而劉逢祿故有左氏春秋考證，謂此書本名左氏春秋，不名春秋左氏傳，乃記事之書，非解經之書。其解經者，皆劉歆所竄入。左氏傳之名，亦歆所僞造。蓋自劉書出而左傳眞僞成問題，自魏書出而毛詩眞僞成問題，自邵書出而逸禮眞僞成問題，若周禮眞僞，則自宋以來成問題久矣。初時諸家不過各取一書，爲局部的研究而已。既而尋其系統，則此諸書者，同爲西漢末出現。其傳授端緒，俱不可深考，同爲劉歆所主持爭立。質言之，則所謂古文諸經傳者，皆有連帶關係，眞則俱眞，僞則俱僞。於是將兩漢今古文之全案，重提覆勘，則康有爲其人也。」　今按：疑古文諸經而蔽獄於劉歆，方望溪已先有此說，惟後無嗣響。至康氏之論出，乃震動一世視聽。凡一學說之成熟，必具有相當之機緣，於梁氏此論可以見也。

於是漢學家之以尊古始者，乃遂以疑古終焉。至於康有爲出，著新學僞經考，而後疑古之思，乃達於極端焉。

梁啟超清代學術概論：「今文學運動之中心，曰南海康有爲。有爲早年，酷好周禮，嘗貫穴之著政學通議。後見廖平所著書，乃盡廢其舊說，著書曰新學僞經考。僞經者，謂周禮、逸禮、左傳及詩之毛傳，凡西漢末劉歆所力爭立博士者。新學者，謂新莽之學。時清儒誦法許、鄭，自號曰漢學。有爲以爲此新代之學，非漢代之學，故更其名焉。新學僞經考之要點：一，西漢經學，並無所謂古文者。凡古文皆劉歆僞作。二，秦焚書並未厄及六經，漢十四博士所傳，皆孔門足本，並無殘缺。三，孔子時所用字，即秦、漢間篆書，即以文論，亦絕無今古之目。四，劉歆欲彌縫其作僞之迹，故校中祕書時，於一切古書，多所羼亂。五，劉歆所以作僞經之故，因欲佐莽篡漢，先謀湮亂孔子之微言大義。」　今按：康氏所疑，多無證武斷。如謂焚書未及六經，六經不殘缺云云，尤爲失實。漢代今古文爭論眞相，已詳本編第三、四章，此不具論。

又爲孔子改制考，然後清儒古訓古禮、師傳家法之研求，乃一轉而入於創法立制、論政經世之塗焉。

梁啟超清代學術概論：「近人祖述何休以治公羊者，若劉逢祿、龔自珍、陳立輩，皆言改制，而有爲之說實與彼異。有爲所謂改制者，則一種政治革命，社會改造的意味也。故喜言『通三統』。三統者，謂夏、商、周三代不同，當隨時因革也。喜言『張三世』，三世者，謂據亂世、升平世、太平世，愈改而愈進也。有爲政治上變法維新之主張，實本於此也。」

又爲大同書，則其理想乃與今世所謂世界主義、社會主義者多合符契，益復非區區經生考覈之所能範圍焉。

梁啟超清代學術概論：「右兩書（僞經考、改制考），皆有爲整理舊學之作，其自身所創作，則大同書也。有爲以春秋三世之義說禮運，謂升平世爲小康，太平世爲大同，乃衍其條理爲書，略如左：

一、無國家，全世界置一總政府，分若干區域。

二、總政府及區政府皆由民選。

三、無家族，男女同棲不得逾一年，屆期須易人。

四、婦女有身者入胎教院，兒童出胎者入育嬰院。

五、兒童按年入蒙養院，及各級學校。

六、成年後由政府指派分任農、工等生產事業。

七、病則入養病院。老則入養老院。

八、胎教、育嬰、蒙養、養病、養老諸院，爲各區最高之設備，入者得最高之享樂。

九、成年男女，例須以若干年服役於此諸院，若今世之兵役然。

十、設公共宿舍、公共食堂，有等差。各以其勞作所入自由享用。

十一、警惰爲最嚴之刑罰。

十二、學術上有新發明者，及在胎教等五院有特別勞績者，得殊獎。

十三、死則火葬。火葬場比鄰爲肥料工廠。」

蓋清自咸、同之際，洪、楊倡亂，江南荼毒，文獻蕩盡，學者不克復振其業。又自鴉片戰後，外患迭乘，志士扼腕，思自湔祓，經世致用之念復起。而海禁既開，西學東漸，窮經考古，益不足以羈縶其智慧。康氏以今文公羊之説，倡爲變法維新，天下靡然從風，而乾、嘉樸學亦自此絶矣。訓詁考證之業，固已路窮必變，而其推轉之機，亦時會之有以促成之也。時惟定海黄以周，

> 碑傳續集繆荃孫黄先生（以周）墓志銘：「國朝講學之風，倡自顧亭林。顧氏嘗云：『經學卽是理學。』（先生）體顧氏之訓，上追孔門之遺言，而三禮尤爲宗主。意在覈明古禮，示後聖可行。所著禮書通故，先王禮制備焉。至其道德性命之學，則在辨虚無，辨絶欲，以執一端立宗旨爲賊道，悉折衷經訓，以燭叛慚疑枝邪離遁窮之情。所著經訓比義三卷，列二十四目，謂博文約禮，聖門正訓。學者欲求孔聖之微言大義，必先通經。經義難明，必求諸訓詁聲音，而後古人之語言文字，乃了然於心目。不博文，能治經乎？既治經矣，當約之以禮。又謂禮者，理也。天理之秩然者也。考禮卽窮理。後儒舍禮而言理，禮必徵實往古，理可空談任臆也。先生以經學爲理學，卽以禮學爲理學。顧氏之訓，至先生而始闡。」
>
> 今按：繆氏此文，頗足見樸學家爲學之取徑，及目標所在，故並附錄以爲參證。

德清俞樾，瑞安孫詒讓，尚守樸學架䉶。

章炳麟瑞安孫先生哀辭：「吳、越間學者，有先師德清俞君，及定海黄以周元同，與先生三，皆治樸學，承休寧戴氏之術，爲白衣宗。」

然亦抱殘守缺，弗能爲風會宗矣。今綜觀有清一代學術，則顧氏「經學卽理學」一語，不可不謂爲其主要之標的。彼輩欲於窮經考古之中，發明一切義理，其愚而無成，可弗待言。然乾、嘉諸儒以下，其治學方法之精密，則實有足多者。近人胡適，盛稱以爲合於科學的精神。

胡適文存卷二清代學者的治學方法：「中國舊有學術，只清代的樸學，確有科學的精神。樸學一個名詞，包括甚廣，大要可分四部分：

一、文字學　包括字音的變遷，文字的假借通轉等等。

二、訓詁學　訓詁學是用科學的方法，物觀的證據，來解釋古書文字的意義。

三、校勘學　校勘學是用科學的方法，來校正古書文字的錯誤。

四、考訂學　考訂學是考定古書的眞僞，古書的著者及一切關於著者的問題的學問。

現在且先看漢學家所攻擊的幾種方法：

一、隨意改古書的文字。

二、不懂古音，用後世的音來讀古代的韻文，硬改古音爲叶音。

三、增字解經。例如解『致知』爲『致良知』。

四、望文生義。例如論語『君子恥其言而過其行』本有錯誤。宋儒硬解爲『恥者不敢盡之意，過者欲有餘之辭』，卻不知『而』字是『之』字之誤。

漢學家方法的根本觀念可以分開來說：

一、研究古書，並不是不許人有獨立的見解，但是每立一種新見解，必須有物觀的證據。

二、漢學家的證據，完全是例證。

三、舉例作證，是歸納的方法。舉例不多，便是類推的證法。舉例多了，便是正當的歸納法。類推與歸納，不過是程度的區別。其實他們的性質，是根本相同的。

四、漢學家的歸納手續不是完全被動的，是很能用假設的。他們所以能舉例作證，正因爲他們觀察一些個體的例之後，腦中先已有了一種假設的通則，然後用這通則所包涵的例來證同類的例。他們實際上是用個體的例來證個體之例，精神上實質上是把這些個體的例所代表的通則演繹出來。故他們的方法是歸納和演繹同時並用的科學方法。

他們用的方法，總括起來，只是兩點：一、大膽的假設。二、小心的求證。假設不大膽，不能有新發明；證據不充足，不能使人信仰。」

梁啟超著清代學術概論，亦推極其學風之美。

梁啟超清代學術概論：正統派之學風，其特色可指者略如下：

一、凡立一義，必憑證據。無證據而以臆度者，在所必擯。

二、選擇證據，以古爲尚。以漢、唐證據難宋、明，不以宋、明證據類漢、唐。據漢、魏可以難唐，據漢可以難晉，據先秦、西漢可以難東漢，以經證經，可以難一切傳記。

三、孤證不爲定說，其無反證者姑存之。得有續證，則漸信之。遇有力之反證，則棄之。

四、隱匿證據，或曲解證據，皆認爲不德。

五、最喜羅列事項之同類者，爲比較的研究，而求得其公則。

六、凡采用舊說，必明引之，勦說認爲大不德。

七、所見不合，則相辯詰，雖弟子駁難本師，亦所不避。受之者從不以爲忤。

八、辯詰以本問題爲範圍，詞旨務篤實溫厚，雖不肯枉自己意見，同時仍尊重別人意見。有盛氣凌轢，或支離牽涉，或影射譏笑者，認爲不德。

九、喜專治一業，爲窄而深的研究。

十、文體貴樸實簡潔，最忌言有枝葉。

蓋自有清儒之訓詁考覈，而後古書可讀，誠爲不可埋沒之功。其學風之樸誠篤實，亦自足爲後人所慕仰。然其間工詣既有高下，得失亦復互見。

焦循雕菰集辨學：「今學經者衆矣，而著書之派有五：一曰通核。二曰據守。三曰校讎。四曰摭拾。五曰叢綴。此五者，各以其所近而爲之。通核者：主以全經，貫以百氏，協其文辭，揆以道理。人之所蔽，獨得其間。可以別是非，化拘滯，相授以意，各慊其衷。其弊也，自師成見，忘其所宗。故遲鈍苦其不及，高明苦其太過焉。據守者：信古最深，謂傳注之言堅確不易。不求於心，固守其說，一字句不敢議。絕浮游之空論，衛古學之遺傳。其弊也，跼蹐狹隘，曲爲之原。守古人之言，而失古人之心。校讎者：六經傳注，各有師授，傳寫有譌，義蘊乃晦。鳩集衆本，互相糾核。其弊也，不求其端，任情刪易。往往改者之誤，失其本眞。宜主一本，列其殊文，俾閱者參考之也。摭拾者：其書已亡，間存他籍，採而聚之，如斷圭碎璧，補苴成卷。雖不獲全，可以窺半。是學也，功力至繁，取資甚便，不知鑒別，以贋爲眞，亦其弊矣。叢綴者：博覽廣稽，隨有心獲。或考訂一字，或辨證一言，略所共知，得未曾有。溥博淵深，不名一物。其弊也，不顧全文，信此屈彼。故集義所生，非由義襲。道聽塗說，所宜戒也。五者兼之則相濟，學者或具其一而外其餘，余患其見之不廣也，於是乎辨。」

最其所至，實亦不過爲考史之學之一部。

柳翼謀中國文化史：「世尊乾、嘉諸儒者，以其以漢儒之家法治經學也。然吾謂乾、嘉諸儒獨到者，實非經學而爲考史之學。考史之學，不獨趙翼二十二史劄記，王鳴盛十七史商榷，或章學誠文史通義之類，爲有益於史學也。諸儒治經，實皆治史。或輯一代之學說，如惠棟易漢學之類。或明一師之家法，如張惠言周易虞氏義之類。於經義亦未有大發明，特區分畛域，可以使學者知此時代此經師之學若此耳。其於三禮，尤屬古史之制度。諸儒反覆研究，或著通例，如江永儀禮釋例，凌廷堪禮經釋例之類。或著專例，如任大椿弁服釋例之類。或爲總圖，如張惠言儀禮圖之類。或爲專圖，如戴震考工記圖，阮元車制圖考之類。或專釋一事，如沈彤周官祿田考，王鳴盛周禮軍賦說，胡匡衷儀禮釋官之類。或博考諸制，如金鶚求古錄禮說，程瑤田通藝錄之類。皆可謂研究古史之專書。即今文家標舉公羊義例，如劉逢祿公羊何氏釋例，凌曙公羊禮說之類，亦不過說明孔子之史法，與公羊家所講明孔子之史法耳。其他之治古音，治六書，治輿地，治金石，皆爲古史學，尤不待言。惟限於三代語言文字制度名物，尚未能舉歷代之典籍，一一如其法以治之，是則尚有待於後來者耳。」

又以限於時代，缺點尚多。發揚光大，正有待於以後之努力。

胡適國學季刊發刊宣言：「這三百年的古學研究，在今估計，還有許多缺點：一、研究範圍太狹，學者的聰明才力，被幾部經書籠罩了。況且在這個狹小的範圍裏，還有許多更狹小的門戶界限。有漢、宋學的分家，有今、古文的分家。甚至於治一部詩經，還要捨東漢的鄭箋而專取西漢的毛傳。二、太注重功力而忽略理解。學問的進步，一是材料的積聚與剖解，一是材料的組織與貫通。前者靠精勤的工力，後者全靠綜合的理解。這三百年中，幾乎只有經師而無思想家。只有校史者而無史家。只有校注而無著作。三、缺乏參考比較的材料。宋、明理學家所以富於理解，全因六朝、隋唐以後佛家與道士的學說，用作一種參考比較的資料。清朝的學者，始終脫不了一個陋字。我們如要想提倡古學研究，應該注意：一、擴大研究的範圍，二、注意系統的整理，三、博採參考比較的資料。」

要其風尚所歸，略與兩漢經生及隋唐注疏、繙譯同其情趣。整理積疊，以貽後者多。空所依傍，自闢戶牖，殆非所長。以視夫先秦、魏晉、宋明諸朝，直抒己見，稱心而道者，則爲不同道也。此則清代漢學之大較也。

第十章　最近期之學術思想

凡一時代學術思潮之變遷，其作始也簡，其將畢也鉅。從其後而論之，莫不有其遞邅轉移之跡，與夫盛衰興替之所以然。若有大力挾之而趨，一時學者特入乎其括，循乎其機，隨逐推遷，不能自主，有不知其然而然者。顧當其未變之先，與夫方變之際，則雖有大智，亦不能測其所將屆。而其可變者，固若百其途而靡已也。今將論最近期之學術思潮，則革命以還，爲時不及廿年，萌蘖僅生，幹體未立，固若無可爲說。惟其承先啟後之迹，則亦有可得而微指者。較而論之，不越兩途：一則汲舊傳之餘波，一則興未有之新瀾。鼓盪迴激，滙爲一趨。此歷代學術之移步換形，莫不如此，正不獨最近一期爲然也。言其承接舊傳之部，則有諸子學之發明，龜甲文之考釋，與古史之懷疑。三者，蓋皆承清儒窮經考古之遺，而稍變其面目者也。清儒研治羣經，於諸子即多所董理，校勘訓詁，卓著成績。

梁啟超清代學術概論：「清儒之有功古學者，更一端焉，則校勘也。古書傳習愈稀者，其傳鈔踵刻，僞謬愈甚。馴至不可讀，而其書以廢。清儒則博徵善本以校之，校勘遂成一專門學。諸所校者，或遵善本，或據他書所徵引，或以本文上下互證。或是正其文字，或釐定其句讀，或疏證其義訓，往往有前此不可索解之語句，一旦昭若發矇。其功尤鉅者，則所校多屬先秦諸子（例略）。因此引起研究諸子學之興味。蓋自考證學興，引據惟古是尚。故王念孫讀書雜志，已推勘及於諸子。其後俞樾亦著諸子平議，與羣經平議並列。而汪（中）、戴（震）、盧（文弨）、孫（星衍）、畢（沅）諸賢乃偏取古籍而校之。夫校其文，必尋其義，則新理解出矣。後此洪頤煊著管子義證，孫詒讓著墨子閒詁，則躋諸經而爲之注矣。及今學者皆以子與經並重，思想蛻變之樞機，有捩於此而關於彼者，此類是也。」

然治諸經，其能事可以萃於校勘、訓詁、名物、度數而止。

惟徽學戴派，能知於訓詁名物外求義理。然其所據以爲說者，亦惟偏重論語、孟子，論、孟固非經。至於諸經，則終亦不得以義理騁說也。至今文家昌論微言大義，而專據公羊，此本東漢何休解詁，推而上及於西漢董氏繁露，皆漢人之說。其取小戴禮運，蓋亦晚周諸子之裔耳。又其横逸斜出，斷章取義，得其所求而已，與乾、嘉樸學固殊。故清儒治經，長於訓詁名物，而短於義理，誠爲不可掩之事實也。

諸子則專家之學，不能通其大義而徒求於訓詁名物，無當也。

胡適文存二集論墨子：太炎先生與行嚴第一書云：「說諸子之法，與說經有異。」胡氏駁之云：「經與子同爲古書，治之之法，只有一途，即是用校勘學與訓詁學的方法，以求本子的訂正，與古義的考定。此意在高郵王氏父子，及俞曲園、孫仲容諸老輩書中，都很明白。試問讀書雜志與經義述聞，羣經平議與諸子平議，在治學方法上有什麼不同？」太炎第二書又申之云：「校勘訓詁，以治經者治諸子，特最初門徑然也。經多陳事實，諸子多明義理。（原注：此就大略言之，經中周易亦明義理，諸子中管、荀亦陳事實。然諸子專言事實，不及義理者絕少。）（今按：易繫乃陰陽家雜糅儒、道爲之，亦諸子一流耳。清儒於易理多不能發揮，惟戴震能言之，亦以彼能言義理，其他不能也。）治此二部書者，自校勘訓詁而後，即不得不各有所主，此其術有不得同者。故賈、馬不能理諸子，而郭象、張湛不能治經。若王、俞兩先生，則暫爲初步而已耳。」　今按：太炎說是也。胡氏與行嚴第二書尚有答辨，然殊牽強。王氏言諸子只及訓詁，不談大義。俞氏頗有涉及，如諸子平議老、莊各卷，均有誤說。即如老子開首兩句「道可道，非常道，名可名，非常名」十二字，以尋常小學訓詁說之，則幾無可說。若論其大義，則非精曉老子全部學說者不能道也。又以論語一書言，宋朱子集註多從義理上說，清劉寶楠正義專重名物度數校勘訓詁上說。儘有校勘訓詁能發明朱註誤處，然遇道義理處，朱註亦儘有勝劉氏正義者。平心讀之自見。卽胡氏自己治諸子，亦僅借王、俞校勘訓詁爲初步，其精神斷非王、俞之校勘訓詁所能限也。

又胡氏哲學史大綱導言云：「校勘訓詁，這兩層雖極重要，但是作哲學史還須有第三層整理的方法，可叫做貫通。貫通便是把每一部書的內容要旨，融會貫串，尋出一個脈絡條理，演成一家有頭緒有條理的學說。宋儒注重貫通，漢學家注重校勘訓詁。宋儒不明校勘訓詁之學，故流於空疏臆說。漢學家多不肯做貫通的工夫，故流於支離碎瑣。校勘訓詁的工夫，到了孫詒讓的墨子閒詁，可謂完備了，但終不能貫通全書，述墨學的大指。到章太炎，方纔於校勘訓詁的諸子學外，別出一種有條理系統的諸子學。太炎的原道、原名、明見、原墨、訂孔、原法、齊物論釋，都屬於貫通的一類。原名、明見、齊物論釋三篇，更爲空前的著作。今細看此三篇著作，所以能如此精到，正因太炎精於佛學，先有佛家的因明學，心理學，純粹哲學，作爲比較印證的材料，故能融會貫通，於墨翟、莊周、惠施、荀卿的學說裏面，尋出一個條理系統。」　今按：胡氏此論與太炎說全合，亦可見治諸子不能卽止於校勘訓詁矣。至謂漢學家不能貫通亦非。凡漢學家訓詁名物度數禮制，何一不從貫通中得來？漢學家非不能爲貫通的工夫，只不能言學術思想耳。亦正以經學與諸子不同，只可爲古代之史料，而不得爲哲學的史料也。

故清儒雖以治經餘力，旁及諸子，而華路藍縷，所得已觳。至於最近學者，轉治西人哲學，反以證說古籍，而子學遂大白。最先爲餘杭章炳麟，以佛理及西說闡發諸子，於墨、莊、荀、韓諸家皆有創見。

章炳麟蓟漢微言末節自述治學變遷之迹云：「少時治經，謹守樸學，所疏通證明者，在文字器數之間。雖嘗博觀諸子，亦隨順舊義。遭世衰弱，不忘經國。獨於荀卿、韓非所說，謂不可易。繼閱佛藏，涉獵華嚴、法華、涅槃諸經，義解漸深。因繫上海，專修慈氏、世親之書。此一術也，以分析名相始，以排遣名相終，從入之途，與平生樸學相似，易於契機。既出獄，東走日本，旁覽彼土所譯希臘、德意志哲人之書，因從印度學士咨問吠檀多哲學，多在常聞之外。卻後爲諸生說莊子，遂有所得。端居深觀，而釋齊物，乃與瑜伽、華嚴相會。次及荀卿、墨翟，莫不抽其微言。癸甲之際，尼於龍泉，始玩易象，重籀論語。又以莊證孔，而耳順、四絕之指，居然可明。頃來重繹莊書，操齊物以解紛，明天倪以爲量，割制大理，莫不從順。世故有疏通知遠，好爲言談者，亦有文理密察，實事求是者。及夫主靜居敬，皆足澄心，欲當爲理，宜於宰世。苟外能利物，內以遣憂，亦各從其志爾。漢、宋爭執，焉用調人？和以天倪，則妄自破而紛亦解。所謂無物不然，無物不可，豈專爲圓滑無所裁量者乎？自揣生平學術，始則轉俗成眞，終乃回眞向俗。秦、漢以來，依違於彼是之間，局促於一曲之內，蓋未嘗覩是也。」梁氏清代學術概論謂：「其所稱述，殆非溢美。」

今按：章氏國故論衡下卷皆論諸子，而原名、明見諸篇，尤精闢有創見。檢論卷二、卷三、卷四各篇，備論古今學術，皆有系統。菿漢微言上卷以唯識學易，論語、孟、莊，亦多深思。惟論史重種族之見，論經則專主古文而深斥今文，持論時涉偏激，是其所短。要其中歲以後，所得固非清學所能限爾。

績溪胡適，

蔡元培五十年來中國之哲學云：「距今四年前（民國七年），胡適的中國哲學史大綱上卷刊布出來，算是第一部新的哲學史。胡氏用他實驗哲學的眼光，來敍述批評秦以前的哲學家，最注重的是各家辨證法。這正是從前讀先秦哲學書者所最不注意的。而且他那全卷有系統的敍述，也是從前所沒有的。」　今按：胡氏哲學史大綱，介紹西洋新史學家之方法來治國故，其影響於學術前途者甚大。惟胡氏此書，似出急就，尚未能十分自達其主張。如論先秦學術起源，根據詩經，分說五種人生觀；不悟悲觀、樂天云云，任何時期，皆有此五種之觀念。即尋之於後世任何一代之詩選中，亦不難得此五種人生觀之梗概。徒謂經世亂而學術以興，則不能抉出此一時代背景之特點，即不能指出此一時代學術思想之眞源也。又其敍述自老子至韓非，垂三百年，其間社會政治一切組織變化極激亟，皆時時足以影響於學術；胡氏書中，獨於老子前敍述時代背景，此下各家即順列而下，於各家背景轉變處，不復詳述，亦無以見各家思想遞變之所以然。又同一時代，各家學術雖互爲不同，而亦自有其共同一致之精神，以自異於別一時代之學風。胡氏書中於各家異相極爲剖析，而於各家共相未能會通，因亦無以見此一時代學術所以與他時代特異之處。又其考證尚多疏，如老子係晚周僞書，胡氏尚視爲諸家學術之起源；易繫乃陰陽家言，胡氏本之講孔子之類；應改正者尚多。要之其書足以指示學者以一種明確新鮮之方法，則其功亦非細矣。

新會梁啟超，

梁任公談諸子，尚在胡適之前，然其系統之著作，則皆出胡後。因胡氏有中國哲學史，而梁氏遂有先秦政治思想史。因胡氏有墨辨新詁（未刊），而梁氏遂有墨經校釋、墨子學案諸書。先秦政治思想史敍述時代背景，較胡書特爲精密詳備，墨經亦時有創解。惟其指陳途徑，開闢新蹊，則似較胡氏爲遜。

繼之，而子學遂風靡一世。

前東大教授柳翼謀有論近人講諸子學者之失一文，謂近日學者喜談諸子之學，寖成風氣。然撢覃諸子原書，綜貫史志，洞悉其源流者，實不多覯。大抵誦說章炳麟、梁啟超、胡適諸氏之書，展轉稗販，以飾口耳。諸氏論學，多偏主觀，逞其臆見，創爲莫須有之談，故入人罪。因舉章炳麟諸子學略說，胡適諸子不出於王官論，梁啟超中國古代思潮諸篇所論，歷加駁難。其言頗足以矯時弊。然清儒尊孔崇經之風，實自三人之說而變。學術思想之途，因此而廣。啟蒙發凡，其說多疏，亦無足怪。論其轉移風氣之力，則亦猶清初之亭林、梨洲諸家也。

羣經訓詁名物之瑣瑣，則幾於熄焉。此其一也。清儒治經，首本字義，說文遂爲必治之書。餘波流衍，及於鐘鼎古籀。

梁啟超清代學術概論：「金文學則考證商、周銅器，自阮元、吳榮光收藏浸富，遂有著錄。阮有積古齋鐘鼎彝器款識，吳有筠清館金石文字，研究金文之端開矣。道、咸以後日盛。吳式芬有攈古錄金文，潘祖蔭有攀古樓彝器款識，吳大澂有愙齋集古錄，皆稱精博。自金文學興，而小學起一革命。前此尊說文若六經，祔孔子以許慎，至是援古文、籀文以難許者紛作。若莊述祖之說文古籀疏證，孫詒讓之古籀疏證其著也。」

最近殷虛書契出，

容庚甲骨文字之發見及其考釋（見北京大學國學季刊一卷四號）：「甲骨文字發見於河南安陽縣城西北五里之小屯中。東西北三面，洹水環焉，殆史記項羽本紀所謂『洹水南殷虛上』。彰德府志所謂河亶甲城者是也。清光緒二十五年，始出見於世。其文字刻於龜甲、獸骨上，估客携至京師，售於王懿榮。二十六年秋，王氏殉國難，所藏千餘片，盡歸劉鶚。以後所出，亦盡歸之。總其所藏，約過五千片。曾選拓千片印行，名曰鐵雲藏龜。繼劉氏之後者，爲羅叔言先生。於宣統二年間，命估人至其地盡力購求，一歲之中，所獲踰萬。復命其弟親至洹陽采掘，所得又倍於前。於民國紀元，排比墨本，印行殷虛書契前編，後又印行殷虛書契後編，殷虛書契菁華錄，鐵雲藏龜之餘。猶太婦人迦陵，得劉氏舊藏甲骨，印行戩壽堂所藏殷虛文字。日本人林泰輔亦印行龜甲獸骨文字焉。」

羅、王二氏爲之考釋，而龜甲古文之學，遂掩說文而上之。

容庚甲骨文字之發見及其考釋云：「漢許愼撰說文解字而云『今敍篆文，合以古籀』，所謂古籀者，無非壁中書與山川所得鼎彝之類。說文序云：『壁中書者，魯恭王壞孔子宅，而得禮記、尚書、春秋、論語、孝經，又北平侯張蒼獻春秋左氏傳，郡國亦往往於山川得鼎彝，其銘卽前代之古文，皆自相似。』又云：『其易孟氏，書孔氏，詩毛氏，禮周官，春秋左氏，論語，孝經，皆古文也。』是許氏所見，大抵爲姬周之古文，而非殷商之古文。今甲骨刻辭，乃殷商遺文，信而有徵。生許氏一千八百年之後，而能見許氏未見之書，寧非最快意者乎！」　今按：容氏此文，敍說文與龜甲文異同，最爲持平。章太炎不信龜甲文，錢玄同等又疑許氏說文皆僞造，非姬周之舊，皆非定論也。

據此以考古禮古史，有非清儒窮經之所能到者。

抗父最近二十年間中國舊學之進步（見東方雜誌第十九卷三號）：「在二十年前，古器物學與古文字學，經濰縣陳簠齋氏介祺、吳縣吳愙齋氏大澂，已漸具眉目。及殷虛文字出，瑞安孫仲容氏詒讓，即就鐵雲藏龜考其文字，成契文舉例二卷。（書成於光緒甲辰，越十三年丁巳，羅君得其手稿印行。）雖創獲無多，而殷虛文字之研究，實自此始。嗣是羅君之殷商貞卜文字考（宣統庚戌），殷虛書契考釋（甲寅），殷虛書契待問編（丙辰），王君之戩壽堂所藏殷虛文字考釋（戊午），先後成書。其於殷人文字，蓋已十得五六。又羅君考釋一書，兼及書契中所見之人地名及制度典禮；王君復纂其業，成殷卜辭中所見先公先王考，續考，及殷周制度論各一卷（丁巳）；就經傳之舊文，與新出之史料，爲深邃綿密之研究，其於經、史二學，裨益尤多。茲舉其重要者，商自成湯以前，絕無事實。史記殷本紀惟據世本書其世次而已。王君於卜辭中發見王亥、王恒之名，復據山海經、竹書紀年、楚辭天問、呂氏春秋中之古代傳說，於荒誕之神話中，求歷史之事實；更由甲骨文斷片中，發見上甲以下六代之世系，與史記紀、表頗殊；眞古今所不能夢想者也。又書序、史記均謂盤庚遷殷，即是宅亳，羅君引古本竹書謂殷爲北蒙，卽今彰德。王君於三代地理小記中證成其說，遂無疑義。又王君之殷周制度論從殷之祀典世系，以證嫡庶之制始於周之初葉，由是對周之宗法、喪服及封子弟、尊王室之制，爲有系統之說明。其書雖寥寥二十葉，實近世經、史二學上第一篇大文字。此皆殷虛文字研究之結果也。」 今按：篇中王君卽海寧王國維靜安，實治斯學最有成就之大師也。同時有漢晉木簡、敦煌石室古寫本之發見，於古史事亦頗有發明，並詳抗父文中，茲不備引。

此又一途也。清儒以尊經崇聖，而發疑古辨僞之思，在晚近今文家而大盛。

梁啟超清代學者整理舊學之總成績第四章辨僞書（見東方雜誌二十一卷十六號）：「辨僞的風氣，清初很盛，清末也很盛，獨乾、嘉全盛時，做這種工夫的較少。清初最勇於疑古的應推姚立方際恒。他著有尚書通論，辨僞古文。有禮經通論，辨周禮和禮記的一部分。有詩經通論，辨毛序。其專爲辨僞而作的，則有古今僞書考。這書體例頗凌雜，篇帙亦太簡單，未能盡其辭，所判斷亦不必盡當。此後專爲辨證一部或幾部僞書著爲專篇者，則有閻百詩的古文尚書疏證，惠定宇的古文尚書考，萬充宗的周官辨非，孫志祖的家語疏證，劉中受的左氏春秋疏證，康長素的新學僞經考，王靜安的今本竹書紀年疏證，崔觶甫的史記探源。其非專辨僞而著書，而書中多辨僞之辭者，則有魏默深詩古微之辨毛序，邵位西禮經通論之辨逸禮，方鴻濛詩經原始之辨詩序等。而尤嚴正簡潔者，則崔東壁的考信錄。此書雖非爲辨僞而作，但他對於先秦的書，除詩、書、易、論語外，幾乎都懷疑，連論語也有一部分不相信，他的勇氣眞可佩服。」

今則百尺竿頭，更進一步，去其崇聖尊經之見，而專爲古史之探討。

梁啟超清代學術概論：「綜觀二百年之學術史，其影響及於全思想界者，一言以蔽之，曰『以復古爲解放』。第一步復宋之古，對於王學而得解放。第二步復漢、唐之古，對於程、朱而得解放。第三步復西漢之古，對於許、鄭而得解放。第四步復先秦之古，對於一切傳注而得解放。夫既已復先秦之古，則非至對於孔、孟而得解放焉不止矣。然其所以能著著奏解放之效者，則科學的研究精神實啟之。」　今按：梁氏此論極是。然復先秦之古，猶未已也。繼此而往，則將窮源拔本，復商、周之古，更上而復皇古之古。則一切崇古之見，皆得其解放，而學術思想，乃有新機。此今日考論古史一派，實接清儒「以復古爲解放」之精神，而更求最上一層之解決，誠爲不可忽視之一工作也。

若胡適之、顧頡剛、錢玄同諸家，雖建立未遑，而破棄陳說，駁擊舊傳，確有見地。

古史之懷疑，最先始於胡氏。其著中國哲學史，東周以上，即存而不論，以見不敢輕信之意。近數年來，其弟子顧頡剛始有系統見解之發表。古史辨與錢玄同先生論古史書：「我很想做一篇層累地造成的中國古史。第一，說明時代愈後，傳說的古史期愈長。第二，說明時代愈後，傳說中的中心人物愈放愈大。第三，我們在這上，即不能知道某一件事的眞確的狀況，但可以知道某一件事在傳說中最早的狀況。」胡適古史討論的讀後感云：「這三層意思，卻是治古史的重要工具。顧先生的這個見解，我想叫他做『剝皮主義』。譬如剝筍，剝進去方纔有筍可吃。這個見解，起於崔述。崔述剝古史的皮，僅剝到經爲止，還不算徹底。顧先生還要進一步，不但剝的更深，並且還要研究那一層一層的皮是怎樣堆砌起來的。他說：『我們看史蹟的整理還輕，而看傳說的經歷卻重。凡是一件史事，應看他最先是怎樣，以後逐步逐步的變遷是怎樣。』這種見解，重在每一種傳說的經歷與演進。這是用歷史演進的見解來觀察歷史上的傳說。我在幾年前，也曾用這個方法來研究一個歷史問題，井田制度。其實古史上的故事，沒有一件不曾經過這樣的演進，也沒有一件不可用這個歷史演進的方法去研究。」又顧氏古史辨自序：「古史的研究，現在剛纔開端，要得一個總結論，不知在何年。我個人的工作，不過在證僞辨古史方面有些主張，並不是把古史作全盤的整理，更不是已把古史討論出結果來。」同時錢玄同答顧頡剛先生書（亦見古史辨）論六經與孔子無涉，謂六經之配成，當在戰國之末。雖同爲論證未全之説，要其對經史上同爲探本窮源之工作，同有可以注意之價值也。

此又一途也。此三者，皆已自清儒開其端，而稍變其途徑以益進焉者也。然以言夫最近學術思想之軒然大波，以特異於前人者，則尚不在此。蓋自前清道、咸以來，外侮日逼。當時士大夫鑒於國勢之不振，已漸有求通洋務之説。其先特注意於船礮之仿造，以謂西人之勝我者，堅甲利兵則已耳。

柳翼謀中國文化史：「仿造機械，始於曾國藩，李鴻章繼之，創建江南製造局於上海（同治四年）。同時南京、天津亦設立機器局，福建則設立船政局（同治五年）。雖多以製造船械爲主，偏重於海陸軍事之用，然始意未嘗不爲生利計。」

其次則繙譯格致實學。

江南製造局記：「繙譯館同治六年設，繙譯格致、化學、製造各書。」瀛壖雜誌：「廣方言館後爲繙譯館，口譯西士則有傅蘭雅、林雅知、金楷理諸人。筆受者，則爲華若汀、徐雪村諸人。自象緯、輿圖、格致、器藝、兵法、醫術，罔不搜羅畢備。」清稗類鈔：「無錫徐雪村壽，精理化學，於造船、造槍礮彈藥等事，多所發明。並自製鏹水棉花藥，汞爆藥。我國軍械，既賴以利用，不受西人之居奇抑勒；顧猶不自滿，進求其船堅礮利工藝精良之原，始知悉本於專門之學。乃創議繙譯泰西有用之書以探索根柢。曾文正公深韙其言。於是聘訂西士偉力亞利、傅蘭雅、林樂知、金楷理等，復集同志華蘅芳、李鳳苞、王德均、趙元益諸人，以研究之。閱數年，書成數百種。」

甲午敗後，康、梁乃言變法，則以公羊春秋孔子改制之說爲緣飾。戊戌政變，康、梁逃亡，志士一趨於革命，則以宋、明遺民爲鼓吹。

柳翼謀中國文化史：「孫文等之倡中興會，即由清室之不足恃以禦外侮而起。而研求國故之士，如章炳麟、鄒容、劉師培等，時時刺舉宋、明遺老之言論行誼，以鼓吹革命。」

洎夫民國創建，而政象杌隉，國運依然，乃進而謀社會文化思想道德之革新，以蘄夫一切之改造；始專意爲西方思想之輸入。此則民五以來所謂「新文化運動」者是也。

蔡元培最近五十年之中國哲學：「五十年來，介紹西洋哲學的，要推侯官嚴復爲第一。他譯的最早，而在社會上最有影響的，是赫胥黎的天演論。（光緒丙申中日戰後，戊戌變政之前。）嚴氏於天演論外，最注意的，是名學。他譯穆勒的名學，可惜只譯了半部。後來又譯了耶芳斯的名學淺說。嚴氏最佩服的是斯賓塞的羣學，在民國紀元前十四年，已開譯斯氏的羣學肄言，但到前十年纔譯成。嚴氏譯這部書，重在糾當時政客的不學。同時又譯斯密的原富，以傳布經濟哲學。譯孟德斯鳩的法意，以傳播法律哲學。嚴氏譯天演論的時候，本來算激進派，後來他看得激進的多了，反有些偏於保守的樣子。他在民國紀元前九年，把他四年前舊譯穆勒的On Liberty特避去自由二字，改作羣己權界論；又爲表示他不贊成漢人排滿的主張，譯了一部甄克思的社會通詮。」胡適五十年來中國之文學亦說：「嚴復是介紹西洋近世思想的第一人。」惟爲有主義的介紹西洋思想者，則自新文化運動始耳。

新文化運動，唱自胡適之、陳獨秀，以文學革命爲旗幟，

胡適五十年來之中國文學：「文學革命的主張，起初只是幾個私人的討論。到民國六年一月，方纔正式在雜誌上發表。第一篇胡適的文學改良芻議，還是很和平的討論。胡適對於文學的態度，始終只是一個歷史進化的態度。後來他的歷史的文學觀念論說的更詳細。胡適自己常說，他的歷史癖太深，故不配做革命的事業。文學革命的進行，最重要的急先鋒是陳獨秀。陳獨秀接著文學改良芻議

之後，發表了一篇文學革命論，正式舉起文學革命的旗子。」

今按：文學革命之外面，雖爲白話文與文言文之爭，其眞意義所在，則爲對於文學觀念之不同。進言之，乃一種人生意義之爭也。胡氏文學改良芻議之「八不主義」，第一條卽爲「不做言之無物的文字」，胡氏謂：「吾所謂物，約有二事：一感情，二思想。」後陳獨秀提出「三大主義」曰：「推倒雕琢的阿諛貴族文學，建設平易的抒情的國民文學。」曰：「推倒陳腐的鋪張的古典文學，建設新鮮的立誠的寫實文學。」曰：「推倒迂晦的艱澀的山林文學，建設明瞭的通俗的社會文學。」其後胡氏又云：「文學乃是人類生活狀態的一種記載。」（見文學進化觀念與戲劇改良）羅家倫什麼是文學（見新潮）篇中亦云：「文學是人生的表現同批評。」周作人有人的文學一篇（見新青年），亦發此意。其他不勝枚舉。故文學革命的運動，實乃人生思想道德革命的運動。言其成效，亦以改換社會人生觀念與提出新思想新道德之討論，爲此次文學革命莫大之成績。至於新文學之本身，則今尚在試驗時期，堪稱爲精美之作品者，尚不多見。至於胡、陳諸人，亦本非一文學家也。

又按：胡氏五十年來之中國文學謂：「自一九〇五年到一九一五年（民國四年），爲政論文章的發達時期。民三甲寅出版，政論文趨於最完備的境界。民五以後，國中幾無一政論機關，亦沒有一政論家。甲寅最後一期，有黃遠庸與章士釗書謂：「愚見以爲居今論政，實不知從何說起。洪範九疇，亦只能『明夷待訪』，至根本救濟，遠意當從提倡新文學入手。綜之當使吾輩思潮，如何與現代思潮相接觸而促其猛省，而其要義須與一般之人生交涉。法須以淺近文藝，普遍四周。史家以文藝復興爲中世改革之根本，足下當能語其消息盈虛之理也。」故當時實以政治無可希望，乃轉而謀社會一般之改進，遂爲新文學發展之機運。黄氏此書，可謂一有識之預言也。

以社會道德思想一般之改進爲目的，

新文化運動，以陳獨秀主辦之新青年雜誌爲機關。陳氏有新青年罪案之答辯書一文（民國八年一月），謂：「社會非難本誌者，無非是破壞孔教，破壞禮法，破壞國粹，破壞貞節，破壞舊倫理（忠、孝、節），破壞舊藝術（中國戲），破壞舊宗教（鬼、神），破壞舊文學，破壞舊政治（特權人治）。這幾條罪案，本社同人，當然直認不諱。」據此知當時彼輩所施於舊社會、舊道德、舊思想之攻擊。

以西洋之科學與民治爲趨嚮之標準，

陳氏新青年罪案之答辯書又云：「本誌同人，本來無罪，只因爲擁護那德謨克拉西（民治）和賽因斯（科學）兩位先生，纔犯了這幾條滔天的大罪。要擁護那德先生，便不得不反對孔教、禮法、貞節、舊倫理、舊政治。要擁護那賽先生，便不得不反對舊藝術、舊宗教。要擁護德先生，又要擁護賽先生，便不得不反對國粹和舊文學。大家平心細想，本誌除擁護德、賽兩先生之外，還有別項罪案沒有？」

以實驗主義的態度，爲下手之方法。

胡適文存二集我的歧路：「實驗主義，自然也是一種主義。但實驗主義，只是一個方法，只是一個研究問題的方法。他的方法，是細心搜求事實，大膽提出假設，再細心求實證。一切主義，一切學理，都只是參考的材料，暗示的材料，待證的假設，絕不是天經地義的信條。實驗主義注重在具體的事實與問題，故不承認根本的解決。他只承認一點一滴做到的進步。步步有智慧的指導，步步有自動的實驗，纔是眞進化。我這幾年的言論文字，只是這一種實驗主義的態度在各方面的應用。我的唯一目的，是要提倡一種新的思想方法，要提倡一種注重事實、服從證驗的思想方法。」又文存卷二杜威先生與中國篇云：「杜威先生不曾給我們一些關於特別問題的特別主張，如共產主義、無政府主義、自由戀愛之類。他只給了我們一個哲學方法，使我們用這個方法去解決我們自己的特別問題。他的哲學方法，總名叫做實驗主義。分開來可作兩步說：壹，歷史的方法。他從來不把一個制度或學說看作一個孤立的東西，總把他看作一個中段，一頭是他所以發生的原因，一頭是他自己發生的效果。這個方法的應用，一方面是很忠厚寬恕的，因爲他處處指出一個制度或學說所以發生的原因，指出他歷史的背景，故不致有過分的苛責。一方面這個方法又是最嚴厲的，最帶有革命性質的，因爲他處處拿一個學說或制度所發生的結果來評判他本身的價値。故最公平又最嚴厲。這種方法，是一切帶有評判精神的運動的一個重要武器。貳，實驗的方法。實驗方法至少注重三件事：一、從具體的事實與境地下手。二、一切學說理想，一切智識，都只是待證的假設，並非天經地義。三、一切學說與理想，都須用實行來試驗過，實驗是眞理的唯一試金石。」　今按：此胡氏自述其實驗主義者之態度，亦卽新文化運動背後之哲學的根據也。自嚴復開始介紹西洋思想以來，能爲有主張的介紹，與國人以切實的影響者，惟胡氏之實驗主義而已。新文化運動之經過中，有功於社會者，皆能明瞭此實驗主義而不背焉者也。至於新文化運動中之一切流弊，正緣不能了解此實驗主義之眞精神與確切應用其方法耳。

至於民八「五四」之學生運動，而新文化運動之趨勢遂達於最高潮。

胡適五十年來中國之文學：「民國七年冬天，陳獨秀等又辦了一個每週評論，也是白話的。同時北京大學的學生傅斯年等，出了一個白話的月刊，叫做新潮。這時候文學革命的運動，已經鼓動了一部分少年人的想像力。」又云：「民國八年的學生運動，與新文學運動雖是兩事。但學生運動的影響，能使白話的傳播，遍於全國，這是一大關係。況且五四運動以後，國內明白的人，漸漸覺悟思想革新的重要，文學革命的運動，因此得自由發展，這也是一大關係。」又云：「有人估計，這一年（民八）之中，至少出了四百種白話報。」

自此以下，一般青年之誤解新文化運動的意義，而轉趨於墮落放縱的生活者，既日繁有徒，

獨秀文存卷二青年底誤會（文作於民國十年夏）：「教學者如扶醉人，扶得東來西又倒，現在青年的誤解，也和醉人一般。你說要鼓吹主義，他就迷信了主義底名詞萬能。你說要注重問題，他就想出許多不成問題的問題來討論。你說要改造思想，他就說今後當注重哲學，不要科學了。你說不可埋頭讀書，把社會公共問題漠視了，他就終日奔走運動，把學問抛在九霄雲外。你說婚姻要自由，他就專門把寫情書尋異性朋友做日常重要的功課。你說要打破偶像，他就連學行値得崇拜的良師益友也蔑視了。你說學生要有自動的精神、自治的能力，他就不守規律不受訓練了。你說現在的政治法律不良，他就妄想廢棄一切法律政治。你說要脫離家庭壓制，他就抛棄年老無依的母親。你說要提倡社會主義、共產主義，他就悍然以爲大家朋友應該養活他。你說青年要有自尊底精神，他就目空一切，妄自尊大，不受善言了。你說反對資本主義的剩餘勞動，他就不尊重職務觀念，連非資本主義的剩餘勞動也要詛咒了。你說要尊女子底人格，他就將女子當做神聖來崇拜。你說人是政治的動物，不能不理政治，他就拿學生團體底名義干預一切行政司法事務。你說要主張書信秘密自由，他就公然拿這種自由做誘惑女學生底利器。長久這樣誤會下去，大家想想，是青年進步還是退步呢？」　按：據陳氏此文，可見

當日青年學生界對於新文化運動反應之一斑。

而新文化運動之自身，亦自改進社會文化思想道德方面，仍轉而入於政治之途。

胡適文存二集我的歧路：「一九一七年（民六）七月，我回國時，船到橫濱，便聽見張勳復辟的消息。到了上海，看了出版界的孤陋，教育界的沈寂，我方纔知道張勳的復辟，乃是極自然的現象。我方纔打定二十年不談政治的決心，要想在思想文藝上替中國政治建築一個革新的基礎。一九一八年十二月，我的朋友陳獨秀、李守常等發起每週評論，那是一個談政治的報，但我在每週評論做的文字，總不過是小說文藝一類，不曾談過政治。直到一九一九年六月中，獨秀被捕，我接辦每週評論，方纔有不能不談政治的感覺。那時正當安福部極盛的時代，上海的分贓和會，還不曾退夥。然而國內的新分子，閉口不談具體的政治問題，卻高談什麼無政府主義，與馬克思主義。我看不過了，忍不住了，因爲我是一個實驗主義的信徒，所以發憤要想談政治。」今按：此乃民國八年間的話。其下又云：「我等候了兩年零八個月，中國的輿論，仍然使我大失望。一班新分子，天天高談基爾特社會主義，與馬克思社會主義，高談階級戰爭與贏餘價值，內政腐敗到了極處，他們好像都不曾看見。他們索性把社論、時評都取消了，拿那馬克思、克洛泡特金、愛羅先珂的附張來做擋箭牌，掩眼法。我等候了兩年零八個月，實在忍不住了。我現在出來談政治，雖是國內的腐敗政治激出來的，其實大部分是這幾年的高談主義而不研究問題的新輿論界把我激出來的。」今按：此乃民國十一年間的話。當日輿論界的趨勢，可見一斑。實則彼輩之所謂高談主義者，實已爲政治上的主義，惟捨實際政治於不問耳。前黃遠庸謂根本救濟當從提倡新文學入手，而章士釗不以謂然，謂必其國政治差良，其度不在水平線下，而後有社會之事可言，文藝其一端也。新文化運動之終亦折入於政治一途，章氏殆亦能先言之也。

於是青年之激進者，相率加入政治革命上實際之活動，而率流於過激。其退嬰者，則遯入於文藝之途，而率流於浪漫頹廢。

柳翼謀中國文化史：『歐戰以後，世界思潮，回皇無主，吾國學者，亦因之而靡所折衷，不但不慊於中國舊有之思想制度，亦復不滿近世歐、美各國之思想制度。故極端之改革派，往往與俄國之過激主義相近。次則誦述吾國莊老絕生之說，期反於原人社會而抉破近世之桎梏。是亦時勢使然也。』

今按：最近數年中，共產主義青年之激增與夫帶有性慾刺激的作品之廣布，可爲青年歧途兩極端之好例。以一人而兼此兩種極端之性格與生活者，亦多有之。要之爲新文化運動中之落伍而失其正趨者也。

而所謂新文化運動者，遂不得不爲功成之身退矣。又當新文化運動進行方鋭之際，對於本國舊有文化思想道德，每不免爲頗當之抨擊，篤舊者已不能無反感。歐戰以後，彼中之自訟其短者，時亦稱道東方以寄慨。由是而東、西文化之爭論遂起。

參讀梁漱溟東西文化及其哲學之時論演録，可見一斑。

其最先發爲有力的議論者，爲梁啟超之歐遊心影録，

梁任公歐遊心影録，於九年三月初，由時事新報發表。其第一篇科學萬能之夢，思想矛盾與悲觀，新文明再造之前途，中國人對於世界文明之大責任各節，皆言西洋物質文明之流弊，及東方文化未可全棄之意。彼謂：「我在巴黎，曾會著大哲學家蒲陀羅（柏格森之師），他告訴我説：『一個國民，最要緊的是把本國文化發揮光大，因爲他總有他的特質，把他的特質和他人的特質化合，自然會產出第三種更好的特質來。中國著實可愛可敬，我們祖宗裏塊鹿皮拿把石刀在野林裏打獵的時候，你們已不知出了幾多哲人了。我近來讀些譯本的中國哲學書，覺得他精深博大。望中國人不要失掉這分家當。』」又云：「國中那些老輩，故步自封，説什麼西學都是中國所固有，誠然可笑。那沉醉西風的，把中國什麼東西都談得一錢不值，好像我們幾千年來，就像土蠻部落，一無所有，豈不更可

笑嗎？」　今按：據上引兩節，卽可見梁氏立說之由來。是年秋，梁漱溟在北大講東西文化及其哲學，不能謂其全不受梁氏心影錄之影響。翌年（民十一），東大有學衡雜誌，對胡、陳諸人提倡之新文化運動，頗多非議。又翌年（民十二），有科學、玄學之爭，吳稚暉、胡適之爲文，皆牽及梁氏心影錄，謂反科學之言論，皆自梁氏發端。其實梁氏之意重在發揚本國固有文化，其心影錄科學萬能之夢一節，後附自註，謂：「讀者切勿誤會，因此菲薄科學，我絕不承認科學破產，不過也不承認科學萬能罷了。」梁氏還只是一個補偏救弊的調和論者。至如胡適之所謂：「自從歐遊心影錄發表之後，科學在中國的尊嚴，就遠不如前。」因謂：「我們不能說梁先生的話和近年同善社、悟善社的風行有什麼直接關係，但我們不能不說梁先生的話，在國內確曾替反科學的勢力助長不少的威風。」則事變推遷，固不能盡歸罪於學者之一言。譬如近年共產青年之激增，性慾書報之暢銷，論者卽以爲當日新文化運動罪，在胡氏亦不願受也。

次之有梁漱溟之東西文化及其哲學，

梁漱溟在北大講東西文化及其哲學，在民國九年秋季，翌年八月，又在山東省教育會講述。彼謂：「西化輸入多少年，都沒人主張孔化的應廢。到陳君獨秀纔大聲的說道，倘吾人以中國之法，孔子之道，足以組織吾之國家，支配吾之社會，使適於今日世界之生存，則凡十餘年來之變法維新、流血革命、設國會、改法律，及一切新政治、新教育，無一非多事，悉應廢罷。萬一欲建設新國家，新社會，則於此新國家新社會不可相容之孔教，不可不有徹底之覺悟，勇猛之決心。否則不塞不流，不止不行。」梁氏自謂我自民國六年十月初到大學那一天，就抱的誓爲孔子、釋迦打抱不平而來。（見唯識述義初版序言。）又謂：「西洋人無從尋得孔子，是不必論的。乃至今天的中國，西學有人提倡，佛學有人提倡，只有談到孔子，羞澀不能出口。若非我出頭提倡，可有那個出頭！」據此可見梁氏立說之由來。顧梁氏書中受陳氏議論的影響太深，故以謂那些人隨便主張東西文化的調和融通，那種糊塗疲緩不眞切的態度，全然不對。他以謂此問題的眞際，在東方文化還是要連根拔去，還是可以翻身成爲一種世界文化？如果不能成爲世界文化，則根本不能存在。若仍可以存在，當然不能僅只使用於中國，而須成爲世界文化。他又說：「我們現在應持的態度：第一、要排斥印度的態度，絲毫不能容留。第二、對於西方是全盤承受，而根本改過，就是對其態度要改一改。第三、批評的把中國原來態度重新拿出來。」他既不敢說東西文化的調和，因爲恐遭陳獨秀派大聲的笑駡。又不肯忍氣吞聲，立定主意要爲孔子、釋迦打抱不平。到底把自己研究的印度化盡情排斥，以表示他態度的公平。對於西方文明，只得說一句「全盤承受」，而又要「根本改過」。不知根本改過，卽非全盤承受。全盤承受，卽不能根本改過。兩語何得並爲一談？又說批評的把中國態度拿出來。他說的批評，仍是敷衍陳獨秀一派的議論。把中國文化批評的提出，把西方化承受而改過，到底還只是一個調和融通。那種糊塗疲緩不眞切，既不足以推翻陳獨秀派的主張，也不能使陳獨秀派心服。尚不如梁任公灰色的調和論，可以自圓其說。此爲梁書之根本缺點，亦可見當時思想界空氣之一斑也。

皆於新文化運動有補偏救弊之意。然於西方化之科學、民治，則根本皆無所反對。其所謂東西文化者，亦不能有嚴正之區分。

梁任公於民國十一年（壬戌）八月二十日，在南通爲科學社年會講演科學精神與東西文化，有云：「科學精神之有無，只能用來橫斷新舊文化，不能用來縱斷東西文化。若說歐美人是天生成科學的國民，中國人是天生成非科學的國民，我們可絕對的不能承認。拿我們戰國時代和歐洲希臘時代比較，彼此都不能說是有現代這種嶄新的科學精神。彼此卻也沒有反科學的精神。秦漢以後，反科學精神瀰漫中國者二千年；羅馬帝國以後，反科學精神瀰漫於歐洲者也一千多年。兩方比較，我們隋唐佛學時代，還有點準科學的精神，不時發現。只有比他們強沒有比他們弱。我所舉五種病證，（籠統、武斷、虛僞、因襲、散失。）當他們教會壟斷學問時代，件件都有。直到文藝復興以後，漸漸把思想界的健康恢復轉來。所謂科學者，纔種下根苗。講到枝葉扶疏，華實爛漫，不過最近一百年內的事。一百年的先進後進，在歷史上值得計較麼？只要我們不諱疾忌醫，祝禱中國文化添入這有力的新成分再放異彩。」　今按：梁氏此說，與梁漱溟氏所主中國化與西方化根本不同之說有異。

梁漱溟曾謂：「假使西方化不同我們接觸，中國是完全閉關，與外不通風的，就是再走三百年五百年一千年，也斷不會有這些輪船、火車、飛行艇、科學方法和德謨克拉西精神產生出來。這句話就是說：中國人的不是同西方人走一條路線。」（見東西文化及其哲學）此種論調，完全受陳獨秀派獨斷論之遺毒，殊無歷史上細密的證據。其後胡適之爲文駁之云（見胡適文存二集讀梁漱溟先生的東西文化及其哲學）：「文化是民族生活的樣法。民族生活的樣法，是根本大同小異的。因爲生活只是生物對環境的適應，而人類的生理的構造，根本上大致相同。故在大同小異的問題之下，解決的方法，也不出那大同小異的幾種。這個道理，叫做有限的可能說。物質生活如此，社會生活也是如此。精神生活也是如此。凡是有久長歷史的民族，往往因時代的變遷，環境的不同，而採用不同的解決樣式。往往有一種民族，而一一試過種種可能的變法的。政治史上，歐洲自希臘以至今日，印度自吠陀時代以至今日，中國自上古以至今日，都曾試過種種政治制度。又如思想史上，這三大系的民族，都曾有他們的光明時代，與黑暗時代。在歷史上，我們看出現在科學化的歐洲民族，也曾經過一千年的黑暗時代，也曾十分迷信宗教，也曾有過寺院制度，也曾做過種種苦修的生活，也曾竭力壓抑科學，也曾有過嚴厲的清淨教風，也曾爲衛道的熱心燒死多少獨立思想的人。究竟民族的根本區分在什麼地方？至於歐洲文化今日的特色，科學與德謨克拉西，事事都可用歷史的事實來說明。我們只可以說歐洲民族在這三百年中，受了環境的逼迫，趕上幾步，在征服環境方面的成績，比較其餘各民族確是大的多多。這也不是奇事。當初鞭策歐洲人的環境和問題，現在又來鞭策我們了。將來中國的科學化與民治化，是無可疑的。」　今按：胡氏此文，足以矯正梁漱溟氏東西文化根本相異之臆說。其文成於民國十二年三月二十八日，在梁啓超氏南通演講後半年，兩文意思頗有一部分之相似。一時所謂東西文化之爭，實可以胡、梁兩氏之說爲解也。

蓋其言論之影響於時代思潮之進程者，舍爲新文化運動補偏救弊之外，亦不能有若何積極的強有力之意味也。同時稍後有學衡雜誌，爲美國「人文主義」之介紹。

學衡雜誌爲南京東南大學教授吳宓、劉伯明、梅光迪諸人所主持，創刊於民國十一年，隱然與北大胡、陳諸氏所提倡之新文化運動爲對抗。然議論蕪雜，旗鼓殊不相稱。諸人曾有意介紹美人白璧德氏之人文主義，亦以零篇短章，未爲讀者所注意也。學衡第三期白璧德中西人文教育談謂：「自十六世紀以來之西方運動，其性質爲極端之擴張。首先擴張人類之智識，與管理自然界之能力，以增加安適與利用。此近代運動，一方則注重功利，以培根爲其先覺，其信徒之主旨，在注重組織與效率，而崇信機械之功用。一方則注重情感之擴張，對人則尚博愛，對己則尚個性之表現。此感情擴張運動之先覺，則十八世紀之盧梭是也。此兩運動，即管理自然界與友愛精神，合而論之，可稱爲人道主義。在其人道主義哲學之中心，復有一進步之概念。至今日則對於前二百年來所謂進步思想之形質，漸有懷疑之傾向。歐西之舊文明，半爲宗教的，半爲人文的。其首領爲亞理士多德與耶穌基督，亦猶東方之有孔子與釋迦牟尼也。中國文化較優於他國者，中國立國之根基，乃在道德也。而此道德觀念，又適合於人文主義。非如今日歐洲之爲自然主義的，亦非如古時印度之爲宗教的。中國人所重視者，爲人生斯世，人與人之道德關係也。孔子以爲凡人類所同具者，非如近日感情派人道主義者所主張之感情擴張，而爲人能所以自制之禮。此則與西方自亞里士多德以下人文主義之哲人，其所見相契合者也。若人誠欲爲人，則不能順其天性自由胡亂擴張，必於此天性加以制裁，使爲有節制之平均發展，成孔子之所謂君子，與亞里士多德所謂甚沉毅之人也。君子之造福於世界也，不在如今人所云之爲社會服務，而在其以身作則，爲全世之模範。柏拉圖之釋公理也，謂之各治其事；孔子稱舜之無爲而治，亦卽自治己事，爲他人之模範而已。文化非賴羣衆所可維持，又不能倚盧梭之所謂公意及所謂全體之平均點，而必託命於少數超羣之領袖。此等人篤於天命，而能克己，懸修養之功，成爲偉大之人格。」又謂：「今日人文主義，與功利及感情主義，正將決最後之勝負。」第十九期有白璧德之人文主義一篇，謂「近世無窮進步之說，以爲個人愈得自由擴張，物質愈能爲人驅使，則人類全體皆將享受最大之快樂。白璧德之所攻闢者，卽此種毫無管束，專務物質及感情之擴張之趨勢也。白璧德以爲近世此種思想，實以英人培根及瑞士人盧梭分別代表之。培根者，凡百科學的人道派之始祖；盧梭者，凡百感情的人道派之始祖也。本於科學，則有實證主義與功利主義；本於想像，則有浪漫的感情主義。然皆未能以內心之規矩供給吾人，此近世最可悲痛之事。培根生平納賄貪財，以此得罪。盧梭所生子女五人，均送至育嬰堂孤兒院，不自撫養。何者？培根專務物質，盧梭圖免牽累，非無故而然也。愛瑪生曰：『世間二律顯相背馳。一爲人事，一爲物質。用物質律築城製艦，奔放橫決，乃滅人性。彼培根與盧梭之失其人性者，以其忘卻人事之律（即爲人之道）也。』」又三十八期的白璧德論歐亞兩洲文化一篇，謂：「凡人須以平常之自己（即一己之情欲等），屈服於一種高尚神聖之意志之下（即有所皈依），而始得安樂。源出亞洲之佛、耶兩大宗教，其中樞最要之旨義，皆謂人之內心中高上之意志，對於平常劣下之意志（即放縱之情欲），有制止之機能與權力。希臘人欲以批評之精神解決道德行爲之問題，蓋無不失敗。希臘哲學之病根，即在其自始至終，過崇理智，固執而不變也。」又謂：「釋迦、孔子既能謙卑，又能自立，而具批評之精神，實可爲今人所取法。」凡學衡記者所提倡介紹之人文主義，大率如是。蓋與前引二梁之書相桴鼓，皆對於近世思想加以箴砭者也。惟學衡派欲直接以西洋思想矯正西洋思想，與二梁之以中西分說者又微不同耳。

有張君勱、丁文江等爲科學與人生觀之論戰，

張君勱、丁文江科學、玄學之爭，在民國十二年。其先張在清華演講人生觀，謂：「人生觀之所在，曰主觀的，曰直覺的，曰綜合的，曰自由意志的，曰單一性的。惟其有此五點，故科學無論如何發達，而人生觀問題之解決，決非科學所能爲力，惟賴諸人類之自身而已。」丁遂於努力週報發

表玄學與科學一文，以致非難。自是遂成爭論。一時學者，皆加入討論，達二十五萬言之多。然雙方殊無辯難之中心。胡適文存二集科學與人生觀序謂：「假如當日我們用了梁任公先生的科學萬能之夢一篇作討論的基礎，定可以使這次論爭的旗幟格外鮮明，至少可以免去許多無謂的紛爭。」又謂：「君勱的要點，是人生觀問題之解決，決非科學所能爲力。我們應該先說明科學應用到人生觀問題上去，會產生什麼樣的人生觀。我們應該先敍述科學的人生觀是什麼，然後討論這種人生觀是否可以成立，是否可以解決人生觀的問題。是否像梁先生說的那樣貽禍歐洲，流毒人類。」因謂：吳稚暉先生的一個新信仰的宇宙觀及人生觀，已給我們做下一個好榜樣，我們總括他的大意，加上一點擴充和補充，在這裏再提出這個新人生觀的輪廓：

一、根據於天文學和物理學的知識，叫人知道空間的無窮之大。

二、根據於地質學及古生物學的知識，叫人知道時間的無窮之長。

三、根據於一切科學，叫人知道宇宙及其中萬物的運行變遷，皆是自然的，自己如此的，正用不著超自然的主宰或造物者。

四、根據於生物的科學的知識，叫人知道生物界的生存競爭的浪費與慘酷，因此叫人更可以明白那有好生之德的主宰的假設是不能成立的。

五、根據於生物學的科學，及人類學，人種學，社會學的知識，叫人知道生物及人類社會演進的歷史和演進的原因。

六、根據於生物的及心理的科學，叫人知道一切心理的現象都是有因的。

七、根據於生物學及社會學的知識，叫人知道道德禮教是變遷的，而變遷的原因，都是可以用科學方法尋求出來的。

八、根據於新的物理化學的知識，叫人知道物質不是死的，是活的。不是靜的，是動的。

九、根據於生物學及社會學的知識，叫人知道個人小我是要死滅的，而人類大我是不死的，不朽的。叫人知道爲同種萬世而生活，就是宗教，就是最高的宗教。而那些替個人謀死後的天堂淨土的宗教，乃是自私自利的宗教。

今按：此所謂科、玄之爭者，要而言之，在一方則反對以科學的武器包辦宇宙，包辦人類，一方則主以科學的人生觀來做人類人生觀的最低限度的一致。自胡氏發表此文以後，亦未見有切實之爭論。此所謂最低限度的一致者，自有根據，未易推倒。至於繼此而往，主科學的人生觀者，亦未嘗謂可使人類的人生觀，可統一於絕無異態的一致之下也。則兩方之爭，實亦無重大之意味耳。

雖各引依西說，仍不脫以前東西文化爭論之意義，特爲其餘波旁瀾而已。繼此以往，國人精神所注，既已返入政治一途，而新文化運動，亦成衰歇。則其一方反對之言論，因亦同歸於休止。此則最近數年間學術思想驟呈枯寂之所以然也。於此而有深閎博大之思，足以鼓動全國，以開未來學術思想之新機運者，則爲孫中山先生之「三民主義」。先生本革命活動之經

驗，而創「行易知難」之說，

詳中山叢書孫文學說。

又定「三民主義」以爲救國之方針，

詳中山叢書三民主義。

其於恢復民族固有道德智識能力，以恢復民族固有之精神者，尤言之深切而著明。

詳民族主義第六講。

蓋嘗論之：自清季以還，外侮日逼，國人之不自安而思變以圖存者亦日切。至於最近之十餘年，則凡文字、學術思想、家國社會倫常日用，無一不有急激求變之意。而獨有一遲迴瞻顧而不忍變者，則吾民族文化之自信是已。蓋吾國自古以來，常以一族孤立，獨創其文化；而外族之環我而處者，其文化程度皆下我遠甚。雖亦屢受外患之侵凌，而屈於武力者，常伸於文教，曾不足以搖撼吾文化之自信於萬一也。其間惟印度佛教之來，若足以與我固有文化相抗衡，而轉移吾人之視聽。然歆其說者，不必畏其力，猶得有從容承受消化之餘地。吾族所遇勁敵，固未有若今日之甚者。彼一方盛炫其聲明文物之光昌美盛，若誠有勝於吾歷古相傳之所自誇而自滿者；而一方又肆其暴噬惡攫之能事，使吾望之而深畏焉，思之而有餘憾焉，若又感其與吾歷古相傳之所自誇而自足者，爲根本之不相入焉。於是當吾民族消沉、國家危亡之秋，徘徊瞻顧，以歆以惜。吾歷古相傳之文化，爲吾先民之所鄭重寶愛以相授受者，固猶有可以興國而保種之效乎？抑將沉淪不復，求自存於天地之間者，惟捨此而他圖乎？又彼之爲我所既歆羨焉而且畏憾之者，固與吾之所固有，爲若是之不同類乎？固猶有承受消化以轉爲吾物之地乎？凡此皆最近學者困心衡慮所日夜以講、紛紜而爭者，亦固吾全民族之所迷惘不安，朝夕在念，以求一切實之解決者也。蓋凡此數十年來之以爲變者，一言以蔽之，曰求「救國保種」而已。凡此數十年來之以爲爭者，亦一言以蔽之，曰求「救國保種」而已。其明昧得失有不同，而其歸宿於救國保種之意則一也。然而有以救國保種之心，而循至於一切欲盡變其國種之故常，以謂凡吾國種之所有，皆不足以復存於天地之間者。復因此而對其國種轉生不甚愛惜之念，又轉而爲深惡痛疾之意，而惟求一變故常以爲快者。

此項心理之轉變，觀於陳獨秀一人前後之態度而可知。新青年發刊，尚帶有熱烈的愛國主義之色彩。及其後一變而甘受第三國際之指揮，以從事於猛烈的破壞工作，其心理之激變，可以爲一著例。又如獨秀文存卷三通信，錢玄同與陳獨秀書提出盡廢漢字之主張，謂：「先生（指陳）前此著論，力主推翻孔學，改革學理，玄同對於先生這個主張，認爲救現在中國的唯一辦法。然因此又想到一事，則欲廢孔學，不可不先廢漢文。欲驅除一般人之幼稚的野蠻的頑固的思想，尤不可不先廢漢文。」又云：「欲袪除三綱五倫之奴隸道德，當然以廢孔學爲唯一之辦法。欲袪除妖精鬼怪煉丹畫符的野蠻思想，當然以勦滅道教（是道士的道，不是老莊的道。）爲唯一之辦法。欲廢孔學，欲勦滅道教，唯有將中國書籍一概束之高閣之一法。何以故？因中國書籍，萬分之九千九百九十九都是這兩類之書故。中國文字，自來卽專用於發揮孔門學說及道教妖言故。」其下文引吳稚暉說自證。陳氏覆書云：「吳先生中國文字遲早必廢之說，淺人聞之，雖必駭怪，而循之進化公例，恐終無可逃。惟僅廢中國文字乎？抑並廢中國言語乎？鄙意以謂今日國家、民族、家族、婚姻等觀念，皆野蠻時代狹隘之偏見所遺留，根柢甚深，卽先生與僕亦未必能免俗。此國語之所以不易廢也。倘是等觀念，悉數捐除，國且無之，何有於國語？」蓋其先爲救國之故，不惜盡廢其一國之故常，以趨變而圖存。嗣又見盡廢一國故常之不易，其病根在人人有愛國之一念，則乃不惜滅去其愛國之心以便其求變之意。此孟子所謂「失其本心」之切例也。吳稚暉箴洋八股化之理學篇云：「我二十年前，同陳頌平先生相約不看中國書。」又謂：「非再把他丟在毛廁裏三十年，現今鼓吹成一個乾燥無味的物質文明，人家用機關槍打來，我也用機關槍對打，把中國站住了，再整理什麼國故毫不嫌遲。」又云：「世界有不進步之民族，惹起物質文明進步人之野心，乃是眞理。歐戰之損失，是余中國人之罪也夫！」其敬答胡曄先生又申其說，謂：「有世間俗情，可作比例。常聞老母罵不肖之子，若曰你早點死了罷！不要害什麼人！照老母之意，我們這種無恥的民族，應在消滅之列。然爲不肖子着想，似乎振作起來，就物質文明先求衣食起，從而知榮辱，也挿入彼此不戰爭的強國中尤好。」吳氏爲一熱烈之愛國者，然其議論如此，亦足爲余所舉深惡痛疾與不甚愛惜兩種心理之旁證。吳氏又有章士釗陳獨秀梁啟超一文，發揮三人心理，極爲透闢。都只爲救國心切，遂致湯藥亂投。他說：「康有爲從前說過，小兒換牙，也得發幾天寒熱。後來他存心要鼓吹復辟，纔又說共和試驗了十年不成，足見非皇帝不可。雖然盼望中國的得救，愈快愈好，我不能不表三位先生的同意。但是陳先生走得太快，尚且還應斟酌。章、梁兩先生，索性退了回去。那就眞是倒看千里鏡，要愈弄愈遠了。」其時吳氏尚認陳獨秀只是走得太快，故說：「我料定陳先生雖口口聲聲鼓吹不妥洽，其實他也是一個如之何如之何斟酌盡善的人物。」直到北伐軍到上海，陳氏明白表示態度，吳氏遂至駭極，（「駭極」二字見吳氏呈文。）而始有查辦共產黨之呈文。吳氏不知愛國熱烈之人，固可以一變而爲深惡痛疾其國與不甚愛惜其國之人也。

夫至對於國種生不甚愛惜之念與深惡痛疾之意，而惟求一變以爲快，則其救國保種之熱忱既失，而所以爲變者，亦不可問矣。「三民主義」之精神，始終在於救國，而尤以「民族主義」爲之綱領。民權、民生，皆爲吾中華民族而言。使民族精神既失，則民權、民生，皆無可附麗以自存。所謂民有、民治、民享者，亦惟爲吾民族自身而要求，亦惟在吾民族自身之努力。捨吾中華民族自身之意識，則一切無可言者。此中山先生革命精神之所在，不可不深切認明者也。其於中山學說爲透闢的發揮者，有戴季陶氏。戴氏極言中國國民自信力之消失，

戴季陶孫文主義之哲學的基礎：「中山先生說：『中國國民的自信力消失了。』照現在這一個思想界的情形，正是證明中國國民自信力消失的眞像。在一般反革命的頑固保守的人，他們固然不曉得文化的意義是什麼，也不曉得孔子思想的本體是什麼；而在一般革命的青年，雖然從科學的智識裏面了解了多少文化的意義，但是並不能忠實地用科學方法來觀察中國的文化，和中國固有思想的價值。一味認中國的文化，都是反科學的，而加以排斥。於是在思想上面，革命與反革命的分別，幾乎變成中國的與非中國的區別。這是我所認爲很痛心的。我們是中國人，我們現在要改革的是中國，如果中國的一切，直是毫無價值；中國的文化，在世界文化史上，毫無存在的意義；中國的民族，也沒有創造文化的能力。那麼中國人只好束手待斃，就算完了，還要做什麼革命呢？」

人的意義與做人的根本之忘卻，

戴季陶青年之路：「前後三四十年當中，我們細細審查中國的國民，尤其是有改革中國志趣的青年，他們的思想上，有兩個最彰著的特點。第一：對於指導中國革命救國的孫中山先生的思想主張，只是在向歐洲文化前進的一點，盲目地追隨著。第二：我們看這幾個時期當中，中國人對於歐洲文化的認識，對於救國方法的認識，除了孫先生一貫的『三民主義』而外，一般都是忘卻了人的意義，忘卻了做人的根本。第一個時期，只看見槍礮兵艦，不看見人。第二個時期，只看見政治法律制度，而不曾看見人。第三個時期，把一切唾棄乾淨，連作人的必要，也一氣拋卻。第四個時期，幾乎要看見人了，又被一個社會的假面遮住，於是只看見了社會的幻影。中山先生說：『國者，人之積也。而人者，心之器也。』既不曾看見人，自然失了心。連人心尚且失卻，還從何處建國，何處救國？」

而謂「三民主義」之原始的目的，在於恢復民族的自信力。

孫文主義之哲學的基礎民生哲學系統表說明：「三民主義之原始的目的，在於恢復民族的自信力。

因爲民族的自信力不能恢復，則此弱而且大之古文化民族，其老衰病不可救，一切新活動，俱無從發生。卽發生亦不脫病理的狀態，不能救民族的危亡。」

又青年之路第一編過去的回顧：「我們要曉得一個民族的強盛，他的原因，絕不在於一切人身以外之物質的條件。槍礮兵艦的製造，是由於人的發明。軍隊是由人組織，靠人訓練。農工生產，是由人來工作。生產工具，是由人來製造推使。一切科學技能，是生活經驗的結晶。文學美術，是文化組織和遺傳的果實。政治法律、社會組織，是人類集團生活的條理。離卻了人的努力活動，絕不會產生文明。沒有能努力活動的人，更何從造成世界。我們不要只看見歐洲民族所造成的文明，我們還要切實認清楚造成文明的歐洲民族。回過來說，我們不要只想模倣歐洲的文明，我們須得要造成能支配文明的力量。中山先生說：『民族主義，就是要中國先恢復中國民族的能力，要恢復中國民族的能力，先要恢復中國民族的自信心。』」

又日本論昨天的田中中將：「我們看出一個民族的生命，最要緊是他的統一性和獨立性。而這統一性和獨立性的生成，最要緊的是在於他的自信力。日本民族之所以強，與中國民族之所以弱，完全以此爲分際。總理此四十年的努力，要點在何處呢？就是要喚起中國民族的自信心，造成中國民族的統一性和獨立性。中國人不能徹底接受『三民主義』，就是因爲不自信的原故。任何帝國主義者在中國能够操縱，都是利用中國人的這種弱點。不單是帝國主義者，一切外面的勢力，能够侵入中國，來壓迫中國的民眾，搗亂中國的政局，或是拆散中國的社會，其根本的原因，都是在內而不在外的。袁世凱以下，若馮若段若張若岑，乃至吳佩孚、孫傳芳一切等等，他們的特質在那裏？就是在原是一個中國人，而沒有中國人的自信。只能倒向外國人的懷裏去。共產黨的最大缺陷，亦復如是。我們把日本的維新來看，在思想上，中國人普通總曉得日本人是受西洋很大的感化。但是始終日本的重心是日本，日本的基礎是建設在日本。巴黎、柏林並沒有一天能够指揮日本。我們再看俄國的革命，德國的思想在任何方面都供給俄國以很重大而緊要的資料，並且俄國一九一九年革命的發動，還是起自柏林。然而一旦成爲俄國革命的時候，俄國的一切，都是自己支配。土耳其的革命，更是明顯了。他們唯一的目的，就是打破外國的支配。從倒袁運動起，直到今天，除了總理孫中山先生和眞實是他領導下的國民革命勢力而外，在中國一切政治的勢力，都是受東京的支配，聽東京的指揮的。這一個現象，一變而入共產黨操縱的時代，一部分的政治軍事勢力，又甘心受莫斯科指揮。並且從人的系統看，從前許多願受東京指揮的人，也很容易變爲受莫斯科指揮。這一種亡國的精神狀態，眞是可傷呵！」又同書信仰的眞實性：「一個民族如果失卻了信仰力，任何主義都不能救得他起來。要救中國，要把中國的自信力恢復起來。這一個偉大而深刻的精神教育，在今天總應該有人明白了罷！」

惟有復興中國民族文化的自信，然後可以復興中國之民族。

又孫文主義之哲學的基礎：「留心研究先生思想行爲的人，都能看出先生有兩個特點：一個特點，是隨時隨地都盡力鼓吹中國固有道德的文化的眞義，贊美中國固有道德的文化的價值。說明我們要復興中國民族，先要復興中國民族文化的自信力。要有了民族的自信力，纔能把全中國的人組織起來，努力於革命的事業。」又謂：「民族盛衰，是在民族對於文化的自信力。要有了民族的自信力，纔能創造文化。要能够不斷繼續創造文化，發展文化，纔有民族的生命，纔有民族生命的發展。」

亦惟中國文化之復興，然後世界人類纔能得眞正的和平。

又孫文主義之哲學的基礎：「先生是最熱烈的主張中國文化復興的人，先生認爲中國古代的倫理哲學和政治哲學，是全世界文明史上最有價值的人類精神文明的結晶。要求全人類的眞正解放，必須要以中國固有的仁愛思想爲道德基礎，把一切科學的文化都建設在這一種仁愛的道德基礎上面，然後世界人類纔能得眞正的和平，而文明的進化也纔有眞實的意義。」又：「先生的國民革命，是立腳在中國國民文化的復興上面，是中國創製力的復活。是要把中國文化之世界的價値高抬起來，爲世界大同的基礎。」

戴氏又謂今中國之亂源，靜的方面，在於物質文明之不興；動的方面，在於道德之墮落。

青年之路序：「今天中國的亂源，靜的方面是在物質文明的不興，動的方面是在道德的墮落。道德問題的重要點，這幾年來，簡直沒有人講究了。要曉得這是作人的根本。先要把自己作成一個好人，然後纔可以說到爲社會、爲國家、爲世界作革命的事業。如果一肚皮藏著私心，而個人的欲望，由著感情的衝動，胡行亂爲，自己的本身是一天比一天衰弱，一天比一天腐敗，社會的病態，只有隨著加重起來，那裏建設得什麼事業來呢？」

故求達三民主義之目的，第一在恢復民族的道德，第二在努力學西洋的科學。

見青年之路序。

而民族的結合，則有賴於一種意識的力量與信仰，而不能單靠理智。

日本論信仰的眞實性：「一個人的生活，不能單靠理智的。單靠理智的生活，人生便會變成解剖室裏的死屍，失卻生存的意義。而尤其是一個國民，一個民族的生活，絕不能單靠理智。民族的結合，是靠一種意識的力量。這一種意識力量，當然由種種客觀的事實而來。但是種種客觀事實的觀察和判斷，不變成一種主觀的意識時，絕不發生動力。」又云：「人生是不是可以打算的？如果人生是不可打算的，我們何必要科學？如果人生是可以專靠打算的，人們的打算，自古來沒有完全通了的時候。我們如果知道人生是力的作用時，便曉得信仰是生活當中最不可少的條件。只有信仰纔能永生，纔能合眾。人的生活，是時時在死滅的當中。如果人人專靠著一個打算時，何處去生出死裏求生的威力？」

至於最近數年間思想知識界之成績，只是不明確的精神、物質之爭，無氣力的東、西洋哲學之辨，盲目的守舊，失心的趨新而已。

見青年之路第一編過去的回顧。今按：自新文化運動以來，激進派之言論，大抵如戴氏所謂一味認中國的文化都是反科學的，加以排斥。在思想方面，革命與反革命的區別，幾乎成中國與非中國的區別之概。遂致形成東西文化、精神物質之爭。然亦至最近三四年內，吳稚暉、胡適之等始一意提倡科學，走歸一路。而一方如梁任公、梁漱溟諸人，於民族道德之提倡，亦不爲無力。其人生不能專恃打算的一層，已先戴氏言之。而梁任公中國歷史上民族之研究及歷史上中華國民事業之成敗及今後革進之機運又五十年中國進化概論諸篇，尤能着眼於民族的整個性，根據歷史事實，爲客觀的認識。戴氏之論，蓋能兼融兩派，而加以革命的活力，誠足爲一種健全之主張也。

此戴氏持論之大旨也。今者北伐告成，全國統一，軍事將次結束，政治漸入軌道。學術思想，重入光明之途。則戴氏所論，其將爲今後之南針歟？要而言之，則此十七年之學術思想，有可以一言盡者曰：出於「救國保種」是已。故救國保種者，十七年學術思想之出發點，亦卽十七年學術思想之歸宿處也。而言夫其所爭，則多有所不必爭者。而所以起爭之端，則不出兩病：一曰好爲概括的斷制。見一事之敝，一習之陋，則曰吾四萬萬國民之根性然也；一制之壞，一說之誤，則曰吾二千年民族思想之積疊然也。而不悟其受病所在，特在局部，在一時，不能若是其籠統以爲說也。一曰好爲傳統之爭。言救國則曰當若是不當若彼，言治學則曰當若是不當若彼，惟求打歸一路，惟我是遵。不悟此特自古學者道統成見之遺毒，學固不患夫多門，而保種救國之道亦不盡於一途也。捨其所以爲爭者而觀之，則今日學問界所共趨而齊赴者，亦可以一言盡之，夫亦曰：「吾民族以前之回顧與認識者爲何如」，與夫「吾民族此後所希望與努力者將何如」而已。嘗試論之：皇古以還，吾民族文化眞相，今猶無得而詳矣。要之成周以降，則中國古代文化學術一結集綜整之期也。如風之鬱而動，如食之積而消，先秦之際，諸子爭興，是爲學術之始變。秦人一炬，古籍皆燼，至於漢室，國力既盈，又得爲結集綜整之事。至晚漢、三國、兩晉以往，則又學術之一變也。隋唐盛世，上媲周、漢，則又爲一結集綜整之期。至於十國擾攘，宋人積弱，迄於元明，則又學術之一變也。滿清入主，康、雍、乾、嘉之際，又一結集綜整之期。至於今世變日亟，國難方殷，則又學術將變之候也。而其爲變之兆，有已得而見者。余嘗論先秦諸子爲「階級之覺醒」，魏晉清談爲「個人之發現」，宋明理學爲「大我之尋證」。則自此以往，學術思想之所趨，夫亦曰「民族精神之發揚」，與「物質科學之認識」是已。此二者，蓋非背道而馳、不可並進之説也。至於融通會合，發揮光大，以蔚成一時代之學風，則正有俟乎今後之努力耳。夫古人往矣，其是非得失之跡，與夫可鏡可鑒之資，則昭然具在。後生可畏，來者難誣，繼自今發皇蹈厲，撥荆棘，開康莊，釋回增美，以躋吾民族於無疆之休，正吾歷古先民靈爽之所託憑也。學術不熄，則民族不亡。凡我華胄，尚其勉旃！

《錢穆先生全集》總書目

甲編

乙編

中國歷史精神
國史新論
中國歷代政治得失
中國歷史研究法
中國史學發微
讀史隨劄
中國史學名著
史記地名考（上、下）
古史地理論叢

丙編

文化學大義
民族與文化
中華文化十二講
中國文化精神
湖上閒思錄
人生十論
政學私言
從中國歷史來看中國民族性及中國文化
文化與教育
歷史與文化論叢
世界局勢與中國文化
中國文化叢談
中國文學論叢
理學六家詩鈔
靈魂與心
雙溪獨語
晚學盲言（上、下）
新亞遺鐸
八十憶雙親師友雜憶合刊
講堂遺錄（一、二）
素書樓餘瀋
總目